U0720940

杨懋建集

【中国近现代稀见史料丛刊典藏本】

（清）杨懋建 著
杜桂萍 任刚

凤凰出版社

图书在版编目（CIP）数据

杨懋建集 / (清) 杨懋建著 ; 杜桂萍, 任刚整理
. -- 南京 : 凤凰出版社, 2023.4
（中国近现代稀见史料丛刊典藏本）
ISBN 978-7-5506-3863-1

Ⅰ. ①杨… Ⅱ. ①杨… ②杜… ③任… Ⅲ. ①杨懋建（1806-1872）－文集 Ⅳ. ①Z425

中国国家版本馆CIP数据核字(2023)第028595号

书　　　名	杨懋建集
著　　　者	(清)杨懋建 著　杜桂萍　任刚 整理
责任编辑	许　勇
装帧设计	姜　嵩
出版发行	凤凰出版社(原江苏古籍出版社) 发行部电话025-83223462
出版社地址	江苏省南京市中央路165号,邮编:210009
照　　　排	南京凯建文化发展有限公司
印　　　刷	江苏凤凰通达印刷有限公司 江苏省南京市六合区冶山镇,邮编:211523
开　　　本	880毫米×1230毫米　1/32
印　　　张	9.375
字　　　数	244千字
版　　　次	2023年4月第1版
印　　　次	2023年4月第1次印刷
标准书号	ISBN 978-7-5506-3863-1
定　　　价	88.00元

(本书凡印装错误可向承印厂调换,电话:025-57572508)

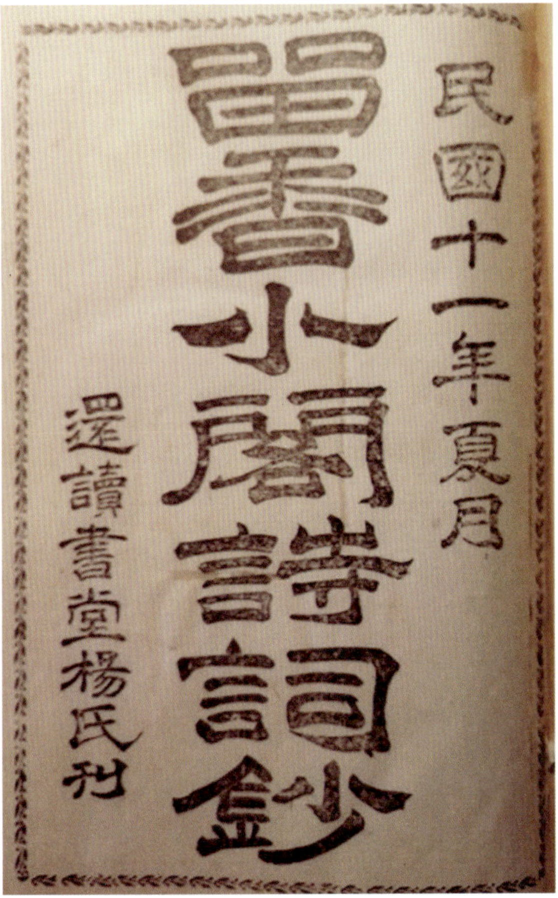

杨氏还读书堂1922年刻本《留香小阁诗词钞》牌记书影

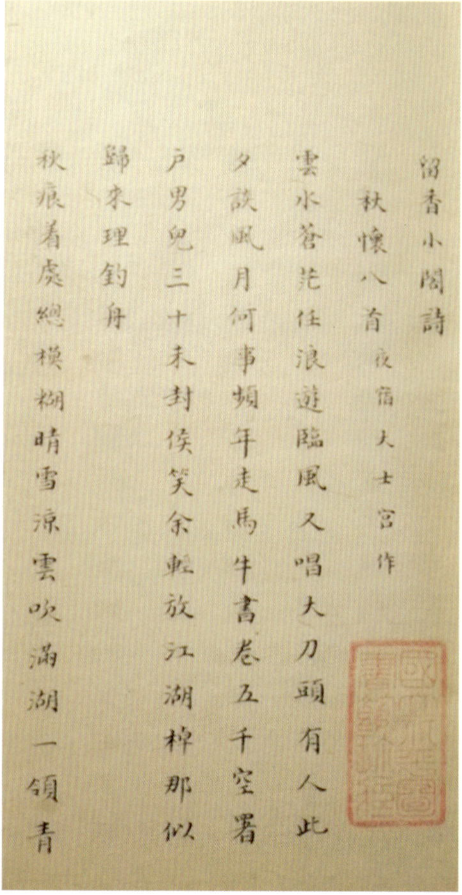
留香小閣詩

秋懷八首　夜宿大士宮作

雲水蒼茫任浪遊臨風又唱大刀頭有人此夕談風月何事頻年走馬牛書卷五千空署戶男兒三十未封侯笑余輕放江湖棹那似歸來理釣舟

秋痕着處總模糊晴雪涼雲吹滿湖一領青

中国国家图书馆藏《留香小阁诗》抄本书影

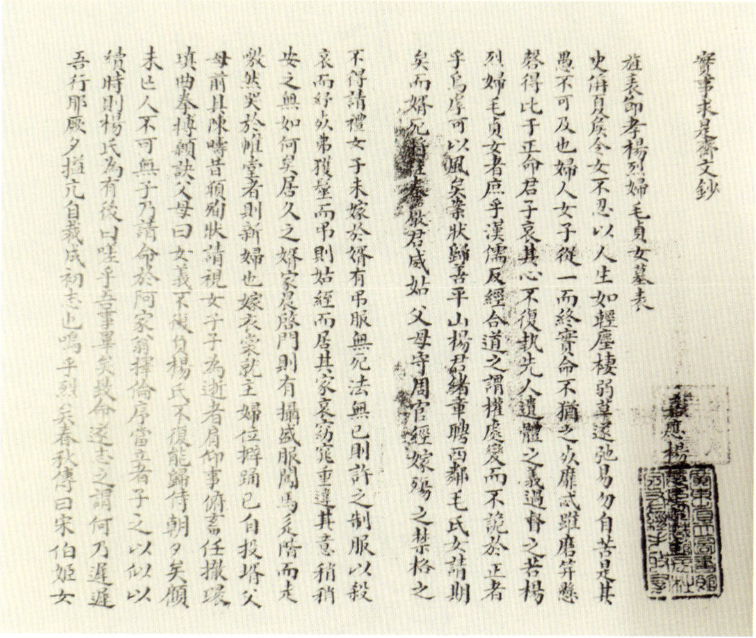

實事求是齋文鈔

旌表節孝楊烈婦毛貞女墓表

史稱夏侯令女不忍以人生如輕塵棲弱草遂弛易勿自苦是其
愚不可及也婦人女子從一而終實命不猶之以靡它雖磨笄懸
磬得比于正命君子哀其心不復執先人遺體之義過責之若楊
烈婦毛貞女者庶乎漢儒反經合道之謂權處變而不詭於正者
乎烏虖可以風矣案狀歸吾平山楊君緒章聘西鄰毛氏女請期
矣而婿死[illegible]殷君咸姑 父母守周官經嫁殤之禁格之
不得請禮女子未嫁於婿有弔服無死法無已則許之制服以殺
哀而女從弗獲塈而弔則姑絰而居其家哀窈寵重違其意稍稍
安之無如何矣居久之婿家晨啟門則有攝盛服闖焉炙階而走
殼然哭於帷堂者則新婦也嫁衣裳就主婦位擗踊已自投塔父
母前具陳疇昔癁痏狀請視女子子為逝者肩仰事俯畜任撫環
瑱曲奉搏頰訣父母曰女義不復負楊氏不復能歸侍朝夕矣願
未亡人不可無子乃請命於阿家翁擇倫序當立者子之以似以
續時則楊氏為有後曰嗟乎吾事畢矣竟命遂志之謂何乃遲遲
吾行耶厥夕投亢自栽成初志也嗚乎烈矣春秋傳曰宋伯姬女

《清代稿钞本》第二八册影印广东省立中山图书馆藏《实事求是斋文钞》书影

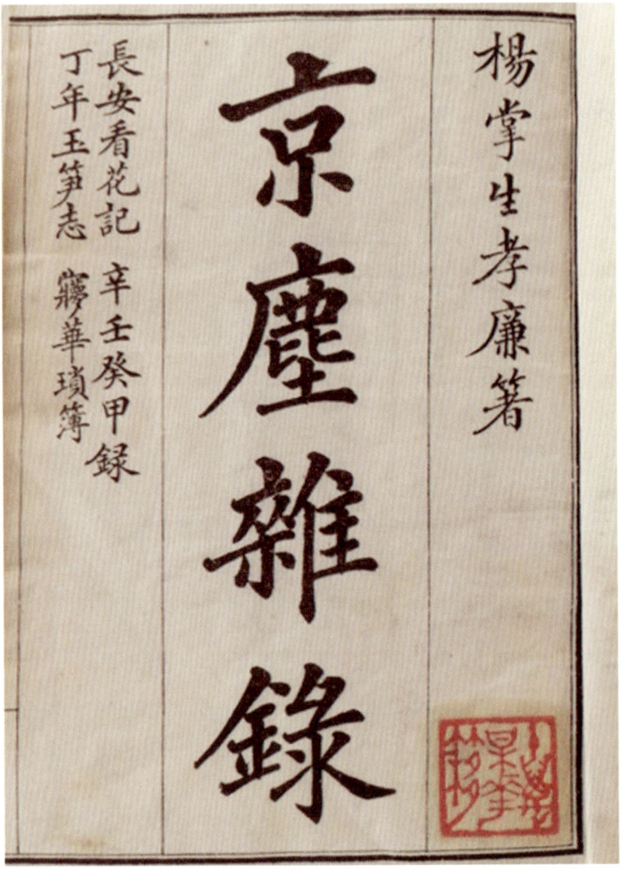

上海同文书局清光绪十二年（1886）石印本《京尘杂录》牌记书影

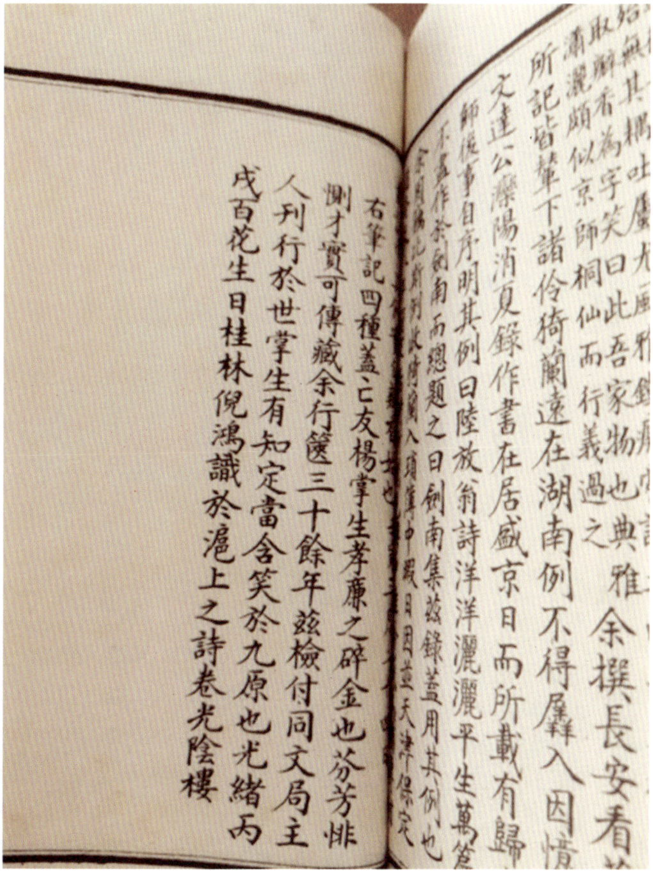

上海同文书局清光绪十二年（1886）石印本《京尘杂录》卷末书影

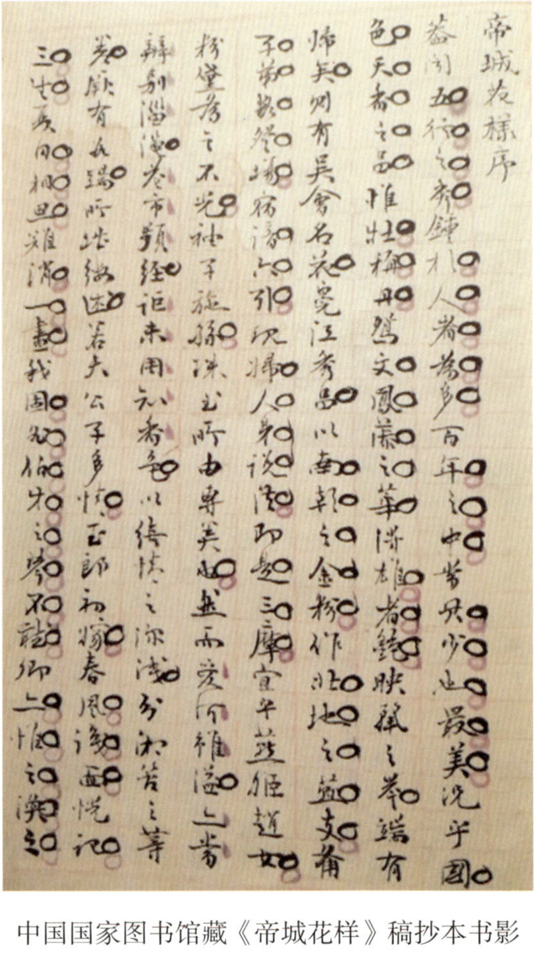

中国国家图书馆藏《帝城花样》稿抄本书影

目　录

前　言

杨懋建(1806—1872),字掌生,号尔园,自称阿掌,别署蕊珠旧史、辰溪戍卒、仰屋生、梦侠情禅室主人、书福田舍翁等。广东嘉应州(今广东省梅州市)人。道光辛卯(道光十一年,1831)恩科优贡[①]、举人,后因科场作弊故被罢,流放于湘西达十年。晚年在广州、连州等地教书、做幕。著有诗文集《留香小阁诗词钞》《留香小阁诗附词》《实事求是斋文钞》以及笔记《京尘杂录》《帝城花样》,另有学术性著述《禹贡新图说》。生平见《光绪嘉应州志》等史籍。以下结合有关方志、时人记述及杨氏本人所撰《〈杨氏姑妇两世节孝传〉跋》《嘉应识小书》《重修杨氏族谱募疏》等,略述其生平。

---

① 《光绪广州府志》卷四十五《选举表十四》"道光十一年辛卯"条下注:"是年,万寿,以正科作恩科,十二年补行辛卯正科。"则道光十一年为恩科,十二年为正科。杨懋建选为贡生的时间存在出入,其曾孙杨家植《〈留香小阁诗词钞〉跋》称其为"恩科优贡、本科举人",也即道光十一年选为贡生,次年中举。但《光绪嘉应州志》卷二十《选举表》"道光十一年辛卯"条"举人""贡生"栏下皆注杨氏名,且"贡生"栏杨氏姓名下小字标注"优贡"字样。本书以《光绪嘉应州志》所载为准,即杨氏于道光十一年选为优贡,并中举。分别见:[清]戴肇辰、苏佩训修,史澄、李光廷纂:《光绪广州府志》卷四十五《选举表十四》,《中国地方志集成·广东府县志辑》第1册,上海书店出版社,2003年版,第718页;[清]杨家植:《〈留香小阁诗词钞〉跋》,《留香小阁诗词钞》,杨氏还读书堂1922年刻本;[清]吴宗焯、李庆荣、温仲和纂:《光绪嘉应州志》卷二十《选举表》,《中国地方志集成·广东府县志辑》第20册,上海书店出版社,2003年版,第348页。

嘉庆十一年(1806)[①]六月十二，杨懋建生于广东嘉应(今广东省梅州市)下市杨屋，是绍德堂杨氏第十七世孙。本林氏，元仁宗延祐二年(1315)，始祖林绍公因赣州人蔡五九作乱，从福建宁化石壁村(今福建省三明市宁化县石壁镇石壁村)迁至广东程乡县雁洋镇半径村(今广东省梅州市梅县区松口镇半径村)，因行踪甫定，人口零丁，不能独当徭役赋税，寄籍于邻居杨氏。明世宗嘉靖间，林氏族人林朝曦聚众起义，为避牵连，七世祖西崖公径改林氏为杨氏，当地人称为"新杨"。万历三十年(1602)，九世祖杨彩(守白)又带领子孙迁至梅城(今广东省梅州市)，建绍德堂杨家祠[②]，故该支杨氏被称为绍德堂杨氏。自嘉庆十年(1805)杨懋建曾祖杨清平首倡、伯祖杨企斋秉笔重修杨氏族谱以来，经科试13场，杨氏共出13

① 幺书仪据《辛壬癸甲录》"仆年三十矣，万里未归，二毛将及""今计当俟明年戊戌试后，乃得南归"二句，推断杨懋建生年为嘉庆十三年(1808)。但"仆年三十矣"中"三十"或为概数，而非实指。王人恩据《致张雁皋刺史书》补记"后陶元亮一岁与黄山谷同日生。案渊明生己丑，年六十三作《自祭文》，在丁卯年"等内容，也认为杨氏生于己丑次年戊辰，即嘉庆十三年(1808)，经查，己丑次年并非戊辰，为庚寅，即道光十年(1830)，与杨氏履历不符。张剑认为，该文系抄本，文中"渊明生己丑"之"己丑"或为"乙丑"之讹，据考，陶渊明生于晋哀帝兴宁三年(365)，是年确为乙丑。若以"乙丑"来论，则杨氏生于次年丙寅，即嘉庆十一年(1806)。且《致张雁皋刺史书》一文作于戊辰年(1868)，该文明确载有"今懋建与叔皆六十之年，掌生又过三"一句，可知该年懋建63岁，上推则懋建亦生于嘉庆十一年(1806)。幺文见《杨掌生和他的〈京尘杂录〉——兼谈嘉、道年间的"花谱"热》，《中国戏曲学院学报》，2004年第1期，第61页；王文见《杨掌生与〈红楼梦〉(上)》，《红楼梦学刊》，2009年第2辑，第62页；张文见《杨掌生道光十七年科举案发覆》，《北京大学学报》(哲学社会科学版)，2011年第3期，第152页。

② 位于今道前街5号，占地800平方米，为客家两横屋，据《梅县教育年鉴》记载，绍德堂杨家祠曾于清光绪二十三年(1897)七月被设立为私立绍德小学。该祠堂1961年被拆，建成存放茶叶和烟草的仓库，后改为土产公司。

位举人,2 位武举,1 位副榜充贡,1 位拔贡,1 位优贡[1],俨然当地的书香望族。

绍德堂杨氏恪守礼义,族中与杨懋建同时期的贞妇烈女就有 4 人:其从高祖昆弟杨永清的母亲叶氏、祖母江氏姑妇两世节孝,被朝廷旌表“节嗣徽音”;二弟懋和之妻李氏、四弟懋修之妻张氏妯娌二人守节抚孤,亦被旌表“松竹同贞”四字。出身于这样的家庭,杨懋建似乎对传统的伦理道德与家族荣誉形成了一定程度的认同感,这从其为《杨氏姑妇两世节孝传》所作跋文、为旌表宗人杨烈妇毛贞女“慷慨捐生,从容就义”的节义高行所作墓表、为重修杨氏族谱所作募疏及劝捐簿序文中可窥见一斑。[2]

杨氏注重诗文传家,杨懋建曾祖父杨照、祖父杨师震及父亲杨以敬皆能诗。杨以敬,字宗郎,号心湖,庠生,例赠文林郎,38 岁去世,谥静敏,后好友王道行为其编选《心湖遗草》八卷[3]。杨懋建幼年既接受祖父、师长的言传身教,又在父执辈的耳濡目染下,早习文章之道。昆仲四人,二弟懋和(字案生),三弟懋典(字蕴生,号则友)。四弟懋修(字卓生,号梅村,诸生),弱冠游庠,与广州仪克中[4]、黄子

---

① 杨懋建:《重修杨氏族谱募疏》,《留香小阁诗》附《留香小阁词》,清光绪抄本。

② 杨懋建:《〈杨氏姑妇两世节孝传〉跋》《重修杨氏族谱募疏》《〈嘉应杨氏重修族谱劝捐簿〉序》,《留香小阁诗》附《留香小阁词》,清光绪抄本;杨懋建:《旌表节孝杨烈妇毛贞女墓表》,《实事求是斋文钞》,广东省立中山图书馆、中山大学图书馆编:《清代稿钞本》第二八册,广东人民出版社,2007 年版。

③ 该集半多散失,杨懋建侄孙杨家植曾抄录若干,后杨氏还读书堂于 1922 年刻印《留香小阁诗词钞》时将其收入,附于《心湖公遗草录》内。

④ 仪克中(1796—1837),字协一,号墨农。广东番禺人,原籍山西太平。道光十二年(1832)举人。

高[①]、谭莹[②]诸老宿唱和，著有《梦梅仙馆诗抄》，可惜27岁即早逝。

嘉庆二十四年(1819)，杨懋建曾跟随父亲流转各地，后居于广州。次年(1820)，随祖父料理曾祖母墓地，曾祖母当殁于该年之前。此后二年间，他与年龄相仿但以"世叔"相称的王氏引之(长二岁)、浚之(小三岁)兄弟相交甚笃，后曾作《送王引之、浚之护丧归印口序》及赠别诗十五首，以申说彼此间"水源木本，念之而一往情深；后日今朝，计之而五中思结"[③]的深厚情谊。王氏兄弟之父即王道行(1758—1822)，字兴庵，号竹村，贵州印江(今贵州省铜仁市印江县)人，乾隆五十四年(1789)进士，嘉庆二十一年(1816)起任广东归善、徐闻、新会等地知县。王、杨两氏四代相交，有通家之好，甚至"易子而教"[④]，杨以敬父子先后拜王道行为师。

道光二年(1822)五月，父亲去世；四年(1824)，19岁的杨懋建入学海堂，从两广总督阮元[⑤]研习经史百家。阮元曾赞其"雷霆走精锐，冰雪净聪明"，勉励其正心修身："第一不可吃烟；第二不可不耐贫、坏品行、坏心术"，至于科考功名，多在运数，"来不可辞，不来亦不必定有"[⑥]，可谓句句金玉。学海堂期间，时为信宜训导且工诗词文、

---

① 黄子高，生卒年不详。字叔立，号石溪，广东番禺人。道光八年(1828)考取优贡生。道光十九年(1839)，编《粤诗搜逸》四卷。

② 谭莹(1800—1871)，字兆仁，号玉生，广东南海人。道光二十四年(1844)中举，为广东化州学正。内阁中书衔。《清史稿·文苑传》有传。

③④ 杨懋建：《送王引之、浚之护丧归印口序》，《留香小阁诗》附《留香小阁词》，清光绪抄本。

⑤ 阮元(1764—1849)，字伯元，号芸台，江苏扬州仪征(今江苏省仪征市)人，乾隆五十四年(1789)进士，授翰林，迁侍郎，历任浙江、河南、江西巡抚、漕运，湖广、云贵总督，奉召入京拜体仁阁大学士，加太傅。著有《揅经室集》《畴人传》《经籍纂诂》等。

⑥ 杨懋建：《阮太傅致掌生书》，《留香小阁诗》附《留香小阁词》，清光绪抄本。

考据，兼擅算数与品鉴之学的吴兰修[①]与他成了莫逆之交。

道光六年（1826），通过岁考，杨懋建被时任广东学政的翁心存[②]取入州学。次年丁亥（1827）科试，翁心存又将其评为嘉应州学生员第一等第一名，并称赞其"极为赅洽""经解亦好"，所作诗赋"有韵致""有规格"[③]。这一年正月十七日，22 岁的杨懋建与同里才女古瑶华完婚。亦是本年，杨懋建据王象之《舆地纪胜》撰成《梅溪宫安济王庙考》一文，被录入《会馆祀产簿》，道光二十九年（1849）该文被收入《嘉应州志》。

道光十一年（1831），杨懋建考取广东辛卯恩科优贡、第八名举人。同年六月夏至后离家北上，次年（1832）到达京城，居于永光寺西街八宝店漕运总督朱为弼[④]家。途经保定时，他曾题《金缕曲》于沙河店（今河北省赵县沙河店镇）壁，为新城（今河北省高碑店市新城

---

① 吴兰修（1789—1839），字清观，号荔村、石华，广东嘉应（今广东省梅州市）人。嘉庆十三年（1808）举人，为信宜县训导。曾监课粤秀书院，后主讲广州学海堂。工诗词，精考据，擅算术。著《南汉纪》《南汉地理志》《南汉金石志》《端溪砚史》《方程考》《荔村吟草》《桐华阁词》《宋史地理志补正》等，《光绪嘉应州志》卷二十三《人物》有传。

② 翁心存（1791—1862），字二铭，号邃庵，江苏常熟（今江苏省常熟市）人。道光二年（1822）进士，选庶吉士，授编修，历任广东、江西等地学政、工部尚书、礼部左侍郎、户部右侍郎、吏部尚书、国务馆总裁、户部尚书、实录馆总裁，授体仁阁大学士，多次入值上书房，授亲贵读书。著有《知止斋诗文集》《知止斋日记》《知止斋遗集》等。

③ 翁心存：《学海堂丁亥春课》，中国国家图书馆藏手稿。

④ 朱为弼（1771—1840），字右甫，号椒堂，浙江平湖（今浙江省嘉兴市）人。嘉庆十年（1805）中三甲进士，历官兵部主事、漕运总督等职。精通金石之学，佐阮元纂《钟鼎彝器款识》，著有《蕉声馆诗文集》。

镇)令李廷棨[①]极力称赏,并于两年后专门赴新城,与之结下翰墨缘分。道光十二(1832)、十三(1833)、十五(1835)、十六年(1836)四次会试,杨懋建皆铩羽而归:"五载长安,四番矮屋。"[②]其中道光十三年(1833)癸巳科曾得中第九名,然因试卷中有违例之处,终遭除名。对于此事,黄遵宪之父黄雁宾(举人,官刑部主事)在《逸农笔记》中曾叹惋:"惜哉,否则得一会魁,亦可为吾州出色也。"[③]

封侯难觅,旧梦渐老[④]。科场的屡次坎坷,令杨懋建逐渐心灰意懒,丙申(道光十六年,1836)试后,曾在考院墙壁上题诗:"五载长安衣袂缁,四番矮屋剪灯时。英雄儿女成何事,吟尽人生感遇诗。"[⑤]从此,他更加放浪形骸,玩世不恭,出入歌楼酒馆,"及时行乐,排日选欢",借此销其心底"日月逾迈,英雄儿女,一事无成"[⑥]的蹉跎之感与不偶之憾。士子前途淹蹇,优伶命运飘零,二者际遇遭逢,往往会交织成浔阳江头白太傅与琵琶女之间的天涯沦落之感,彼此惺惺相惜。在紫陌红尘中颠仆流离的杨懋建,既深切同情菊部伶人的无主人生,也由衷赞赏他们的天资禀赋与兰蕙才情,往往引之为知己。闲暇之余,既为这些伶人作画赋诗,也向他们学歌唱曲,其《高阳台》词自注即言及当时学歌《长生殿·闻铃》[武陵

---

① 李廷棨(1789—1849),字戟门,号星垣、莼村,山东章丘人。道光九年(1829)三甲进士,授直隶知县,湖北荆宜施道。

②⑥ 杨懋建:《〈辛壬癸甲录〉序》,《京尘杂录》卷二,光绪丙戌(1886)同文书局石印本。

③ 黄雁宾:《逸农笔记》,光绪戊子(1888)桂林退思书屋刻本。

④ 见杨氏《秋怀》诗其一:"侯封觅得又何年,书卷于今署五千。旧梦已随秋信老,痴心惟托月华圆。艳吟亭北成三调,酸听江南拨四弦。人海风花容易泛,羡他无欲即神仙。"杨懋建:《秋怀》,《留香小阁诗词钞》,杨氏还读书堂1922年刻本。

⑤ 杨懋建:《锁院题壁》三首其二,《留香小阁诗词钞》,杨氏还读书堂1922年刻本。

花]一出的情形[①]。从《京尘杂录》一书对杨慎、唐寅、张灵、黄景仁等放纵任诞轶事的记载,也可以看出他对才人失意后或"粉墨淋漓,登场歌哭,谑浪笑傲,旁若无人",或"胡粉傅面,插花满头"[②]等种种行为的深刻理解。

此间,杨懋建还与陈湘舟、安次香交往频繁。陈湘舟,或即陈褫芳,南海(今属广东省佛山市)人,字若兰,号湘舟、夜锦堂。家族排行第五,曾任永平府卢龙尉,长懋建十余岁,二人相交时其已寓京三十多年;对嘉庆年间的历史掌故耳熟能详,两人"每于午窗茶话,各举歌楼杂事,借资谈柄"[③]。安次香,家族排行第十二,成都人,风流倜傥,多才多艺,很多伶人慕名向他学习书画;其"见闻尤广,且多身亲得其实"[④]。杨懋建从永平(今河北省秦皇岛市卢龙县)到北京后,曾访安次香于孔雀斜街四川会馆,纵谈燕京故事。陈湘舟、安次香二人所述内容,为杨懋建撰写《京尘杂录》尤其是《梦华琐簿》一卷,提供了丰富的素材。

丙申(1836)春试后,杨懋建曾出居保定,次年丁酉(1837)三月祖父卒,拟归粤丁艰。不过,此次似乎并未成行,因为从这年四月以后,《京尘杂录》均有其在北京活动的记载,他甚至还参加了八月的顺天府秋试。之所以如此,当是因为他接受了户部候补员外郎龙士瀛的雇请,顶替监生张文济之名入场代考。结果不久事发,九月八日即被逮入狱,随后被革除举人资格,发往边地充军。道光十八年(1838)二月十五日,杨懋建离开京城,前往戍地湖南辰溪(今属怀化市)。公子缘浅,红粉情深。在身处人生最低谷之际,曾同他彼此心识、共与流

---

① 见杨氏还读书堂1922年《留香小阁诗词钞》刻本所载《高阳台》词,《京尘杂录》卷二《辛壬癸甲录》自序亦提及该词。

②③④ 杨懋建:《梦华琐簿》,《京尘杂录》卷四,光绪丙戌(1886)同文书局石印本。

连的《长安看花记》中人合绘《九畹滋兰图》，并相缀以诗，为其话别送行。这一天涯知己惺惺相惜的事件很快不胫而走，甚而引发了数十位京城士人的诗歌酬和。当年夏天，杨懋建经岳阳、长沙等地到达戍所，直至道光二十七年(1847)遇赦放还，才终于结束了“十载行吟五溪戍”①的外遣生活。

自到京师后，杨懋建便结交优伶，过着“曜灵西匿，华灯继张，催花传筒，豪饮达旦”②的生活，所费不赀，这或许也是他冒险代考换取五十两白银报酬的主要原因。对于此次科举舞弊行为，翁心存日记里有严厉批评：“有文无行，孤负惺庵与余二人栽培，殊为可恨。”③惺庵即徐士芬(1791—1848)，字诵清，号惺庵，浙江平湖(今浙江省平湖市)人，嘉庆二十四年(1819)进士，由庶吉士授编修，历任广东学政、日起居注官、内阁学士兼礼部侍郎等。著有《书经管见》《诗经管见》《周礼管见》《汉书读》《四明水利考》《长春花馆诗集》《南兰书屋文集》《南兰笔记》等。道光十一年(1831)杨懋建考取广东乡试第八名举人时，正是徐士芬担任广东学政之际。对自身早年的不羁行径，杨懋建颇为懊悔，曾自嘲为钦革举人，同治七年(1868)重读阮元昔日信函时亦云：“孤负期望，痞擗有摽。”④

辰溪荒僻，戍卒生涯也颇为凄凉惨淡，杨懋建苦闷难遣，常有“黄芦苦竹之感”。戍地十年生活中，他一边继续修改、润色《长安

---

① 杨懋建：《张子芬大哥属题尊人芸亭表伯〈风木思亲图〉》其二，《留香小阁诗词钞》，杨氏还读书堂1922年刻本。

② 杨懋建：《辛壬癸甲录》，《京尘杂录》卷四，光绪丙戌(1886)同文书局石印本。

③ 翁心存：《知止斋日记》道光十七年(1837)九月十五日。

④ 杨懋建：《阮太傅致掌生书》，《留香小阁诗》附《留香小阁词》，清光绪抄本。

看花记》《辛壬癸甲录》《丁年玉笋志》《梦华琐簿》，“坐忆故人”[1]，同时又借同样遭遇贬戍的明代文人杨慎、清初文人吴兆骞等的事迹聊以自慰，将所思所感赋之于诗歌创作。科场一案是杨懋建人生的转折点，从此，曾欲一展宏图的人生理想成了泡影，也让他历尽了人生的阴晴变幻和世事沧桑。人过中年的他开始由张扬疏放转为深沉内敛，于授业治学之余，或访亲问友，或“莳竹种花娱我老”[2]，而这也是其存世诗歌创作颇多闲适恬淡、赏景酬唱之类篇什的主要原因。

赦还后，杨懋建先在广州开始授徒生活。约在咸丰二三年(1852—1853)到连州(今广东省连州市)，咸丰七年(1857)始主连州南轩书院五六年，期间曾入连州知州严先佑[3]幕府。不久后移主阳山(今广东省清远市阳山县)韩山书院，又有五六年。此间，他曾仿李斗《扬州画舫录》体例，将自己在故乡耳闻目见之事录为《嘉应识小书》。至同治九年(1870)九月襄助重修杨氏族谱时，杨懋建仍居住在阳山。期间偶或至广州，拜谒先师阮元祠及至交方浚颐[4]，为其校订《二知轩诗抄》初、续刻，并撰写例议、后序，后者也曾资助杨懋建付梓《禹贡新图说》一书。

---

① 杨懋建:《长安看花记》,《京尘杂录》卷一,光绪丙戌(1886)同文书局石印本。

② 杨懋建:《个中人图》其四,《留香小阁诗词钞》,杨氏还读书堂 1922 年刻本。

③ 严先佑,字申之,湖北江陵人,监生。

④ 方浚颐(1815—1888),字子箴,又字饮茗,号梦圆,安徽定远(今安徽省滁州市定远县)人,道光二十四年(1844)进士,历任浙江、江西、河南、山东各道御史,两淮、两广盐运使,广东布政使,四川按察史,后辞官创办淮志书局、梅花书院、安定书院,广揽贤能,校勘群籍。著有《二知轩诗文集》《忍斋诗文集》《古香凹词》等。

同治十一年(1872),杨懋建去世,享年 67 岁。[①] 葬连州七巩圩(今广东省清远市阳山县七拱镇)。原配古瑶华,谥勚顺;继配李氏,庶配廖氏、陈氏。生一子,枢官,当早亡。过嗣四弟懋修次子子鹤,子鹤生芥孙、稻孙、芹孙三子。[②]

杨懋建"聪明绝世,才华冠两粤"[③],经史百家、诗词文赋、地理算术皆通,考据、词章兼擅[④],熟谙清朝掌故,亦精音律。著述甚富,22 岁就习学海堂时即有《说文引经考》8 卷、《周礼故书考》7 卷、《尚书古今文考》2 卷、《仪礼古今文考》3 卷,因未及时付梓,多散失。现存诗词文有《实事求是斋文钞》《留香小阁诗词钞》《实事求是斋杂存》《留香小阁诗词文》,另有《京尘杂录》4 卷、《禹贡新图说》2 卷。阮元等辑《学海堂初集》收其《魏收〈魏书〉跋》《〈四书〉文源流考》2

---

① 《清代稿钞本》收杨氏诗词文集未广泛印行前,论者主要依据倪鸿光绪十二年(1886)刊行《京尘杂录》时所言"藏余行箧三十余年"推断杨氏卒于咸丰六年(1856)前不久,享年不及 50 岁。见幺书仪:《杨掌生和他的〈京尘杂录〉——兼谈嘉、道年间的"花谱"热》,《中国戏曲学院学报》,2004 年第 1 期,第 61 页。2007 年《清代稿钞本》影印出版后,论者多采用其中文献,认为杨氏卒于同治九年(1870)到同治十二年(1873)之间,见王人恩:《杨掌生与〈红楼梦〉(上)》,《红楼梦学刊》,2009 年第 2 辑,第 70—71 页;杨晴:《杨懋建〈京尘杂录〉——兼论早期京剧史学史(1949 年以前)》,南开大学硕士学位论文,2016 年,第 14—15 页。《绍德堂杨氏族谱》载杨懋建享年六十七,据此可知其当卒于同治十一年(1872)。见绍德堂杨氏族谱梅州编辑委员会编:《绍德堂杨氏族谱》(卷一),2007 年版,第 489 页。

② 绍德堂杨氏族谱梅州编辑委员会编:《绍德堂杨氏族谱》(卷一),2007 年版,第 489 页。

③ 张芝田等:《小传》,《留香小阁诗词钞》,杨氏还读书堂 1922 年刻本。《梅水诗传》为清朝光绪二十七年(1901)前后,印尼棉兰侨领、梅县松口人张榕轩、张耀轩委托张芝田、刘燕勋等人编订而成。

④ 民国初年梅县乡土历史教科书曾介绍:"嘉应文风,乾嘉以后益盛,其最为著者,如……杨懋建之考据词章……"

篇,《学海堂二集》收其《释奠释菜考》《水松》2篇。对于他的一生,蕉岭县(今广东省梅州市蕉岭县)人丘起云(道光乙酉科举人,官福建建安知县)曾有"偶将著作惊当世,总被聪明误此生"的诗句,可谓盖棺论定之言。

本书收杨懋建《留香小阁诗词钞》《留香小阁诗附词》《实事求是斋文钞》诗词文集3种,《京尘杂录》笔记1种,《帝城花样》笔记1种,合为《杨懋建集》。

诗词文主要版本情况如下:

《留香小阁诗词钞》,杨懋建侄孙杨家植辑存,玄孙杨灿校刊,民国十一年(1922)夏杨氏还读书堂铅印。2册合订,花口,四周双边,双鱼尾,10行24字,小字双行同。今存中国国家图书馆。

《留香小阁诗词各一卷文不分卷》,抄本,有杨长盛[①]注,中山大学图书馆藏。诗词文大体分类,但时有交叉。该书被影印收入《清代稿钞本》第二八册。

《留香小阁诗》抄本,附《留香小阁词》,共2册,正楷手书,7行17字,双行小字同。杨懋建侄杨沅[②]藏有《留香小阁诗词钞》一卷,多次为友人传抄,此或为杨沅及其友人传抄本之一。中国国家图书馆藏。近以《留香小阁诗附词》之名收入陈红彦等主编之《清代诗文集珍本丛刊》第480册[③],由国家图书馆出版社影印出版。

《实事求是斋文钞》《留香小阁诗词钞》《实事求是斋杂存》,稿本,

---

① 杨长盛,字子钧,梅县人,世袭云骑尉,著有《剑心阁诗草》。

② 杨沅(1863—?),字季岳,广东省嘉应州攀桂坊(今广东省梅州市梅江区金山街道小溪唇)人,光绪十七年(1891)辛卯科举人,二十四年戊戌(1898)科进士,二十八年(1902)与温廷敬在汕头创办《岭东日报》。著有《梅谚汇笺》《海隅诗草》等。

③ 杨懋建:《留香小阁诗附词》,国家图书馆出版社影印清光绪抄本,陈红彦、谢冬荣、萨仁高娃主编《清代诗文集珍本丛刊》第480册,国家图书馆出版社,2017年版,第1—288页。

广东省立中山图书馆藏。后由《清代稿钞本》第二八册影印收入。杨懋建侄杨沅曾于其身后由连州带回遗稿，并由其侄孙杨家植搜罗残帙，亲自抄存，成《实事求是斋文钞》《留香小阁诗词钞》及杂著各种，或即此三种。

以上各集共收杨懋建诗91题239首，长篇短章、古体近体、只首联章，形式多样，内容则不出咏物赋景、赠送酬答、赏戏题画，闲适雅致之笔较多。杨懋建《京尘杂录》卷一《长安看花记》"小霞传"及卷二《辛壬癸甲录》自序言，其曾仿效唐人曹尧宾作《游仙诗》15首，而其《和卿三哥以吕少尉寿田所画兰蕙册子索题》(《留香小阁诗词钞》)诗后小注则称所作为30首，且提及一对残诗。本书亦将此残诗及另两首《游仙诗》辑录于后。词仅存19首，多为写景抒怀、咏伶题画之作，艳冶柔靡、缠绵婉转。《京尘杂录》卷一《长安看花记》"翠林传"称其为保定伶人双庆作有《琵琶行》，卷二《辛壬癸甲录》"长春传"称其尚有以院妓刘元所言"名士是何物？能值几文钱"二语为首所填《水调歌头》词，然均不见载于以上各集中。关于诗词创作，其侄曾转述杨懋建的态度："公之于词，颇自信；于诗，则自谦抑。"[①]或可视为一种比较实际的自我评价。

杨懋建文存世不多，上述各集收20篇，其中序5篇、杂记3篇、跋4篇、赋2篇，传、疏、墓表、祭文、考、书各1篇。此外，方浚颐《岭南唱和诗》《二知轩诗抄》另收有其序跋3篇，本书辑录于后。其文骈散兼擅，散文顺畅流利，情理贯注，夹叙夹议，偶有考据气；骈文则典赡丰秀，富丽精工，《〈四库全书目录〉跋后》横观天地，纵览古今，歌恩颂德之意充溢于辽阔恢弘的气象之中，《纪事》则情辞摇曳，绮靡惆怅之情、吁嗟慨叹之意，于工偶精对间，一片神行宣泄无遗。

---

① 杨沅:《〈留香小阁诗词钞〉叙》,《留香小阁诗词钞》,杨氏还读书堂1922年刻本。

以上各集尚收有杨懋建父杨以敬诗18题27首，妻古瑶华诗1首，弟杨懋修诗5题24首、词1阕，友人方浚颐诗7首，杨懋建、方浚颐及方汝浩[①]等联句2篇，杨懋建楹联10对，门榜6方，印章3枚，伶人阿霞赠杨懋建绝句2首。此外，还采入其侄杨岱文《诗集小引》、陈澧作《〈禹贡新图说〉序》以及《梅水诗传》杨懋建、杨懋修小传各一则。上述诸集之外，方浚颐《二知轩诗续抄》尚收有杨懋建与方子箴联句《席上联句叠前韵》1篇，翁心存、方浚颐、倪鸿等人著述，吴兰修书札，地方志等文献中亦多有杨懋建生平、创作相关资料，本书一并辑录于后。

关于杨懋建及其文学创作的研究，因《实事求是斋文存》《留香小阁诗词钞》等的出版而受到了一定程度的关注。论者多借助其中的一些材料对其生卒年、科考遣戍案等进行探讨，不过有些文献并未得到有效利用，如《送王引之、浚之护丧归印口序》等具有杨氏明显活动线索的文章很少被提及，杨氏与众多友人的交游、教书、做幕情况等，都有很多可填充与丰富的空间。此外，目前对杨氏诗词文作品内容题材、风格特征、历史评价等文学与文化层面的研究几近乌有，其诗词文集中不乏优秀作品，更有一些作品涉及海洋、菊部等较新领域的书写，再加之杨氏本身从浮浪疏狂到低调内敛的生命轨迹，与淹通群书、兼擅诗词文小说戏曲的开阔视野，这一切都使得这几种集子具备了无论是辑佚补苴还是考镜源流的学术价值。而《长安看花记》中人合画《九畹滋兰图》，赋诗为懋建送行，并引起京城士人纷纷酬和一事亦多少能够以小见大地折射出彼时京城士人与伶人的互动关系，戏曲的接受与传播等梨园生态的相关信息。

杨懋建笔记《京尘杂录》主要记载其旅燕时所闻所见之北京菊

---

① 方汝浩，生卒年不详，字际唐，号芰塘，安徽定远（今属安徽省滁州市定远县）人。同治戊辰（1868）进士第二甲一百零九名，曾任鸿胪寺少卿。

部的优伶生活、制度习俗与戏曲掌故。丰富详尽的内容与“日下旧闻，正不容阙此外编耳”①的记史态度，使其对研究嘉庆、道光年间的戏曲发展史及社会文化史具有了弥足珍贵的文献价值。

《京尘杂录》包括《长安看花记》《辛壬癸甲录》《丁年玉笋志》《梦华琐簿》四种，当为光绪十二年(1886)同文书局刊行时所取之总名。此当为最早之版本，共三种版式。第一种为包背装，2 册合订，1 册 2 卷，16.3cm ×9.6cm。花口，四周双边，单黑鱼尾。书名页后半页注有“光绪丙戌仲夏上海同文书局石印”14 字。卷端有“光绪丙戌夏四月上海同文书局主人序”，10 行 22 字；卷末有“桂林倪鸿”所写“识”。正文 10 行 21 字，小字双行同。第二种为线装，1 函 2 册，1 册 2 卷，其他皆与第一种相同。第三种为线装，1 函 4 册，1 册 1 卷，16cm ×10.9cm，其余亦与上两种相同。

20 世纪 20 年代，上海进步书局重新排印《京尘杂录》，收入《笔记小说大观》第七辑。该版分 2 册，1 册 2 卷，黑口，单黑鱼尾，四周双边，14 行 32 字，小字双行同。题“蕊珠旧史著”，卷端有《京尘杂录提要》，9 行 19 字，共 152 字，为其他版本所无。1984 年，江苏广陵古籍刻印社据之影印；1997 年，台湾新文丰出版公司《丛书集成三编》第 77 册亦据之影印。上海扫叶山房 1917 年则另行石印，由雷瑨辑入《清人说荟》第二集，该版白口，四周单边，单黑鱼尾，14 行 30 字，小字双行同。后台北新兴书局于 1978 年对《辛壬癸甲录》《梦华琐簿》2 卷进行了重订。1934 年冬双肇楼校刊、北平邃雅斋书店亦重新铅印，收入张次溪主编《清代燕都梨园史料》，该版黑口，四周单边，12 行 24 字，小字双行同。1988 年中国戏剧出版社出版繁体竖排点校本。2011 年吴新苗据石印本对其进行简体点校，收

---

①　杨懋建:《〈帝城花样〉后序》,《帝城花样》,中国国家图书馆藏稿抄本。

入傅瑾主编《京剧历史文献汇编》清代卷[①]。此外，尚见有《京尘杂录》铅印本一种，1 册，12 行 30 字，白口，四周单边，单黑鱼尾。本书所收《京尘杂录》以光绪十二年(1886)同文书局石印本为底本，参校其他多个版本。

《京尘杂录》原稿藏于杨氏友人倪鸿(1828—?，字云渠，桂林人)行箧中 30 余年。前三卷仿效《莺花小谱》《听春新咏》《日下看花记》，借鉴"'佛法'过去、现在、未来"的时间顺序为当时"三世"[②]共 51 位名伶作传，兼记作者与诸伶间的交往情状。或者受曹雪芹《红楼梦》"占花名"及陈森《品花宝鉴》的启发与影响，卷中常将时下优伶与各色名花相比附。卷一《长安看花记》主要作于道光十六年(1836)夏天至道光十七年(1837)中秋，记载秀兰等 21 位京城名伶的事迹。卷二《辛壬癸甲录》主要作于道光十七年(1837)入春以后，乃卷一《长安看花记》的前集，追忆作者道光十二年(1832)刚刚入京时所闻所见的韵香等 14 位名伶。卷三《丁年玉笋志》原名为《看花后记》，主要作于道光十七年(1837)冬至道光十八年(1838)春，后于道光十八年(1838)二月十四日至道光二十二年(1842)春三月三日谪戍途中和辰溪戍所改定，并更名为《丁年玉笋志》，属卷一《长安看花记》的后集，记载作

① 分别见：《笔记小说大观》第七辑第四函，进步书局，20 世纪 20 年代版；《笔记小说大观》第十八册，江苏广陵古籍刻印社，1984 年版，第 343—376 页；《丛书集成三编》第七十七册，新文丰出版公司，1997 年版，第 151—185 页；雷瑨辑：《清人说荟二集》下册，扫叶山房，1917 年版；《笔记小说大观》四编第九册，新兴书局有限公司，1978 年版，第 6085—6165 页；张次溪主编，双肇楼校刊：《清代燕都梨园史料》第五、六册，北平邃雅斋书店，1934 年版；张次溪编纂：《清代燕都梨园史料正续编》上，中国戏剧出版社，1988 年版，第 24、275—381 页；傅瑾主编：《京剧历史文献汇编》(清代卷)，凤凰出版社，2011 年版，第 441—523 页。

② 杨懋建：《梦华琐簿》，《京尘杂录》卷四，光绪丙戌(1886)同文书局石印本。

者遣戍前后走红的秀芸等12位优伶。[①] 卷四《梦华琐簿》主要作于道光二十二年(1842)湘西戍所,仿效宋人孟元老《东京梦华录》及明末清初孙承泽《春明梦余录》的体例,记载友人陈湘舟、安次香所述及作者所阅所历之北京、湖南两地梨园掌故,偶尔也在注解小字中提及作者幼年广州乐部见闻。内容纷纭杂沓,涉及四大徽班、广州外江班本地班等史实,梨园会馆、琼花会馆等物迹,座儿钱、伶人捧觞侑酒、伶人祀神等梨园制度与习俗。前三卷以纵向的时间线索为优伶作传,第四卷以横向的空间线索记载梨园掌故、制度及习俗,借助这一独特的编纂架构,"博而得其要""简而周于事"[②]地呈现了嘉庆、道光年间的京城梨园生态。之后,杨懋建还对这四种笔记进行过一定程度的增删润色[③]。

《帝城花样》一书,出自杨氏为《长安看花记》等笔记中35篇伶人传撮要、便于游赏京城的后人"依样求之"[④]的初衷。现存中国国家图书馆藏朱格稿抄本,行楷,9行25字。稿纸书口由上至下分别为朱字"状元及第""九行廿五""商德",或为纸张款式、行格标记。该稿抄本国图收藏记录为《长安看花记》,实是《帝城花样》之误。该书宣统二年(1910)时被收入《香艳丛书》第十五集卷二(虫天子辑,上海国学扶轮社铅印),一卷,题"蕊珠旧史掌生氏著,管领群芳使者[⑤]删

---

① 中国戏剧出版社1988年整理出版的《清代燕都梨园史料正续编》即考虑到作者杨懋建的安排,将《辛壬癸甲录》提到最前,但却因据"辛壬癸甲"四字而将该卷的写作时间误定为道光十一年(1831)至十四年(1834)。傅瑾主编《京剧历史文献汇编》(清代卷)亦将《辛壬癸甲录》提到了首卷位置。

② 杨晴:《杨懋建〈京尘杂录〉——兼论早期京剧史学史(1949年以前)》,南开大学硕士学位论文,2016年,第26—34页。

③ 具体修改润色情形详见幺书仪:《杨掌生和他的〈京尘杂录〉——兼谈嘉、道年间的"花谱"热》,《中国戏曲学院学报》,2004年第1期,第64页。

④ 杨懋建:《〈帝城花样〉自序》,《帝城花样》,中国国家图书馆藏稿抄本。

⑤ 管领群芳使者,姓氏、生平不详。

定”，黑口，单黑鱼尾，四周双边，13 行 30 字，小字双行同。1936 年，又由上海群学社据之另行铅印，收入《红袖添香室丛书》第三集，该版本题“蕊珠旧史掌生氏著”，15 行 39 字。1978 年台北新兴书局《笔记小说大观》本、1996 年河北教育出版社《清代笔记小说》均据《香艳丛书》本影印。1940 年，上海中华书局亦择取《京尘杂录》相关内容成《京尘剧录》一卷，收入《新曲苑》(任讷主编)第六册。

另，中国国家图书馆藏《宣南梦忆》(二卷，光绪乙未年[1895]上海文宜书局石印本及夏仁虎序刻本)竟将作者甘溪瘦腰生著为杨懋建，实误。甘溪瘦腰生即沈宗畸(1865—1926)，字太侔，号南雅、孝耕、沈落花、繁霜阁主。原籍浙江，寄籍广东番禺，光绪十五年(1889)举人，南社成员。光绪三十年(1904)入北京，在京三十余年，好为花月冶游，对同光间梨园轶事知之甚详。著有《南雅楼诗斑》《繁霜词》《宣南零梦录》《便佳簃杂抄》等。沈氏所作《宣南梦忆》中亦有《长安看花记》，每位名伶下缀以排名、取譬之花名，之后又分别以诗、小传详细评价；与杨氏《长安看花记》题材相类，但所记名伶、内容、体例均不相同。二者可理解为重名、同类题材的关系。

嘉、道时期，随着京剧的产生，戏曲逐渐成为兼具商业性与观赏性的时尚艺术，为戏曲名伶作传，“昭示了最初的媒体与新兴娱乐业的结合”[①]的花榜、花谱类作品大为盛行。《京尘杂录》一书更是凭借卓越才情与细腻摹写从其中脱颖而出，被广为传抄，“几有洛阳纸贵之叹”[②]。鲜活生动的内容、谨严有序的体例、新颖别致的视角使得该书本身具有了被多向度阐释和研究的可能。该书的较早被关注源自胡适与鲁迅，胡适在 1922 年 6 月 27 日前后从书肆购得此书，且在

---

① 幺书仪：《试说嘉庆、道光年间的“花谱”热》，《文学遗产》，2004 年第 5 期，第 106 页。

② 杨懋建：《辛壬癸甲录》，《京尘杂录》卷三，光绪丙戌(1886)同文书局石印本。

日记中赞其“多史料，文笔也不坏”。不久后，鲁迅从胡适处借得此书，发现了其中有关“西游戏”及《品花宝鉴》的珍贵材料，并在 1922 年 8 月 21 日致胡适信中提及。近年来，学界关于该书的研究多集中于其艺术史料价值的挖掘上。幺书仪、林秋云主要围绕《京尘杂录》等花谱，讨论该类文本的产生、性质及其对剧坛的影响①，另有论者立足于《梦华琐簿》，探究剧坛习俗、制度的源流与变迁，如戴申《压轴戏》论压轴戏、吴金夫《戏曲祖师“老郎神”“二郎神”辨析》辨老郎神、吴新苗《私寓制与晚清梨园文化》论“堂会”、巴山客《酒楼趣史》话酒庄酒楼、伍义杰《喊嗓和吊嗓》说喊嗓等等②。杨晴《杨懋建〈京尘杂录〉——兼论早期京剧史学史（1949 年以前）》一文则从京剧史学史的视角对《京尘杂录》一书的内容及编次、取材义例、编纂思想、编纂方法，作者的历史功用观、批评原则、评论方法等方面进行了研究，并对该书的京剧史学史价值做出了客观评价③。王雪松《晚清笔记中的伶人演剧史料研究》亦是将《京尘杂录》视作京剧史料之一，探讨该类史料所呈现出的伶人家庭与交际、剧目与表演、管理与营销等问题④。蒋宸《清人笔记中戏曲文献史料研究》则将视野放宽至整个清

---

① 幺文见上，林文见《清代北京梨园花谱：文本、性质与演变》，复旦大学硕士学位论文，2014 年；《交游、品鉴与重塑——试论清代中后期北京的梨园花谱热》，《史林》，2016 年第 4 期，第 9—19 页。

② 戴申：《压轴戏》，《中国京剧》，2003 年第 10 期，第 44—45 页；吴金夫：《戏曲祖师“老郎神”“二郎神”辨析》，《汕头大学学报》（人文科学版），1986 年第 2 期，第 107—110 页；吴新苗：《私寓制与晚清梨园文化》，《戏曲艺术》，2017 年第 1 期，第 90—96 页；巴山客：《酒楼趣史》，《华夏酒报》，2016 年 8 月 23 日；伍义杰：《喊嗓和吊嗓》，《中国音乐》，1995 年第 2 期，第 67 页。

③ 杨晴：《杨懋建〈京尘杂录〉——兼论早期京剧史学史（1949 年以前）》，南开大学硕士学位论文，2016 年。

④ 王雪松：《晚清笔记中的伶人演剧史料研究》，安徽大学硕士学位论文，2016 年。

代，依旧将《京尘杂录》作为戏曲文献史料中的一员，围绕戏曲文献的形式及其所载内容展开研究①。

杨懋建自幼酷嗜《红楼梦》，认为其“尽脱窠臼，别辟蹊径”，描写闺房儿女“绘影绘声，如见其人，如闻其语”，是“天地间不可无一、不可有二之作”②。十六七岁开始他曾有过为其作注的计划，可惜未能完稿。《京尘杂录》不时以梨园子弟比拟红楼中人，常有新颖别致的见解。如将“美艳绰约”“风仪修正，局度闲雅”“艳而能静”的秀兰拟作薛宝钗，将“丰仪朗澈，笑语俊爽，双瞳人湛湛如秋水，一笑百媚”的凤鸾拟作探春，将“冷艳幽香”的双寿拟作林黛玉，将“谑浪笑傲”“率真任性”的小天喜拟作王熙凤，将保定伶人小五福拟作夏金桂，将“娟秀艳冶，肌理细腻”“性尤警敏”的翠霞拟作秦可卿，将玉香目为妙玉，目联桂为尤三姐，福龄为惜春或藕官，韵香为宝玉，陈玉琴为宝琴，德林为小红，小香为紫鹃……诸如此类的比附，显然建立在其对彼时优伶及红楼中人样貌、性情的细腻揆度与准确把握之上。此外，该笔记还记述了不少红楼戏的演出状况，并对仲云涧《红楼梦传奇》、荆石山民《红楼梦散套》、陈厚甫本、无名氏袖珍本等时下几种《红楼梦》戏曲创作做出了机杼之评。

梨园典故之外，杨懋建对彼时小说包括《红楼梦》时有精到评点。如其称《镜花缘》“何不径作类书，而必为小说耶”③，认为演义体小说开始于《水浒传》《西游记》《三国志演义》，之后《金瓶梅》着力摹绘市井小人，《红楼梦》则对《金瓶梅》反其意而行，极力描摹阀阅大家，后来居上；而《品花宝鉴》又是师法《红楼梦》之意而变其体，专意为优伶写照，准确追溯了长篇白话章回小说的发展与源流。《水浒传》等演

---

① 蒋宸：《清人笔记中戏曲文献史料研究》，南京大学博士学位论文，2014年。

②③ 杨懋建：《梦华琐簿》，《京尘杂录》卷四，光绪丙戌(1886)同文书局石印本。

义体小说之所以能够家弦户诵，一方面由于其通俗易晓，一方面则得益于金圣叹等人的“张皇扬诩”[1]。杨懋建还将人分为人、鬼、神、仙、佛、侠六类，并分别以《红楼梦》中宝钗、黛玉、探春、湘云、邢岫烟、尤三姐相拟。这些内容均出自《京尘杂录》，该书也因此而具备了小说研究的价值，胡铁岩《“尽脱窠臼”的红学灼见——杨掌生〈京尘杂录〉中的红学观点简介》及前述王人恩《杨掌生与〈红楼梦〉》二文即是着眼于此，梳理该书的红学史料，评析杨氏的红学观点[2]。

杨懋建另有经史类著作《禹贡新图说》二卷，为同治六年(1867)碧玲珑馆刻本，线装，分 2 册或 4 册，11 行 24 字，小字双行同，花口，左右双边，单黑鱼尾，卷首有陈澧所作序。中国国家图书馆、北京师范大学图书馆、哈佛大学燕京图书馆等均有藏。台中市文听阁图书有限公司 2011 年《晚清四部丛刊》第五编第十八册据之影印[3]。《禹贡新图说》为杨懋建做连州南轩书院讲席时，为教授《尚书·禹贡》一篇而作，其中内容包罗万象，纵观古今，陈澧甚至认为该书出乎胡朏明、焦循二人之外。书名虽是“新图说”，然因付梓时图样尚未完稿，目前所见版本中皆有说无图。

---

① 杨懋建:《梦华琐簿》,《京尘杂录》卷四,光绪丙戌(1886)同文书局石印本。

② 王文见前,胡文见:《“尽脱窠臼”的红学灼见——杨掌生〈京尘杂录〉中的红学观点简介》,《山西教育学院学报》,2001 年第 2 期,第 20—22 页。

③ 林庆彰、赖明德、刘兆祐、张高评主编:《晚清四部丛刊》第五编第十八册,文听阁图书有限公司,2011 年版,第 1—319 页。

凡　例

一、本书收录杨懋建诗文、杂著共 5 种，以诗、词、文、笔记为序。

二、诗文集 3 种，现存 4 种版本：1922 年杨氏还读书堂《留香小阁诗词钞》刻本（以下简称刻本）、中国国家图书馆藏《留香小阁诗附词》光绪精抄本（以下简称精抄本）、广东省立中山图书馆藏《实事求是斋文钞》《留香小阁诗词钞》《实事求是斋杂存》稿本（以下统一简称稿本）、广东中山大学图书馆藏《留香小阁诗词各一卷文不分卷》抄本（以下简称抄本）。稿本《留香小阁诗词钞》《实事求是斋杂存》、抄本诗词文全见于刻本、精抄本，故不再独立出目。

三、诗词点校，以刻本为底本，精抄本为补校本，稿本、抄本为参校本。散文部分，精抄本、稿本、抄本亦多有重复，以精抄本为底本，稿本、抄本为参校本。稿本《实事求是斋文钞》所录散文 2 篇不见载于其他版本，独立成目，不出校。

四、作品排列遵照底本顺序，为保持别集原貌，杨懋建诗词文之外的他人之作未另外析出，按原顺序排列。

五、笔记《京尘杂录》版本纷纭，但后世铅印本、排印本、影印本均以清光绪十二年（1886）上海同文书局石印本为底本，本书亦从之，不再出校。

六、由《京尘杂录》择录而成的《帝城花样》现存 5 种版本：中国国家图书馆藏朱格稿抄本（以下简称稿抄本）、清宣统二年（1910）上海国学扶轮社铅印本（以下简称铅印本）、1936 年上海群学社铅印本、1978 年台北新兴书局《笔记小说大观》影印本、1996 年河北教育出版社《清代笔记小说》影印本，后3种均以上海国学扶轮社铅印本为底本。点校时，以清宣统二年(1910)上海国学扶轮社铅印本为底本，中国国家图书馆藏稿抄本为参校本。

留香小阁诗词钞

心湖公遗草录

杨以敬

先高祖讳以敬，号心湖，弱冠掇芹香，旋随太高祖师震公游幕多年，春秋三十有八，即为弃养。生平译述闳富，惜多散失。前清吾梅乡先辈张煜南先生昆仲数人，曾汇刻《梅水诗传》，而吾高祖之诗亦蒙选入一首付印。其传云：以敬祖照、伯父师时、父师震俱能诗，子懋建、懋修并以诗名。印江王竹村大令选《心湖遗草》八卷，半多散失，摘录数首，以见一斑。灿因刊先曾伯祖懋建《留香小阁诗词钞》，见家君经手抄存有先高祖遗诗若干首，遂并刻于卷端。吉光片羽，借为珍存，非敢以先高祖之诗炫美于世也。杨灿谨识。

拟谢康乐《登池上楼》

蔚蓝天色净，萧瑟楚江头。乾坤见轩豁，日月共沉浮。楼台倒碧影，烟雨铺青稠。掩映镜湖月，轻盈湘浦秋。仰听孤雁唳，俯视潜鱼游。幽兰披曲径，杜若揽芳洲。微云看不厌，宿霭望全收。冉冉花光暖，茸茸草意抽。脱帽酌春酒，披襟笑越讴。弹琴歌一曲，溪风乱碧流。古望思瑶集，缅怀王子犹。

拟曹子建《怨诗行》

秋江何渺绵，风景殊黯然。伤心楼上月，寒女不成眠。暗中谁永叹，梦里频惊寤。问伊何所忆，如怨亦如慕。自从夫婿去，华发不胜春。秋水侵天碧，秋月照愁人。未卜君行期，先卜君归日。秋风满洞庭，我躬不遑恤。此情向谁诉，拭泪更相思。征鸿鸣夜半，空房只自知。秋夜一何长，仰睹星河落。处处捣衣声，妾心更萧索。更残天欲晓，谁复唤卿卿？离情何大苦，翻作《怨诗行》。

香山前山八景存四

海岛回澜

何处彩斓斑，城临镜海间。四围连翠霭，八面拥潺湲。澜映层层折，波回曲曲环。低昂看不竟，胜景忆前山。

台石飞云

无心云出岫，记咏三台多。广石飞时见，崇山几度过。野容清似雾，秋色淡于罗。不厌欣相看，前溪起棹歌。

松林放鹤

谁放千秋鹤，松林异产传。仙人云邈矣，道士尚飘然。绕树呈胎化，深丛过海船。虬龙栖宿处，羽袂正翩跹。

水边仙姥

何处问仙踪，水边深溯从。只因形或似，顿觉貌殊穷。石室欹玄叟，高巅立钓翁。嫣然终未觅，隔岸撑霜枫。

游阴那山

阴那仙境接罗浮，昔人传说至今游。前有三株柏，后有五指峰，果然胜境称仙踪。葡萄白果皆生长，琴石船窝足供赏。山峰秀削兮景色苍，涧壑深幽兮意趣长。三盏酒，一枝花，梵僧为友禅为家。抚瑶琴兮坐云端，乘石磴兮暂盘桓。忽闻五色之灵禽，倚百尺之高枝而长吟。

程江览古四首　集名媛句

隔岸烟花是锦城，水晶宫里有歌声。兔从玉界光中现，人向虹桥影里行。山静樵歌日半午，水寒渔唱月三更。君今欲咏河洲趣，须识巫山十二名。

柳绿桃红带晓烟，门开千顷白鸥天。乱晓鸡声红杏杪，呼犁人起绿秧田。点点白鸥波上雪，亭亭红藕水中天。雪色未消红日上，家家茅屋起朝烟。

满望苍藤趁晚晴，残蝉衰柳不禁鸣。烟树寒云笼野色，晴溪疏柳隐潮声。依槛厌闻江岸笛，催诗喜听驿楼更。萧萧芦荻烟云外，况值天高秋气清。

峰峦回合树青葱，茅屋参差一径通。匝地藤萝云护绿，满林桃李雨含红。云封岭树千村外，水涨池塘二月中。极目万家烟树里，太平景象四方同。

凌风楼怀古

凌风楼阁忆当年，万里长江入紫烟。白水青山只如此，美人芳草正凄然。九回肠曲英雄尽，一片冰心日月悬。谪宦梅江人在否，知君惆怅倚南天。

铁汉楼怀古

危楼百尺倚长空，极目萧条起朔风。否泰冰操留只影，乾坤正气压群雄。香魂消散浮青琐，赤胆披离倚白虹。忆昔远来南粤后，只将天地表孤忠。

探梅

枝南枝北见精神，远树交横画不真。不向竹边供俗客，偏于世外伴高人。丰姿绰约怜香伴，品格娇娆却梦频。莫问倚窗花着未，惟凭驿使寄枝春。

挂兰

烟痕淡处水云深，品格高超未许寻。屈子《骚经》堪续谱，谢公亭畔费沉吟。簪瓶无限春光泻，着墨应多黛色侵。好是幽香同臭味，有谁月下醉琴心。

访竹

箖箊夹岸傍云浮，淇水东分渭水流。却暑偏能消九夏，引凉端的静三秋。吟风弄月雅人致，戛玉敲金逸客留。独羡此君高节义，渭川曾记旧封侯。

采菊

采采东篱日未阑，为寻幽品踏青山。归来有意园将尽，行到无心路亦难。倏转三三披径冷，旋催九九绘图寒。提篮摘遍满头插，珠露流芬月一团。

朝云

谁是阳台第一仙，朝朝暮暮起青烟。襄王云雨今安在，此日神游倍怆然。

西施

姑苏台上柳含春，旧是吴王宫里人。此日情深空怅望，越人犹忆浣纱津。

素馨坟四首

偶过花田访旧踪，素馨坟在百花丛。香魂化作珍珠树，雪比芳姿玉比容。

南汉风流事久传，昌华苑里旧花钿。埋香胜似真娘墓，莫向东风泣杜鹃。

朝朝暮暮锁寒烟，留得情根骨亦仙。一棹珠江新涨绿，无人知是卖花船。

笑烧沉水忆昭阳，回首当年亦断肠。霸业已随流水逝，谁怜坏土暗埋香。

题《明皇春宴图》

行乐芳春夜景幽，华清歌舞至今留。君王独爱《清平调》，不道渔阳鼙鼓愁。

题《苏武牧羊图》

塞外寒云压雪天，汉臣持节困毳膻。角声吹断乡关梦，回首京华隔暮烟。

嘉庆己卯清明日旅行雷州，见妇女哭墓甚哀有感

才过寒食又清明，万里征人趁远行。自喜弟兄俱无故，谁家姊妹独多情？恨留青冢黄昏候，泣断春风杜宇声。寄语含愁好儿女，人生如梦不须惊。

月夜观瀑

云容淡淡水悠悠，夜色凄清暮景留。碧落三千垂素练，丹霄十二映层楼。玉绳掩映洞庭月，碧汉轻盈寒渚秋。瑟瑟金风疑欲度，阑干渐出一天收。

曾孙家植竹孙辑存
玄孙灿苍明校刊

叙

余家旧藏有先伯父掌生公《留香小阁诗词钞》一卷，为友人传抄数四，心厌苦之。沅旅汕时，曾摘录词抄，登之《岭东日报》，阅者击节，索遗稿者户限为穿。盖公之才名为海内所詟服者，百余年矣。今年秋，侄孙苍明汇刻遗稿，先成诗词钞二卷，词与沅家藏无增损，诗则十增二三，盖搜辑所得。苍明之志，抑何勤欤！读公《兰陵王记》云："吾诗无可存者，或少年填词，尚能搜罗数首。"公之于词，颇自信；于诗，则自谦抑。然焚香盥手，展诵再三，觉其豪爽绮丽，俱肖东坡，笑证前因，《读苏诗》二首盖留其瓣香矣！公之自谦，益见公之深于诗者。若置之乡先辈中，于李绣子、宋芷湾两先生自当抗行。沅虽未学，知非溢美也。但题画、应酬诸作出于搜辑，非公意所当存者，宜稍加甄择。质之苍明，谓排印已竣，不复删改云。

民国壬戌中秋后二日，侄沅谨识。

缘 起

我曾伯祖掌生公，前清道光间举孝廉，学海堂入室弟子，才学淹博，名噪一时，所著经史论说以及诗词杂抄，经公自缮善本，寄呈阮云台大傅，曾蒙批评圈点，中途被人窃去。而其底本存于吴石华学博者，因石华学博归道山，竟致散失，无从付印。今所存《实事求是斋文钞》《留香小阁诗词钞》及杂著各种，仅寥寥数篇，悉系公身后先大父由连阳携回。公遗稿，经家君搜罗残帙，亲自抄存者，斯诚不幸中之大幸也！十年前，家兄伯海承同里张梅石先生发起，欲编公之遗稿付梓，又适时局变迁，梅石先生旋亦去世，不能竣事。灿等愚拙，捧读公之遗篇，辄思公毕生精力尽瘁于文字，虽仅存此寥寥篇什，若徒为守缺抱残，不及时为之印刷善本，诚恐再经散失，致先人费尽苦心于此，终湮没而无传。灿等殊为自愧，而无以对于先人也。爰将诗词照原随搜随抄之本并陆续搜集者，共成二卷，先行付印，其余文抄、杂著数种，则俟续刊，庶少尽绵力。纵不能增美于先人，或可不负乎先人，此则灿等将公遗稿付印之微意也。至于公平生应酬之作颇多，本抄所印，不免挂一漏万，且印时虽经核对数次，而鲁鱼亥豕，在所难免。大雅君子阅及，请赐指教，以匡不逮，则诚幸甚！抑或诸君另搜得有公遗作，如蒙赐以补编，灿等无任欢迎焉！谨书缘起于此。

民国十一年壬戌闰端节，杨灿苍明谨书于还读书堂之东窗。

小传[①]

杨懋建，字掌生，号尔园，道光辛卯恩科举人，官国子监学正。著有《留香小阁诗抄》。孝廉聪明绝世，才华冠[②]两粤。弱冠[③]即受知阮文达公，叹曰："掌生冰雪聪明，吾不如也。"肄业学海堂[④]，淹通[⑤]经史，贯串百家，自天学、地学、国书、掌故及中西算法、历代乐律，无不精，工诗古文词[⑥]。癸巳春闱[⑦]已，中会魁[⑧]，时文达公为总裁，以其卷多写《说文》字，违磨勘例，填榜时[⑨]，始撤去。遂放荡不羁，竟以科场事遣戍。晚归粤东，与方梦园方伯最称莫逆。遂延主阳山讲席，优游以终。生平著述等身[⑩]，惟未付手民，率[⑪]多散失，士论惜之[⑫]。见《梅水诗传》。

---

① 精抄本、抄本均题作《附录〈梅水诗传〉小传一则》。

② 冠，精抄本、抄本均脱。

③ 弱冠，底本作"年十三"，据精抄本、抄本改。

④ 肄业学海堂，精抄本、抄本均作"得与学海堂肄业"。

⑤ 淹通，精抄本、抄本均作"深研"。

⑥ 自天学……古文词，精抄本、抄本均作"谙国书，尤熟本朝掌故，兼精音律"。

⑦ 春闱，精抄本、抄本均作"会试"。

⑧ 中会魁，精抄本、抄本均作"中第九名"。

⑨ 填榜时，精抄本、抄本均作"揭晓"。

⑩ 等身，精抄本、抄本均作"甚富"。

⑪ 率，精抄本、抄本均作"故"。

⑫ 士论惜之，精抄本、抄本均作"今所录仅此"。

自 记

余少年填有《兰陵王》慢词一篇，凡分三阕，此为北宋人第一长调。相传周邦彦《柳阴画》一词，声情最为幽咽者也。道光戊子，外祖黄笏山先生任普宁校官兼昆冈书院，院中有坟，外祖母清明以酒酹之，表弟苹长洗苔藓，得磨崖刻五大字曰“天潢小裔墓”，盖普宁令明宗室朱统鏓女公子葬处也。于时，外祖为作诗，后又检《国朝四六文选》，得乐莲裳钧嘉庆时所作墓碑，因并刻以征诗。黄观察霁青、葛太史蓬山皆有作。壬辰，吾在保定，既填《兰陵王》，又代诸弟及内子瑶华各填一词寄归，今未知尚有存稿否，如能寻得，抄寄倪云劬，备其采择亦可。吾诗无可存者，或少年填词尚能搜罗数首，亦略见一斑也。

同治戊辰十月二十日，留香小阁主人掌生记。见公笔记中。

留香小阁诗词钞卷一

读王右丞五律拟作，次韵六首

辋川闲居，赠裴秀才迪

端居习静久，不觉水潺湲。龙辨嗤非马，貂冠谢附蝉。半峰留夕照，一磬入秋烟。却笑蛇怜蚿，无端却复前。

酬张少府

象想然明面，鱼知惠子心。秋声忽在抱，把臂入芳林。水木自明瑟，冬春时播琴。濠梁松石意，何必买山深。

山居秋暝

一碧凉于水，幽襟渐觉秋。鹤闲因鹭语，萤细学星流。梦醒帝江舞，心虚人海舟。何当二三月，携酒听梨留？

终南别业

五石藏何用，千金坐不陲。三眠三起态，一壑一丘知。谷出莺鸣日，堂成燕贺时。此中无捷径，幸免负荣期。

归嵩山作

八方犹草昧，十亩羡桑间。心渐知秋入，人欣得路还。冶春多在水，好梦不离山。却笑齐公子，匆匆百二关。

辋川闲居

夏屋分蜗舍，春台指鹿门。小山丛桂咏，中圣杏花村。玉映黄星捧，珠跳白雨翻。兰成赋《枯树》，乡梦到南园。

连州官舍池荷重台花歌并序

严申之牧伯来守连州，政通人和，百废具兴①。自春徂夏，颂声作矣。所居东斋小池，有荷数十本，故并蒂种也。四月十八日清晨，忽有重台之瑞，绀华碧柎，一干一房，其上为层楼，左右各一蕊承之。日亭午，余适入谒，诧为得未曾有，《群芳谱》所未及载，《花镜》以下诸书，抑无论已。五月朔，含苞既放，凡在莲房之上为重台者，数之得十一朵。承其下者，西大放而东将发。牧伯以次日设宴招友十一人赏之，应花数也。案《尔雅》："芙蕖，其叶葭，其根藕，其华菡萏，其实莲，莲中的，的中薏。"葭，即"荷"字。《诗》所谓"隰有荷华""有蒲与荷"，有蒲，菡萏。佛书以妙法莲花喻彼教道德，盖取其中通外直，不蔓不支。世人爱莲则自周茂叔著《说》始也。申翁发轫服官政，其官于《王制》，为连帅，两汉人尊之曰府公，六朝人称之曰郡将。汉法，良（粮）二千石，征入为公卿。《洪范》："庶征……曰五是来备。""稽疑……曰身其康强，子孙其逢。"古者嘉禾、芝草，每先于草木露机，缄其所为，总集福荫，备至②嘉祥者，将于此花焉兆之。今人谓连州、连山、阳山为三连，皆牧伯所部也。而瑞莲之开，其数适三朵，殆非偶然。今之书院山长，托始于南宋，然彼时为奉祠者设，固与幕僚等，大抵周秦所谓客卿，《春秋传》之寓公也。不佞本无学殖，且惭荒落，值兹嘉瑞，与有荣施，来游来歌，亦一时佳话。曾点之乐暮春也，与冠者五六人，咏而归。故愿抛砖，为同游诸公引玉。

君不见扬州芍药金带围，欧阳播之弦歌被声诗。魏公入相花兆

---

① 兴，稿本作"举"。

② 至，稿本作"致"。

瑞，太史书云五色璀璨何陆离。李唐首重木芍药，牡丹嘉名冠京洛。富贵不与隐逸同，濂溪爱莲怀抱别寄托。连州连帅今循良，民名其姓在汉曰严古者庄。前有君平后严光，上与武帝严助相颉颃。一麾出守来岩疆，襟期勋业何堂堂。不为茧丝为保障，抚字催科匪矜长，彼都人士言有章。台笠缁撮民所望，《召南》蔽芾歌甘棠。连州官舍有池榭，委蛇退食娱清暇，亭亭净植妙莲华。冰雪肌肤仙人藐姑射，清香燕寝凝午夜。此地昔日种蕉围绿天，前守好事种柿书叶如郑虔。公来命割绿云鲜，补种岁寒三友杂莳海棠扶杜鹃。宫筑扶荔上俪元封年，贴池莲叶何田田，其中万选皆青钱。我闻此池此花旧多发，并蒂如木连理人比肩。今年四月廿八日，光照芙蕖日初出。我矢德音来游歌，如周《召南》[①]赓《卷阿》。公携我手看池荷，问我此瑞夫如何?《花镜》《群芳谱》则那，对花老眼重摩挲，芙蓉人镜瑞应知非讹。一花昂然独翘首，矫如太乙船乘藕。太华峰头十丈玉井莲，花房中孕万象无不有。五城十二楼崔巍，神仙排云金银台。千门万户建章图画开，不数红尘紫陌看花回。此花并头我闻古在昔，未见重台耀金碧。今日座客十一人，瑞应图许[②]分一席。沉香亭北木芍药花盛开，《清平》新调百篇斗酒青莲催。诸公淋漓大笔各濡染，金缕锦带吾愧袜线才。梦窗七宝自笑非楼台，先民退之雄才古无两。泰山北斗吾所仰，虽不能至心向往。《燕喜亭记》照耀天地间，金石不朽光焰千万丈。游其门者樊宗师，绛州守居园池一记于今垂，句奇语重喻者少。我写万本颂万遍，愿以口为碑少小。心摹手口追汗流，籍湜僵走所不辞。今日忽见奇花放，如饮醇酒醰醰味相饷。式歌且舞发奇想，松石间意濠濮上。安石山泽游东山，幼舆丘壑何超然。苏内翰说六祖戒，可证四大一笑真神仙。我笑问花花不语，花若解语作花雨。我欲学诗自愧无别才，且向沧浪问严羽。

---

① 南，稿本作“伯”。

② 许，稿本作“喜”。

和邹又村留别二首

相国文孙仙吏才，江南争羡贺方回。墨磨盾鼻山容立，诗咏壶头海气开。此去长安红日近，我应高唱紫云回。监州有蟹逍遥甚，捧檄何须击楫催。

神仙尉署十余年，调鹤囊琴自在眠。共喜士元驰骥足，不妨平仲掩豚肩。午风堂重钟彝地，子日亭怀海月天。最好重阳图画在，要将翰墨结因缘。

锁院题壁丙申春闱

曾到蓬山顶上来，软风无力[①]又吹回。一枝五色生花笔，重向青莲梦里开。

五载长安衣袂缁，四番矮屋剪灯时。英雄儿女成何事，吟尽人生感遇诗。

事意形声重《说文》，懋堂绝学绍东原。笑他鼍没封章在，八百人齐拜石君。庚戌会试，朱文正公为总裁，朱苍屿太守文瀚元作"孟艺有寸衷，鼍没孤竹"之语，磨勘者大骇，遽登白简，指斥过当，且自云恭查《康熙字典》，始知"鼍没"二字出在《尔雅》。

菊圃课儿小照，其旁有莲舟，双鬟坐对品茶

绿阴深处听琅琅，闲课书声趁晚凉。无隐木樨参妙谛，好风时送藕花香。

云水光中一镜开，绿天倒影写池台。赌茶忽作拈花笑，为悟源头活水来。

---

① 无力，稿本、精抄本均作"将近"。

《八骏图》，醉后放歌，为吾宗孝廉康侯骑尉赋

汉朝西极天马来，道路詄荡天门开。岂知西游穆天子，八骏先上重璧台。丹青将军数曹霸，金粟堆边貌闲暇。风雷蹴踏豪气豪，忽与云龙相上下。神骏气宇何不凡，笞棰长谢无羁衔。柳阴晚凉看洗马，圉人却立皆黄衫。古来神物尽如此，麾肱不来鞭不起。逸足偶然高蹑云，高阳高辛八才子。吾家将军旷代雄，挽弓左右驰射熊。八阵堂堂指蛇鸟，龙虎追逐吟天风。有弟六韬展龙豹，中必叠双并佳妙。司马国士矜无双，九天九地相照耀。朅来归卧蟠龙冈，不屑骐骥争腾骧。八尺千里老伏枥，醉看房驷星光芒。我昔荷戈一骑直走三苗五溪四千里，天马奇峰迎面起。十年秋梦在潇湘，马上所见如此而已矣！上马杀贼下马草[①]露布，横扫一掷《大人赋》。盾鼻不磨消渴露，侧闻虎头门外狮子洋，长鲸跋浪龙伯怒。回头饮中招八仙，一笑四顾何茫然！男儿作健横龙天，不画麒麟图凌烟。如虹吐气牛斗边，追风超[②]影云台巅。金翅擘海香象渡，一指肯喻天龙禅。六龙夹驭慧日圆，天狼不射天弧悬。常恐祖生先我着一鞭，驰马说剑秋拍肩。云翠娘骈双云鬟，湛若赤雅征百篇。白驹匆匆何可怜，马式未铸公车门阙前。马流骆越铜鼓空阗阗，马当欲借好风便，孝廉重上珍珠船。骑鲸大白奈何许，邀君且倾北斗一醉三千年。

红树青山好放船歌，为李香墅赋

四围十万珊瑚树，群玉山头谪仙住。晴天时堕一朵云，熟眠不许惊鸥鹭。小山丛桂酿秋声，一艇寻秋自在行。邀笛临溪碧云碧，摊书就树青山青。溪山窈窕人如玉，水木清华酒初熟。波光照影自怜卿，翠袖娟娟倚修竹。桃叶桃根古渡头，打浆年年秋复秋。西风卷帘笑

---

① 草，精抄本作“作”。

② 超，精抄本作“逐”。

花瘦，秋心寄托五湖游。鲈鱼香里吟斜日，高山流水秋萧瑟。七尺冰丝古锦囊，抱琴眠处秋阴密。《山海经》曾读几年，蓬莱高处识飞仙。玉井十丈花四照，似招少伯移家船。凉夜舵楼笛声起，月华中天艳于水。深情忽忆桃花潭，素书剖得一尺鲤。奇青未了山何如，牵萝补屋爱吾庐。细雨斜风吟白下，明珠翠羽赋黄初。却忆春江花月夜，孔翠船蓬兰桨驾。梦欲抟冰珠露圆，声能学水银云泻。蕊珠小谪我回头，近来心事暂知秋。展卷前尘忽枨触，依然有梦到瀛洲。万感缠绵百端集，延桂吟秋露华湿。青山太白拜宣城，画向敬亭敬亭立。

赖格卿小影

莳竹弹蕉别有情，能消艳福让先生。双鬟许画旗亭壁，听唱黄河第一声。

消夏湾头醉碧筒，棕鞋铜帽芰荷风。愿借酒船三百斛，四时甘脆拍浮中。

题画鹰、梅

滹沱曾上按鹰台，四野天低大漠开。落日照旗角声起，有人匹马放鹰来。

数点梅花天地心，柯铜干铁郁森森。干卿何事窥鹰眼，白草粘天动越吟。

萧希周属题《秋蝶寻芳图》

帘卷西风夕照微，秋心独抱晚香归。茶多莫笑香桃瘦，一树秋红老更肥。

细皴金碧石玲珑，七尺珊瑚写雁红。记得绿波春草碧，吟身小住蕊珠宫。

许荔村秀才《杏花春酒图》

木棉花底唤提壶，半臂禁寒梦蕊珠。闻道酒泉新酿熟，买春邀访子云居。

张子芬大哥属题尊人芸亭表伯《风木思亲图》

天风浪浪做秋声，如雪麻衣泪雨倾。怅触丁兰廿年恸，披图我亦感平生。

子规声傍鹧鸪飞，凄绝王孙未得归。十载行吟五溪戍，萋萋芳草恋春晖。

白华笙磬奏同音，兰芷清芬感不禁。学圃芝兰滋九畹，喜君玉树倚千寻。

素馨坟踏青戊子广州作

葬花绝好此埋忧，花落花开诉旧游。歌舞可怜终北胜，绮罗无赖付东流。曾经故国春如海，不断生香梦亦秋。四百卅峰仙路近，瘦梅凉月忆罗浮。绣子先生改末二句云："拚与女贞同苦节，淡烟疏雨上罗浮。"

雨丝风片奈何天，花不生天总惘然。雪海忽明春荡影①，秋香未歇玉生烟。棠梨难醒金钗梦，蕉叶空传扇子仙。消息降王无处讯，花间三月莫啼鹃。绣子先生改末二句云："莫与降王问消息，怕从花底听啼鹃。"

题李翼南小影

桐阴如水梦如烟，福慧双修住绿天。修史品香添半臂，傲他书画米家船。

拈花一笑著维摩，消受清娱近若何。最忆春灯图问字，此生艳福让君多。

---

① 荡影，底本作"影荡"，据精抄本改。

无题

又作《紫桐花馆感事诗》[1]

软风扶[2]梦过横塘，十里烟波影亦凉。笑语檀郎休打鸭，藕花深处睡鸳鸯。第二句又作“照见惊鸿瘦影凉”，首句“横”又作“银”，三句“郎”又作“奴”。

青梅如豆绿阴多，赌取香囊意若何？莫倚玉栏[3]吹铁笛，伤心子野怕闻歌。下三句又作“墅赌香囊唤奈何。莫卷珠帘横玉笛，近来子野怕闻[4]歌”。[5]

无题[6]

迷香洞启照春屏，纸醉金迷梦易醒。十万聘钱偿未毕，夸人曾啜闭门羹。

《碧城》《锦瑟》，兴托玉溪；羽觞琼筵，罚依金谷。盛春游于婺尾，偕秋禊于遨头。仆本恨人，未躬盛会。惯听山城之戍角，试吟水调之歌头。善使继声，聊为买笑。虽惭缠头之曲，庶几拥鼻之吟

压蔗溜溜真珠红，露笋穠穠颇黎钟。啁啾翠羽晓钟动，梅花深深留师雄。

使君归路清歌发，争挽长条落香雪。洞箫声中杏花下，倚醉一笑

---

① 精抄本、抄本“又作”前均有“庚寅作”。

② 扶，精抄本、抄本均作“吹”。

③ 倚玉栏，底本作“与玉兰”，据精抄本改。

④ 闻，精抄本、抄本均作“听”。

⑤ 精抄本、抄本该诗后均有“犹子叔祥自家园来述秋漪大弟意，远索吾旧作诗词，余不自收拾，片纸只字都无存者，勉忆数首报之。同治庚午春分日，书福田舍翁懋建掌生”数十字。

⑥ 精抄本、抄本题下均有“又一首”。

吸明月。

新橙透甲香欲流，自怜心事渐知秋。把酒问天不归去，空闻水调歌歌头。

醉眠云庵傍锦瑟，玉搔头上蜻蜓翼。罗浮胡蝶大于扇，跨蝶仙人旧相识。

十五一日三摩挲，当歌对酒哀乐多。百步洪上弄水笑，黄楼羽衣怀东坡。

平山喜晤官坪余聿修先生，于班荆之余，展维桑之谊。一字之师，千金之享，何幸如之！赋诗见志，亦高山景行之思也

一笑壶中日月长，鉴湖乞与贺知章。金龟换酒长安市，判五千觞醉一场。

瓣香低首拜南丰，叩叩灵犀一点通。提唱宗风在尊宿，雕虫技愧见雕龙。

岭南文献数忠襄，文子文孙衍派长。一指天龙竖新义，吾无隐尔木樨香。

四十年华汗漫游，近来心事渐知秋。岁寒小友能容我，温峤何妨第二流？

西师[①]凯旋铙歌辞八首

鼓角欢声动地归，旗门开处喜班师。庙谟指画钦神武，请勒平西十丈碑。

西征盛事说高皇，风土曾闻记载详。战士能文今孰胜，浓磨盾鼻志回疆。

---

① 师，精抄本作“征”。

哈密伊犁久晏然，厉阶谁致角弓翩。故知大吏关人望，使相旌旄出汉关。

衣锦人归巴里坤，战功闲话倚柴门。喧传壮士承新宠，已换头衔促谢恩。

箪食壶浆一路迎，西行前事记分明。夜来露布争传看，报道前宵复四城。

冰山沙海柳毵毵，准噶尔城秋易深。夷刃已平图善后，故应筹画费人心。

彰彰大节听传喧，夷俗居然古道存。即此人心征不死，从知礼让合教敦。《回疆志》：回人不知礼义而重贞节，无改适者，或且以身殉葬。殉之日，以衣服、簪珥分赠所厚，积柴于野，舁其夫燔之，妇随跃入。邻里围观，啧啧叹羡，以为此人必生西方。此回俗常有事也。其凡守《柏舟》者，终身衣饰，皆异常人。

露布晨驰珠海头，神威震处雾氛收。八声闲写甘州子，吹入湘枝易作秋。

林其雅《憩驴觅句图》

策蹇寻诗憩绿阴，人间世隔白云深。定知古锦囊添重，半护新诗半护琴。

泉石双清枕漱无，悬流瀑布胜匡庐。折松代麈萧思话，醉试先生飞白书。

秋怀八首夜宿大士宫作

云水苍茫任浪游，临风又唱大刀头。有人此夕谈风月，何事频年走马牛？书卷五千空署户，男儿三十未封侯。笑余轻放江湖棹，那似归来理钓舟？

秋痕着处总模糊，晴雪凉云吹满湖。一领青衫似枯叶，今宵白醉饱伊蒲。滩声如雨洗尘梦，酒座当风宜画图。领取故乡好山水，思归何必为莼鲈？

醉来高唱大江东，浩荡云烟过眼空。一片凉痕风定后，十分心事月明中。江流终古沉新[1]碧，尘梦何人醒软红？莫更倚栏吹铁笛，夜深惊起有鱼龙。

冶[2]春曾记[3]向名园，满路苔纹自款门。双桨来迎桃叶渡，一帘遥指杏花村。新诗乞火圆茶梦，旧事题襟晕酒痕。踪迹尚余鸿雪在，头衔合与署司幡。

雁来时节怕开缄，又见当头缺月衔。黄鹤楼高闻玉笛，鲤鱼风老挂归帆。空江一路飞[4]红叶，野店[5]何年莳绿杉？记得那时秋水阔，橹声摇梦到江南。

笛声吹彻落梅花，为客心情怯近家。风定莫惊阶下鹤，露凉应冻鬓边鸦。陔兰华白吟宵雅，池草痕青梦永嘉。绝似鄜州看月夜，遥怜南浦拨铜琶。

江光山[6]色有还无，山月江风兴[7]不孤。一觉琼花寻旧梦，三生金粟写新图。香刍酒热心常醉，凉影围身手自扶。已遂平生游卧愿，醒来聊与笑胡卢。

回帆打鼓又[8]斜曛，荷刺探怀已灭文。双照几曾圆缺月，一痕聊为认归云。从今渐与江湖熟，何事轻将笔砚焚？聊借蒲团[9]半宵坐，磬声敲彻梦中闻。

---

① 新，精抄本、抄本均作“晴”。
② 冶，抄本眉批：“冶，一作游。”
③ 曾记，精抄本、抄本均作“记得”。
④ 飞，精抄本、抄本均作“听”。
⑤ 店，精抄本、抄本均作“屋”。
⑥ 山，精抄本、抄本均作“月”。
⑦ 兴，精抄本、抄本均作“照”。
⑧ 又，底本作“反”，据精抄本、抄本改。
⑨ 蒲团，精抄本、抄本均作“藩园”。

浪游

浪游踪迹水云间，翠海香天自往还。醇酒美人成底事，凄丝艳竹且看山。已拚好梦随秋老，莫怪痴心比石顽。从此情禅参已透，桐阴如水月娟娟。

子箴方伯将由两淮再来粤东，喆弟子严观察遣令子吉双前迎，并请林子隅太守作《龙窦迎帆图》画箑。龙窦者，肇庆近城山也。诸君各有篇咏，余亦勉为继声[①]

一叶凫鹭点晴碧，中流迎笑眼光溢。翩翩帆唇喜鹊翻，猎猎旗尾游龙掷。三十六江眼界窄，已觉温台掌中得。[②] 黄龙[③]铜斗金石声，朱雀金花风雨夕。龙窦照影旧相识，无恙[④]布帆安稳泊。

上元后二日，旅次小池口驿。回忆岁在丁亥，余于是日受室，于今五年矣。秋豆多红，春波易绿，夜凉如水，梦澹于烟。邮签怨长，更漏嫌永，辄书绮语，却寄红闺

侯封谁觅又谁教？一夜邮亭烛影摇。万里独留双画卷，赖云谷为余作《春灯问字图》。五年辜负两元宵。水村山郭春骀荡，雾鬓云鬟梦寂寥。最忆灯楼明月照，丁年此夜嫁文箫。

珍重重闱问起居，平安有梦近何如？频年炊米应怜汝，四海为家

---

① 精抄本题为《子箴方伯属题〈龙窦迎帆图〉画册》。

② 抄本眉批："坡公《次韵周邠寄雁荡山图诗》云：'此生的有寻山分，已觉温台落手中。'"

③ 龙，精抄本、抄本均作"鱼"。

④ 无恙，精抄本作"指点"。

转愧予。分影喜闻飞有雁，大父假馆阳山，三弟蕴生随侍。尝羹肯使食无鱼。遥知剪烛停针夜，科斗亲抄河内书。

好月圆时照小星，梅花亭下路曾经。三生松雪原无我，一梦梨云竟有灵。辛卯长至节[①]，同人小集梨云阁，为予设饯。旗亭絮别，万感缠绵，缱绻徘徊，犹疑梦见，临风怀想，悠悠如[②]何。黯黯忍看梅叶绿，垂垂难得柳条青。它年捧砚甘低首，问字应教侧耳听。

小楼灯影画春宵，记否双吹紫玉箫？笑我频年吟翠袖，有人前夜梦红桥。待催南雪松千尺，齐放东风柳万条。谁与杏花报消息？驿亭惊梦雨潇潇。

清泉亭恭步宫允夫子元韵

杨枝滴处沁云根，一勺千金异石门。以水洗水净如[③]此，在山出山清有原。所居廉让风流尚，得味清泠禅悦尊。记否云泉吟馆好[④]，簕簕终古护南园。白云，粤会镇山也，蒲涧在焉，《图经》所谓"簕簕之水"是也。嘉庆间，诸子于白云深处[⑤]小筑云泉山馆，游屐相接，吟觞迭飞，秋禊遨游，于斯为盛[⑥]。

登六榕寺塔

铃语寂无喧，尘影静不起。下视六榕阴，净绿凉如水。茫茫古怀集，俯仰溯缘始。伊昔闻萧梁，塔藏舍利子。署额宝庄严，大同三年纪。六朝倏烟云，大唐重建此。南海龙争飞，王城拓刘氏。廿八寺周环，斯寺长寿是。孤塔侵云霄，下有佛牙齿。侫佛土木兴，谓得佛欢

---

① 节，精抄本、抄本均作"日"。

② 如，精抄本、抄本均作"为"。

③ 如，精抄本、抄本均作"于"。

④ 好，稿本作"外"。

⑤ 处，底本无，据精抄本、稿本、抄本补。

⑥ 盛，精抄本、抄本均作"感"。

喜。金饶法鼓喧，厌胜盛淫祀。白雨谣忽来，红云宴未已。降王执梃行，霸图销歇矣。岭海自昂藏，斯塔几兴毁。圆影今[1]巍然，廿七丈高峙。云是宋林修，鸠工众材庀。荡荡净城开，峨峨观视美。千佛灵爽凭，从此长不圮。端拱与元祐，传闻究疑似。幸有赵叔盎，大笔淋漓沘。王象之《舆地纪胜》载，净慧寺千佛[2]塔，宋端拱中郡人林修建；黄佐《广东通志》又谓寺名为端拱中改，元祐中林修乃建千佛塔，当以[3]赵叔盎《千佛塔记》为据也。我来天未秋，读碑闲曳屣。六榕榜当门，苏书犹可指。凭仗腰脚健，登攀聊复尔。螺折行盘旋，身已行[4]云里。凭栏一眺望，光景罗远迩。日华扶曈昽，万象穷仰视。三城杂万井，不知几百雉。黄蕉丹荔间，俯临渺烟水。天风浩浩来，云涛荡人耳。鹅潭连虎[5]门，重洋控狮子。鲸波今不扬，鲎风吹尚驶。冥冥但空青，上与天尺咫。回顾雄关开，屹然严壁垒。五岭[6]从北来，蜿蜒行忽止。散为粤中山，东西各迤逦。罗浮浮海来，支脉相撑抵。东樵与西樵，远影相依倚。白云荡晴空，出山如波委。近山云光绿，到海烟气紫。延伫极苍茫，豁然悟名理。象教本空寂，此观何谲诡。净慧顿悟生，光明乃如彼。临下必登高，穷源先究委。身更上一层，目已穷千里。世界如许宽，有基贵积累。

拟昌黎《南食》诗

浮家艳江湖，读经喜《山海》。匹马南中来，清兴自百倍。殊味已心醉，奇状况目骇。旧闻交趾俗，新羹重不乃。奇福今更占，兼味餐拥每。潭已走顽鳄，田但余稻蟹。蛎房连山积，形状何垒垒。鲎帆当

---

① 今，底本作“金”，据精抄本、抄本、稿本改。

② 佛，底本无，据稿本补。

③ 以，底本作“与”，据精抄本、抄本、稿本改。

④ 行，精抄本、抄本均作“入”。

⑤ 虎，稿本作“海”。

⑥ 岭，精抄本、抄本均作“岳”。

风张，鼓浪行飒踸。玳瑁殊光怪，鳞甲耀错采。河豚美三月，海鳅寿千载。各欲长子孙，相与游渤澥。拜舞出波涛，顾盼已菹醢。斜阳晒村网，喧沓市集亥。两桨船偶移，百钱囊自解。非关食指动，聊比猪肝买。包荷趁初归，折柳贯殊夥。瓦盆注椰酒，沉醉消磊垒[①]。一鲥抵千钱，十蚌珠百琲。此邦况多宝，前修不我绐。心盟泉不贪，水媚川自采。努力且加餐，虾菜厌凡猥。便便腹常果，萧萧鬓未改。况有钓鱼台，洄溯[②]人宛在。海月圆初生，水云起相待。莼丝风自秋，鲈香未云美。

留别西园，与方子箴、芰塘联句

梦园园未成，久在西园住。（箴）东阁罗宾朋，携与亲竹素。（掌）我喜珠江来，风雅棣华赋。（芰）自分老盐官，绝不希诡遇。（箴）度支管刘晏，神童擅夙誉。（掌）冶水七叶绵，阿连后尘步。（芰）本无轶群姿，竭蹶寻先[③]路。（箴）玉尺旋珠杓，豸绣峨铁柱。（掌）访梅过庾岭，羊石旌节驻。（芰）南邻仙湖街，北荫药洲树。（箴）五岳起方寸，嶙峋毕呈露。（掌）密篠秋亭亭，新桐夏雨雨。（芰）入门见回廊，曲折有[④]幽趣。（箴）琴樽迭觞咏，山绿夺秀句。（掌）奇碧交玲珑，花鸟杂新故。（芰）有如石淙庄，岩竞壑争赴。（箴）又如定香亭，妙得众影助。阮文达公督学浙江，官舍建定香亭、聚影桥。（掌）经营始乙丑，屡起[⑤]寓公寓。（芰）曹芗溪冯尔钦海上至，久别快良晤。（箴）窥帷渐[⑥]三年，投辖乐再顾。（掌）乍洗京洛尘，抵掌慰独寤。（芰）予怀却惆怅，弟来兄已去。

① 垒，精抄本作“螺”。
② 洄溯，精抄本、抄本均作“溯洄”。
③ 蹶寻先，精抄本、抄本均作“蹶导前”。
④ 有，精抄本、抄本均作“引”。
⑤ 起，精抄本、抄本均作“许”。
⑥ 渐，底本作“惭”，据精抄本、抄本改。

谓子严。(箴)荆玉同承恩,渥泽羡溥注。(掌)板舆奉遄征,惬此爱日慕。(芰)如何倦鸟飞,又向蜀冈[1]骛。(箴)绿杨好城郭,诗境天所付。(掌)联床甫匝月,秋驾倏催御。(芰)离情向谁说,欲唤孔都护。(箴)一舸潮急趁,三杯语转絮。(掌)迢遥共还乡,泝武上沿溯。(芰)行行与园别,光阴怅虚度。(箴)主客图张为,二难四美具。(掌)笺宜展雪浣,恭好烹日铸。(芰)蜡屐登阮祠,盛会使我妒。九日掌生与同人集学海堂,谒阮太傅祠。(箴)今夕浮蚁吟,作记放鹤傣。(掌)打鼓催发船,雷门莫嘲布。(芰)相看皆白头,脂粉肯涂傅。(箴)还期一[2]樽共,欢饮若赐脯。(掌)亨非千金帚,醉亦五石瓠。(芰)分明秉烛游,那为睡乡误?(箴)

方伯梦园方公箧室谢淑人哀辞

情之所钟在我辈,天人古今同一致。读公八首《悲秋吟》,使我涔涔堕老泪。从古诗人伤逝诗,大抵缘情绮靡辞。如孙子荆荀奉倩,情文相生作者谁?我识东洲猿叟语,真之一字乃[3]诗谱。直抒胸臆写性灵,从肺腑出愁肠腑。梦园方伯大方家,周公阿杜饷柔嘉。中妇流黄幼妇绢,倪婴吾羡泉明家。谢家玉树庭阶[4]秀,道韫独推得天厚。秀出封胡羯末前,岂同逊抗机云后?居然钟女不钟男,福慧双修竟许兼。天使伯仁光李氏,小星映烛女须南。趋承大妇如娇女,红烛修书照眉妩。肯令半臂夜禁寒,问字添香容尔汝。雌皇小凤各扶床,初七下九莫相忘。霏雪因风吟絮赏,锜蘋筐藻季兰湘。辟疆《影梅庵忆语》,二千四百珠累累。小宛后有扣扣承,鸾翮凤毛真济美。公然一笑傲朝云,阿奴络秀随夫君。哧然尹刑乃避面,绝胜六如湖上坟。自怜生小

① 冈,精抄本、抄本均作“江”。

② 一,底本无,据精抄本、抄本补。

③ 乃,精抄本、抄本作“万”。

④ 庭阶,精抄本、抄本均作“阶庭”。

多愁病，残雪梅花相照映。念家山破野桥头，布帆无恙悬端正。梦园主人辟梦园，政余教子闲课孙。大笔一枝看画日，小民万户颂慈云。固知愁不关儿女，至人忘情岂不语？酸心屈指数从头，此恨绵绵与终古。似闻制礼有周婆，未许亏体旌姮娥。草长女儿方割股，花开姊妹况疗疴。古云仁者必有勇，巾帼英雄岂有种？李波叔耶蒋家妹，竟尔抽刀三忍痛。愚不可及天所怜，力惟自致人所难。感恩图报身可殉，乌呼是谁使之然？与公破涕且一笑，其然不然道可道。非指喻指吾所能，有欲无欲观其妙。我亦中年感鼓盆，潇湘十载梦为云。道光初，梦中有"十年秋梦在潇湘"句，不意竟尔成谶。一星曙后呱呱泣，吾女阿顺周岁失母。输公膝下绕儿孙。绣斧南巡何卓荦，五管阳春真有脚。万家生佛入弦歌，粤讴同谱领南乐。即今移节向维扬，鼓钟淮水何汤汤。剪纸招魂过梅岭，追随旌节近家乡。莫说京华路万里，聚首谈心犹尔尔。女郎随母趣呼姨，相证前言犹在耳。今宵沉醉我高歌，羡君文福过东坡。起舞如意唾壶缺，明星晰晰何其多。美人自古如名将，不许白头人世上。此非奇语亦非苛，妙论随园情酝酿。况乃不朽古有三，伟然丈夫称奇男。女子亦有不死者，四德谱自在二南。《尚书》今文伏女口，《大誓》乃出河内手。周沈二十八挨宿，淑人寿适如其数。花钗十二笄六珈，礼同三品诰五花。从姑服姨乃有侄，故知之子宜其[1]家。我知公是达观者，一赋闲情自陶写。我亦言愁始欲愁，书七百字附骚雅。我非元白非李温，风流儒雅师梅村。许报吉语达公听，梅花驿使寄初春。余侍姬廖甲子秋产子，未弥月殇，有[2]东野、玉川之戚。今复怀妊，娩身当在冬月，未知雄雌。公爱我[3]厚什，为属望颇殷，届时当一缄达二十四桥头也。

---

① 其，精抄本、抄本均作"室"。

② 有，底本无，据精抄本、抄本补。

③ 我，底本无，据精抄本、抄本补。

读苏诗《十二月十八日责授黄州团练副使用前寄子由韵》追和甲子

吟诗彼自鸟鸣春，咏桧何曾与朕身？为子孙朝留国士，开文字网庇完人。平原党锢初无党，宋代神宗不愧神。从此东坡同白傅[①]，黄州一笑证前因。

读苏诗《次韵子由月季花重生》追和甲子

尝笑东坡老居士，误将月季作玫瑰。蒙庄喻马原非马，造物生材大费材。溜雨参天吟杜柏，暗香疏影梦林梅。返魂记得歧亭路，细雨关山首重回。

子箴方伯量移两淮运使，纪恩赋诗，叠韵步和，奉呈录别[②]

光连牛斗气龙腾，旌节花开喜可胜。北学公陪文选阮，南丰吾拜瓣香曾。好风秋驾师何尹，细雨春帆送李膺。二十四桥明月夜，欧苏同此梦觚棱[③]。

鹓鸾南北雁分行，笑奏通明捧绿章。珠海潮连扬子渡，玉箫声接越王冈。如金谷酒酬元白，为石淙庄咏子苍。椽笔公如挥[④]夏屋，裓材我愧咏冬郎[⑤]。荷赐旧羊毫笔四管，赠别兼征和作。

诵芬兰玉妙香腾，压帽檐花重可胜。小队人来迎郭伋，大科名不愧王曾。隆隆日上推同甫，衮衮风流媲次膺。棣鄂移华光四照，绣衣

① 同白傅，精抄本、抄本均作“老居士”。

② 抄本眉批：“方伯，名浚颐，安徽定远人。”

③ 觚棱，抄本眉批：“觚，同柧；棱，俗作稜。柧稜，殿堂上最高处也。”

④ 如挥，底本作“挥如”，据精抄本、抄本改。

⑤ 抄本眉批：“一作‘裓材我咏愧冬郎’。”

持斧[①]仰威棱。公初观察南韶连道，荐升都转，哲弟子严[②]新授雷琼遗缺道。

杨柳千株复万行，玻璃风换好篇章。停云诗咏留萌渚[③]，雅雨声名重蜀冈[④]。南国梅花初的的，西园[⑤]草木自苍苍。公有《留别西园诗》，谓碧玲珑馆也。绿杨城郭开图画，何日缄縢[⑥]寄漫郎？

附方子箴原唱

浚颐蒙恩量移两淮，五弟浚师复拜雷琼遗缺道之命，感恩恭纪二首

风鬃露[⑦]鬣任奔腾，上坂时虞力不胜。差喜乡邦近淮泗，敢云坛坫继卢雅雨曾宾谷。樗材惯作牢盆掌，棣萼旋叨豸绣膺。雨露一门沾渥泽，夜阑飞梦绕觚棱。

弟来兄去雁分行，握手相期在豫章。五弟来信云，定于九月初二[⑧]出都，予则拟于九月杪度岭，计相逢必在江右。君奉板舆登粤峤，家叔母陈太淑人年已七旬，起居康健，随弟南下。我停征骑拜陇冈。予拟迂道还乡，祭扫先茔。久居京洛年华盛，弟年甫三十九。重到邗沟鬓发苍。予辛丑曾至扬州，距今二十八年矣。争羡吾家荆树茂，同舟更有冷曹郎。芰塘六弟春闱联捷，来游岭南，予约同归。

---

① 斧，精抄本、抄本均作“节”。

② 子严，抄本眉批：“子严，名浚师。”

③ 萌渚，抄本眉批：“萌渚，五岭之一。”

④ 蜀冈，抄本眉批：“蜀冈，扬州山名。”

⑤ 西园，抄本眉批：“西园，亦扬州名胜。又扬州城北有栖鹤亭，其西厅事额曰‘绿杨城郭’。”

⑥ 縢，底本作“胜”，据精抄本眉批改。

⑦ 露，精抄本、抄本均作“雾”。

⑧ 精抄本、抄本“二”下均有“日”。

附方子箴和作

将之邗上，掌生道兄自连州拿舟至珠江送别，因叠《纪恩诗》韵志谢，即乞教正二首[①]

峡下同冠浪不腾，远来送别感难胜。言词足抗裴文季，经学交推[②]范述曾。三尺短躯书满腹，半壶浊酒气横膺。休云暮景颓唐甚，笔有锋芒若剑棱。君甫到，即作《谢淑人哀辞》[③]，饷以羊毛[④]，复叠韵相报。[⑤]

他日相思寄两行，为君摘句更搜章。春风桃李栽湟水，夏雨蓬蒿剪蜀冈。予与蒋叔起同年，有重修平山堂之约。交谊直侔金石固，离情空绕海山苍。西园且下陈蕃榻，莫便遄归唤棹郎。

春痕二首壬辰冬作

春痕如梦奈何天，絮别旗亭已隔年。为底有情皆眷属，羡他无事即神仙。湔裙忍负重三约，调瑟难安五十弦。小阁留香开绛帐，故应香火话前缘。

桃叶桃根古渡头，绿波谁荡木兰舟？已拚好梦随春去，忍说华年似水流？顾影低徊孤镜冷，背人掩抑《四弦秋》。香天翠海春无赖，不耐伤[⑥]心莫倚楼。

---

① 该诗亦载于方浚颐《二知轩诗续抄》卷六，题为《杨掌生自连州来送予叠前韵以谢》，据前后诗作推测，应作于同治七年(1868)八九月间。见[清]方浚颐:《二知轩诗续抄》卷六，中国国家图书馆藏清光绪间广州刻本，下文统称“续抄本”。

② 推，底本作“摧”，据精抄本、抄本改。

③ 续抄本“哀辞”下有“并和予纪思诗”六字。

④ 毛，续抄本作“毫”。

⑤ 《谢淑人哀辞》……相报，精抄本、抄本均作“五诗”。

⑥ 伤，精抄本、抄本均作“寒”。

己酉为平山宗人文苑题陶篁村《眠琴听瀑图》[1]

秋云堕[2]影秋阴绿，仙人抱琴就云宿。山静未许松涛喧，水学云声泻晴瀑。枕流漱石清流谈，高山流水移情曲。无弦有弦一笑忘，多事空山响琴筑。春潭照神圆相窥，秋树摊书就根读。茅亭伫月停青瑶，松子随风戛寒玉。泉声泠泠琴愔愔，九叠匡庐识面目。冰雪聪明水洗水，声闻辟支竹续竹。一鹤南归语月明，不碍先生秋梦熟。

戊辰九月九日，倪云劬招同人集学海堂，拜先师阮大傅文达公祠。会者八人，昆吾、兰甫及余皆及门老弟子也，�栖、眉生、云渠、海霞，衮衮偕来，芷邻尤后来之秀。惓怀山斗，俯仰身世。云渠赋诗纪事，勉为继声[3]

香火缘兼翰墨缘，登临喜值九秋天。新交幸缔二三子，旧事重论五十年。阮太傅祠同仰止，鲁灵光殿尚岿然。乙丑七月，祠落成，余适自连州晋省，首座樊昆吾年八十。倘容隔岁来寻约，鸿雪应[4]题第二篇。

---

① 稿本题为《陶篁村画〈眠琴听瀑图〉为宗人文苑赋己酉在平山》。

② 堕，精抄本、抄本均作“随”。

③ 精抄本、抄本题为《戊辰九月九日，同人登粤秀山学海堂，谒阮文达公祠。同集者八人，首座樊昆吾先生，年八十，与兰甫及余皆老弟子也。�栖、眉生、芸渠、海霞、芷邻，皆后来之秀。云劬作诗，勉为继声》。

④ 应，抄本眉批：“应，一作仍。”

附方子箴和作一首

云劬戊辰九日奉邀掌生暨陈兰甫学博澧、樊昆吾通守封、五眉生参军、温筠栖上舍子灏、桂海霞文炽、沈芷卿泽蘅两茂才集学海堂登高

插花起舞两眉开，忘却闲身客越台。九月蟹鲈抛不去，三城鸥鹭约能来。江山放眼成图本，风雨论心借酒杯。一笑拚吹乌帽落，要天知我鬓毛摧。

子箴方伯初约同行，至韶州话别，仆以依人作活，难久勾留，匆匆告别。惓惓之怀，走笔书此。时九月十五夜

情知垂老难为别，其奈骊驹已在门。同溯浈江送千里，临歧握手更难分。

十日平原话九秋，福星卿月仰当头。算我较公输一箸[①]，好诗和就寄扬州。箴翁定于廿六日登舟[②]，余十六日先行。

林芗溪舍人《海天琴思图》

芗溪先生，名昌彝，字惠常，福建侯官人。

天风[③]海雨能怡情，水仙刺船来相迎。愔愔琴德妙莫名，有弦无弦大古声。林君抱气清秋清，目营四海无裨瀛。忽然俯仰感身世，昂首秋天青冥冥。东洲猿叟古君子，与君沆瀣称友生。图画君与何子贞编修乘槎抚琴。前贤后生仪典型，形骸契阔梦寐接。大海忽聚如流

---

① 箸，底本作“著”，据精抄本、抄本改。

② 舟，精抄本、抄本均作“船”。

③ 风，抄本作“气”。

萍，抚弦动操众山响。荷樵一客谁与听，羽衣黄鹤夜吹笛。松风高阁春吹笙，岂若吾琴清泠泠。如雉木登牛盎鸣，何必挂壁同渊明？净洗人间琵琶筝，以心印心寻前盟。而我拊膺怀平生[①]，师资回首孤裁[②]成。九秋识君五羊城，兰言契合蛩驱并。披图一笑两鬓皆星星，南丰瓣香低首亟下拜，我思秋驾随南行。

水松[③]

尽日涛声珠海头，万柯扶影俯清流。不沉千尺云间势，难画三分水底秋。午夜新潮惊睡鹤，南天残雪压轻鸥。[④] 托根久已甘泉石，未羡秦封万户侯。[⑤]

闰端午珠江竞渡词七绝三十首[⑥]

难逢佳节闰天中，珠海风光自不同。隔月已将游伴约，画船依旧满江红。

连天画鼓响冬冬，浩荡楼船下九重。指顾[⑦]一时回万目，前番早已信犹龙。

朱云楼阁碧油窗，重放轻桡驻海幢。却忆犒龙前月事，采声如鼓闹珠江。

浩荡晴风定不吹，平波帖妥桨轻移。候潮已略殊前月，催趁新潮

---

① 平生，精抄本、抄本均作“生平”。

② 裁，精抄本、抄本均作“栽”。

③ 抄本于该诗题下注有“前人”二字。

④ 前六句诗，精抄本、抄本均作“古色苍然不可收，离离松影照清流。周围沉绿风初定，一洗空青海欲秋。莫遣新潮惊睡鹤，爱看南雪压轻鸥”。

⑤ 万户侯，精抄本、抄本均作“附五侯”。

⑥ 七绝三十首，稿本后有行楷眉批：“甲申闰七夕，丁亥闰重□。”抄本于该诗题下注有“前人”二字。

⑦ 顾，精抄本作“愿”。

看水师。

锦浪珠波倏合围，依然来往桨如飞。催将画角吹豪气，记否前番夺锦归？

水立云屯扬彩旆，翻波起舞混龙鱼。太平景象舒长日，金粉迷离画不如。

画艇轻移泊海珠，朱栏碧槛五云扶。仍将斗草寻前约，不羡维摩一尺须。

近水松阴绿罨堤，一枝柔舻划玻璃。大通本自饶烟雨，翻忆繁声[①]动鼓鼙。

棹入荷花户[②]叩柴，小亭如画水当阶。晴波[③]不动云沉影，便不乘龙住亦佳[④]。

箫鼓繁声动地来，谁将金粉写楼台？凭栏犹识骑龙者，催犒琼浆尽一杯。

真成风景逐时新，扇影衣香忆隔旬。看罢龙舟仍小立，踏歌声里数游人。

骇鲸偃浪蜃收云[⑤]，铜鼓如雷到海闻。齐羡伏波名尚在，夺标依旧水犀军。

留得红云罨[⑥]一园，亭开擘荔记前番。虬珠万斛仍行赏，云水光中扬锦幡。

紫气晴回大海澜，扶胥江自倚楼看。况当佳节重逢日，催放游龙[⑦]助大观。

---

① 声，精抄本、抄本均作“华”。

② 户，精抄本、抄本、稿本均作“门”。

③ 波，精抄本、抄本均作“光”。

④ 便不乘龙住亦佳，精抄本、抄本均作“不乘龙住亦一佳”。

⑤ 收云，底本作“云收”，据精抄本、抄本改。

⑥ 云，底本作“雷”，据精抄本、抄本改；罨，底本缺，据精抄本、抄本补。

⑦ 游龙，精抄本作“龙舟”。

榴花红影落波殷，一月游船两往还。试问一生能几闰？真应长住水云间。

如皋公子小神仙，携手金山玉比肩。一事傲君樱笋会，平生未上海珠船。

莫停桂楫促兰①桡，最好晴风②趁午潮。记取③临江前日事，舵楼斜倚听吹箫。

天留佳节丽南交，旧俗仍沿莫漫嘲。绝胜镇江鹅酒犒，羡他桂醑杂兰肴。

百尺楼头④意气豪，俯临烟水阔周遭。难忘风雨过端午，重放龙舟画鼓鏖。

永清门外动铙歌，横海楼船旧伏波。莫笑龙头终有属，平生已惯斫蛟鼍。

钏响钗声笑语哗，柳波深处听琵琶。已成结习看花惯，况值繁华岁月赊。

千行垂柳复垂杨，荔子荷花十里香。油彩髹船来往熟，故应风味异江乡。

雨丝风片越王城，孤负招凉约未成。闰节重开香世界，月前三日已鸣钲。

重踏花田吊素馨，艳声都作雨淋铃。呼龙难作耕烟语，且歇轻桡醉绿醽。

谁骑赤鲤踏红冰，万里乘风记旧曾。若问西湖水仙庙，盛游难得会频仍。

满江晴涨碧于油，十里香风一叶舟。此日重将佳会续，珠儿珠女

---

① 兰，精抄本、抄本均作“轻”。

② 风，精抄本、抄本均作“光”。

③ 取，精抄本、抄本均作“否”。

④ 头，精抄本、抄本、稿本均作“台”。

忆前游。

声吹画角助龙吟，海影云光试俯临。最喜锦标仍在手，枣糕轻擘酒频斟。

沉李浮瓜别样甘，粉团风味旧曾谙。难忘最是江头路，细忆游观助剧谈。

美景良辰此日兼，赏心闲更卷珠帘。倚窗遥听江船[①]鼓，浮白应知酒兴添。

香罗细葛当[②]轻衫，如此游观兴不凡。晴色已偿前日[③]雨，好风高挂海珠帆。

太湖道中遇雪呈宫允夫子，恭步原韵[④]

痴云冻雨凝不开，迷离梦断[⑤]铃声催。欲晓未晓岚翠失，玉山银海排空来。冷香暗沁影俱悄，酒力初张兴讵衰。入门下马雪声歇，冰壶坐对天无埃。披图怅触梨花梦，问奇更酌蒲萄醅。珠海云水久无雪，种松谁补空低徊。三年化雨喜[⑥]立雪，行抱礼器登春台。高吟白雪写春影，如嘘黍谷吹葭灰。移情一曲和者寡，皇华徒愧巴人才。

罗浮子日亭观日出歌[⑦]

西樵看日日五色，海气烟光同一碧。却从南海望东樵，四百三峰晴翠积。孤筇东径入罗浮，朱明洞天秋复秋。一亭亭亭立空[⑧]际，峰

---

① 船，精抄本、抄本均作“头”。
② 当，底本作“尚”，据精抄本、抄本改。
③ 日，底本作“月”，据精抄本、抄本改。
④ 抄本于该诗题下注有“前人”二字。
⑤ 梦断，精抄本、稿本、抄本均作“断梦”。
⑥ 喜，精抄本、稿本、抄本均作“许”。
⑦ 抄本于该诗题下注有“前人”二字。
⑧ 空，稿本作“云”。

头奇景难[①]兼收。此山左股分蓬岛，岭海昂藏青未了。铁桥石楼顾眄[②]雄，壮观奇绝是春晓。欲晓未晓山气青，自携铁笛登孤亭。凭栏放眼一眺望，东南半壁空冥冥。天鸡叫罢沧溟紫，天风吹海云如水。水影云光荡漾间，烛龙扶御轩然起。霓幢星节交光红，炫耀贝阙摇珠宫。色相百宝图万变，跳波起舞看鱼龙。此时空山静复静，晓梦梅花酣[③]未醒。惟有云霞附景光，出海扶轮相照映。黄棉送暖朝烟生，十洲三岛春晴明。呜呼此观果奇绝，不负昨宵行露行。西樵东樵屹相对，前游后游两奇最。愿将图画写亭台，见日台在西樵大科峰巅。昂然举头立天外。

铁汉楼七古并序[④]

嘉应北城楼祀元城刘忠定公，颜曰铁汉楼[⑤]，取东坡语“器之真铁汉也”。案《宋史》本传，自宣仁太后临朝，擢右正言至居梅，凡四载矣。全录本传。梅人建元城书院祀之，今久废。崇祯中[⑥]，知程乡县事陈燕翼就北城楼上肖像以祀。康熙中，知县事王仕云重新之。登斯楼也，风景所触，百端交集，因不禁长言嗟叹之。

一楼耸拔北城上，上亚凉云扶影直。遥连白玉夫如何[⑦]，许铸黄金似相识。却忆宫廷帘幕垂，铜柱曾将大厦支。山陵恸定事殊绝，金坡渐[⑧]远重阍违。天风吹落[⑨]云如水，台阁半兼烟雾起。东南孔雀空

---

① 难，精抄本、稿本、抄本均作“能”。
② 眄，精抄本、稿本、抄本均作“盼”。
③ 酣，底本作“甜”，据精抄本、稿本、抄本改。
④ 精抄本、抄本题下均注“杨懋建掌生，尔园”。
⑤ 楼，底本无，据精抄本、抄本补。
⑥ 中，精抄本、抄本均作“间”。
⑦ 如何，精抄本、抄本均作“何如”。
⑧ 渐，稿本作“暂”。
⑨ 落，精抄本、稿本、抄本均作“海”。

徘徊，西北高楼自徙倚。千秋人去一楼危，怀古秋参玉版师。山鸟不啼城郭静，凉宵灯火冷神旗。冤狱凄然忆[①]党人，酒杯谈笑已千春。风骨已拚经百炼，更于何处跃蕤宾。章蔡难移立案山，建中靖国议全[②]删。凄然[③]元祐熙丰事，社饭思量又几年。铁庵建置相先后，森然铁面神明寿。嶂横铜鼓潭铁炉，岂但月痕仍[④]似旧？

何悔余太守[⑤]栻《江风[⑥]集》题词

悔余[⑦]乐府今无两，掩卷低[⑧]徊我废然。独立苍茫自千古，同经哀乐过中年。昂藏未有埋愁地，患难离开识字天。缕指道光二年事[⑨]，龚定庵礼部何子贞编修让着祖生鞭。

附方子箴方伯和《江风集》题词原韵

往日春明交臂失，但知樽酒共陶然。相望云树一千里，悔余罢官后，仍在江右。独振风骚二百年。成败试参前定事，循环可决未来天。何时泛艇西江去，倾倒词坛愿执鞭。

拟元人《十台诗》咏粤东十台七律百首遗存十首

越王台

铜柱珠崖道路难，玉山高并两峰寒。侧身天地更怀古，多恐君王

---

① 忆，精抄本、抄本均作“忘”。
② 全，精抄本、抄本均作“已”。
③ 然，精抄本、抄本、稿本均作“凉”。
④ 仍，精抄本、抄本、稿本均作“还”。
⑤ 何悔余太守，底本作“何悔如”，据精抄本改。
⑥ 风，底本作“枫”，据精抄本改。
⑦ 余，底本作“如”，据精抄本改。
⑧ 低，精抄本作“徘”。
⑨ 二年事，精抄本作“两奇事”。

不忍看。二十五弦弹夜月，四千余里是长安。烟波澹荡摇空碧，莫向苍茫问紫澜。

如此江山入望中，越王旧此据雄风。残碑无复磨苔藓，故老空教说始终。碧海回澜白云外，斜阳高唱大江东。苍茫霸气衣冠代，绰板琵琶一样铜。

五云缥缈锁南关，一片苍凉胜粤山。霸气已销灵上下，仙人无术影萧闲。于今莫说当年事，千古平分大海间。磨藓扪苔天耿耿，钟疏磬断月弯弯。

随钟寻寺问荒台，鹤啸猿啼胜劫灰。唇气吹将王霸去，木棉烧出古今来。微茫南海千秋事，萧摅西风一磬催。花落花开粤华馆，几回眺望莫烟开。

大王一去草如茵，踪迹苍茫认不真。野鸟蹄践今古梦，兰茗长遍二千春。能销兵革安山海，不剩荒台守鬼神。但向遗文说凭吊，一声长笛六朝听。

霸业销沉但说台，呼銮道上夕阳开。枕城山影随云白，隔岸钟声过海来。犹有山河供唱叹，终将兰芍付疑猜。于今试看春三月，远水浮天作怒雷。

浪浪对面海风吹，浩荡烟波有所思。不见冈头旧歌舞，尚闻大长说蛮夷。凄凉且向苍苔问，烂漫谁将锦石移。惟有鹧鸪声不住，曾经几代草离离。

于今山海尚昂藏，歌舞冈头问大王。远水兼天浮霸气，仙城终古有垂杨。般陀寺外寻遗迹，茉莉声中卖夕阳。犹记固冈登拜日，秋风吹处海苍苍。

大王风过见精灵，上下潮痕尚不平。已遣江山丽词赋，终留云海拥春城。铜驼荆棘它年事，铁塔西风此日声。胜有当头一片月，霸秦朝汉向人民。

收拾烟云到眼前，粤山尽处水连天。越王已自无遗迹，残碣凭谁问昔年。千古如花空说梦，一声打磬且参禅。试看榕树轮囷处，铜雀于今化石仙。

过菖蒲涧，采新蒲，养之英山砚山坳中

英山瑰奇径咫尺，峭削玲珑凹复凸。一卷坐爱豁心胸，磊磊落落称品格。瓶花朝插暮复更，欲抉古榕嫌地窄。独怜新蒲涧边生，一孕一本薄言掇。归来水石好相于，生意三春郁勃发。古称昌阳能引年，养之亦可自陶适。窗前绿满草不除，满眼青苍满袖碧。北斗七星耿夜光，何如昙花现优钵。砚山一坳一曲折，菖蒲一寸十二节。相对相看两不厌，读书对影成五绝。吾闻清风与明月，取之不尽用不竭。菖蒲可采配烟萝，砚石能养足安宅。聚石谈元亦点头，幽谷生春数晨夕。江上清风分一席，山间明月终夜白。

留香小阁诗词钞卷一终

侄孙家植竹孙辑存
又侄孙灿苍明校刊

留香小阁诗词钞卷二

大士宫题壁

钟声吹不定，烟霭暮苍苍。人影入林梢，山风吹水凉。大江流浩荡，中夜起彷徨。旧有题名在，摩挲转怅望。

青山围白屋，白眼对青衫。未解知鱼乐，空闻说士甘。夷吾战三北，平子赋双南。佞佛讵禅悦，聊将米汁参。

夕照接新月，群峰逼乱流。杯倾中圣足，诗续大刀头。莫放西山鹤，曾监东海鸥。十年煨蕷客，记取壁间留。

草草邯郸道，黄粱一晌炊。人谁倾戊己，余亦降庚寅。松树梦圆日，槐花秋放时。临风一杯酒，浇向赵州宜。

冒筱珊大令宰乳源，尊人伯兰明府旧治也。捕得十七年前害父之贼五人，以祭其先公。同人作诗文纪其事，为赋古诗一章代方子箴方伯作

天地有正气，所重在忠孝。春秋大复仇，大义炳灵曜。如皋谂世族，久推榜花冒。名园辟水绘，遗老恣啸傲。保世遂滋大，竞爽仰贤肖。觥觥冒明府，宇宙在怀抱。家学承勿坠，国器闳必耀。驰驱骋皇路，珠海昂藏到。牛刀试烹鲜，早有神君号。乳源弹丸邑，逋逃薮群盗。莳花自雍容，拔薤戢强暴。坦荡官无私，默化盗有道。冥顽何不灵，乃敢肆踉跳。恶莠搜伏莽，施逆竟行倒。枭獍噬父母，雏鷇困啄菢。神明自炯然，饮刃神皎皎。左目有黑子，遗言

说贼貌。五子环侍侧，大仇誓必报。遭之十七年，事故未可料。季子行捧檄，复奉乳源调。沉痛切心肝，转似眸子眊。事机苟宣露，逃遁不可侥。徐徐五阅月，翩然援弓缴。一网得五贼，邦人走相告。今侯能复仇，先侯可含笑。贼众已贯盈，未可濡滞稍。繄寝皮食肉，刳心享厥考。昔贤固有言，诛之不待教。讵比严延年，屠伯恣兀傲。三尺国有法，五伦臣有要。上台鉴陈情，心如白石皎。颀然五丈夫，成人各有造。次公展骥足，盐铁论有效。季非百里才，呈材且腾踔。此事快人心，我亦欲凭吊。

题陈讷人尊公诗集代方子箴方伯作

四诗肇风雅，五言昉苏李。唐宋既极盛，汉魏骋殊轨。出入互主客，性情判真伪。陶写出心灵，我生旧耆此。缠绵悱恻心，温柔敦厚旨。先生古作者，天池自奋起。寤寐通真宰，鉴裁别伪体。知味识淄渑，缮性辨泾渭。蒲帆挂珠海，壮游行万里。光景耀日月，涵负极天地。豪端恣变现，万象自经纬。诗卷羡长留，盈尺常堆几。超宗有凤毛，渊明得骥子。渊源溯家学，歌咏亦济美。我不见先生，奉手交令子。授我青瑶编，郑重尺璧视。鲸鱼跋沧溟，芳草怀彼美。感怀岁暮诗，刻钵擢肝胃。无外入有间，须弥纳芥子。抒写见胸臆，俯仰感身世。或为铜斗歌，扶风见豪士。或为宛转吟，曲折有原委。鲲鹏翔天池，百宝晃珠贝。岂惟撷兰荪，香草拾蒙稚。上下三千年，洗伐到毛髓。传家有青毡，治谱能佐理。遂使东储侯，迎客争倒屣。他方传活人，太和乃寿世。管窥豹一斑，粤游吟付梓。大集尚袖然，波属况云委。乃知此心声，未许优孟拟。我少耽吟咏，平易殊内愧。愿得它山石，切磋相砻砥。未能拜德公，且幸友群纪。森森楚材多，有楩楠杞梓。桂林擢一枝，万斛孕粟米。何当一瓣香，津逮慰后起。

冒筱珊大令为其尊人伯兰明府复仇事极奇特，为赋此诗

公羊九世复前仇，异事于今见冒侯。十七年中真负重，二三局外岂能筹？赤辰泗井吟烝蹢，黑子颜高志左眸。孙子孝慈须记取，他年国史要旁搜。

道光二年，岁在癸未，春夏之交，王引之、浚之两世叔将护丧归里，赋十五律赠行，以为他日相念留

鹧鸪声里夕阳过，回首浑然春梦婆。握手早知筵有散，呕心相示句无多。云山渺渺今归去，江水茫茫听棹歌。[①] 忆昔谈心[②]空怅望，分飞雁影怅如何[③]。诉离衷也。

旧雨台岑证不诬，万山深处说规模。遥遥曾孔互传习，落落蔡朱相步趋。四十年前祝车笠，五千里外认珊瑚。云霞今结三生契，曾把[④]前徽忆也无。述祖德也。

犹记当年亲炙来，裁成取次及颜回。暮春亦复幼吾幼，大夏何论才不才？点瑟许将参共[⑤]鼓，周南曾和鲤同推。只今一事有余恨，潦草行书无取材。太夫子每病予多作草书，未步先趋，东涂西抹，故尔

---

① 云山二句，精抄本、抄本《送王引之、浚之护丧归印口序》文后均录有该组诗，作“苍苍莫问竟如此，黯黯从今将奈何”。

② 忆昔谈心，精抄本、抄本均作“后日已前”。

③ 分飞一句，精抄本、抄本均作“请君侧耳听□歌”。

④ 把，精抄本、抄本均作“记”。

⑤ 共，底本作“学”，据精抄本、抄本改。

楷字[1]都不[2]入门。乌乎！何嗟及矣！思教诲也。

芝兰玉树说[3]亭亭，并耀双珠目所经。犹记坐风曾易子，尔时束发未成丁。春池生草皆归梦，秋水传神竟有灵。湘瑟欲终人去否？数峰江上自青青。想丰采也。

歌哭终宵不自由，江东渭北那知愁[4]。岂真风雨关离合，不必云龙共唱酬。天上无星分主客，人间何地认[5]沉浮？最难独立苍茫处[6]，冉冉行云自去留。念交谊也。

踪迹匆匆聚散忙，有人独立[7]咏沧浪。两年落落金石契，四代遥遥泥爪香。雁影云连乍离合，骊歌风送付苍茫。最应此会天留意，茉莉香中又夕阳。序踪迹也。

迩[8]来遭际尚堪言，山断云连更几番？天不由人无可奈，诗能成谶向谁论？指辛巳冬冈州赠答[9]。星河相吊苍凉影，潮汐空浮上下痕。如此悲欢[10]如此事，满城烟雨扑黄昏。悲遭际也。

不如归去杜鹃啼，季路欲行芳草萋。怀我清风归点染，引之方为余画扇作梅花。与[11]君今雨辨东西。一回笔墨三生梦，千里关山五夜鸡。切近吾言切近事，休论地肺与天脐。思劝勉[12]也。

---

① 字，精抄本、抄本均作“书”。

② 不，精抄本、抄本均作“未及”。

③ 说，精抄本、抄本均作“想”。

④ 江东一句，精抄本、抄本均作“暮云村树亦知愁”。

⑤ 认，精抄本、抄本均作“想”。

⑥ 最难一句，精抄本、抄本均作“那堪独立低徊处”。

⑦ 独立，精抄本、抄本均作“搔首”。

⑧ 迩，底本作“尔”，据精抄本、抄本改。

⑨ 答，精抄本、抄本均作“诗”。

⑩ 欢，精抄本、抄本均作“歌”。

⑪ 与，精抄本、抄本均作“思”。

⑫ 劝勉，精抄本、抄本均作“勉劝”。

卓荦吾身岂偶然，此中吾可见吾天。养心[①]莫善寡于欲，与世无求即是仙。孝友每从真性出，精神那待外人传？清谈请看南朝事，岂但王衍不说钱？[②] 励律躬也。

杂[③]沓纷拿付水[④]流，片言居要又何求？用和自古由斯美，不忍安能济大谋？况复多才常误事，但看老气独横秋。请君毋躁亦毋懈，一曲狂歌有当不？商处事也。

箕裘弓冶不寻常，跌宕风流推二王。夫子有灵呼欲出，古人之孝养无方。请将后死腾骧力，一瓣先生翰墨香。更愿荆枝交畅茂，他年遗爱继甘棠。善继述也。

《蓼莪》不忍读终篇，同病相怜倍可怜。椿寿[⑤]八千今已矣，萱庭百岁尚依然。鸾回诰捧时犹未，雁序云行事在前。我有重闱君有母，殷勤属望意[⑥]绵绵。愿成[⑦]欢也。

鹡鸰叫彻五更风，地久天长此念通。束楚不流扬水白，瑟琴一鼓萼华红。萁原无泪随声下，布岂成谣唱道中？对榻逍遥寻旧梦，一床明月任西东。笃友于也。

迢迢春水涨[⑧]春波，昨夜东[⑨]风送棹歌。春梦一场犹未醒，春情百种欲如何？客中送客斜阳远，愁外生愁落月多。知否莺声啼暮雨，梦魂犹绕古洑洞。[⑩] 太夫子慷慨好施与，挥金帛如尘土，乃身后至

---

① 心，精抄本、抄本均作“身”。

② 清谈二句，精抄本、抄本均作“心肠铁石冰霜面，非礼先除第一关”。

③ 杂，精抄本、抄本均作“雅”。

④ 水，精抄本、抄本均作“东”。

⑤ 寿，精抄本、抄本均作“树”。

⑥ 意，精抄本、抄本均作“思”。

⑦ 成，精抄本作“承”，抄本作“永”。

⑧ 涨，精抄本、抄本均作“绿”。

⑨ 东，精抄本、抄本均作“春”。

⑩ 知否二句，精抄本、抄本均作“可奈鹧鸪啼弗住，尚听行不得齐齐”。

今，秋冬春夏，四时代谢矣！赗赙寥寥，嗷嗷者不免迟迟；吾行之慨，苍苍者独何心哉？故并及之。代鱼雁也。

三起三眠欲暮寒，一歌一笑呕心肝。莫将综错后先语，而作寻常酬应看。擢出肾肠成驳陆，梦回星斗已阑干。他年请认多情我，最不忘情王子安。至于此，歌哭俱作，工拙弗计矣。然建与两君俱年未及冠，他日者相期远大，无望车笠之盟，如引之所谓"清风怀故人，恍然如或见"，倘犹觌面，相记呕心可耳。不然哑钟湿鼓，岂堪持赠哉？乌乎，予怀渺渺矣！序本怀也。

六月十二日，子箴方伯招同展云詹事、兰甫学录小饮。余先至，方伯邀联句，并索冯、陈二君和[1]

仙才突过沈云卿谓展云，风雅南园有嗣声。（子箴）爱士如公春骀荡谓箴翁，闭门独尔气纵横谓兰翁。（掌生）扁舟远下同冠峡谓掌生，遗址重寻陆贾城。（子箴）销夏一樽联旧雨，良时最喜二难并。（掌生）

和李荔村见寄原韵代麦抑卿作

高李旗亭喜识岑，一时怀抱慰钦钦。南皮棋局弹巾角，北海琴尊说剑心。坐对冰壶人比玉，快挥露布墨如金。出山小草诚何幸，仙李蟠根倚百寻。

味道三冬喜得腴，《礼》："鱼冬进腴。"宸于十月初吉，得奉教言，故云。潇湘附骥仰前驱。断金竭可师王贵，倚玉何堪拟亮瑜？百八摩尼同介寿，再三珍重语回图。师真叶吉临风听，猎猎长缨拂曼胡。兄奏迁同知直隶州，已奉谕旨。

---

① 该诗亦载于方浚颐《二知轩诗续抄》卷十，题为《六月十六日招展云兰甫掌生小饮寓斋掌生先至联句索和》，据前后诗作推测，应作于同治九年(1870)。

柬潘篆仙

卅载论交半天下，惟君不愧古之狂。云梦八九吞胸阔，溟渤三千只手障。文字有缘次公在，辨才无碍定庵当。狂生一笑知非我，癸巳在京师，平湖张海门太史以南北朝人语属作小印，为仿曼生法刻之，文曰“我非狂生”。龙性难驯转激昂。己酉，张南山太守摘余旧句为楹帖，曰：“龙性谁驯嵇叔夜，凤毛殊有谢超宗。”见者多目笑之。

大雅小山项背望，惭君私许我非狂。廿年附骥长鞭及，百尺屠龙巨刃扬。丹篆梦吞东野笑，绿章福乞北邻偿。大罗天近开金粟，老桂期分万斛香。

乐初将军《芝隐室诗存》敬赋奉题

旌节花开四照春，波澜珠海仰渊沦。壶觞自昔歌三雅，裘带于今第一人。掷地声传黄鹤咏，烛天光见碧鸡神。忆登碣石临东岸，方丈蓬莱眼界新。

花坞重来啖荔支，湾头消夏读新诗。雕龙绣虎开坛站，御鹳翩鹅肃鼓鼙。弧矢宣威连箭后，邯郸学步执鞭时。木棉十丈花如斗，共说南交草木奇。

宗人桂秋先生，其为人笃实辉光，不苟然诺。汉人谓黄叔度“汪汪千顷波，澄之不清，淆之不浊”，与之游者，茫乎莫测其际也。其学于天星、地形，靡不研究精审云。谨赋一律奉赠

汇九流将七略寻，公车油素子云心。地员大戴礼求野，天问中西法证今。笑我匏瓜壶五石，享君芝蕙帚千金。木稚妙悟香如海，春意秋声一样吟。

和卿三哥以吕少尉寿田所画兰蕙册子索题。回念戊戌春仲，承谪长沙，小霞邀《长安看花记》中有传而能画者十七人，合写《滋兰图》录别，各系以诗。一时都人士和者数十家，于今岁星一周天矣。前尘影事，枨触怀来，万感缠绵，百端交集，为赋七言律诗一章。古人每言“诗中有我”，又曰“我用我法”，今兹所制，殆亦同之。于时薄暝微凉，香温茶熟，忽不自知情之一往而深也

庭阶一样护芝兰，转为当门爱惜难。玉树临风和梦倚，金茎承露带英餐。镜奁一笑长眉秀，旦晚三公捉鼻酸。却喜苔岑芳竟体，它山仍当国香看。俞雯，字小霞，京城春台部中人也。余《看花记》中品为枕霞小友史湘云。陈太史东阜撰句赠之云：“常将肝胆酬知己，小占温柔即美人。”盖道其实云。小霞《题滋兰诗》云：“江左风流说谢安，芝兰玉树共珊珊。可怜一样庭阶种，流落人间当草看。”言之慨然，亦以自伤已。余曩戏仿唐人曹尧宾体作《小游仙诗》三十首，有句云“亲见生天黄仲则，淋漓粉墨又登场”；又云“岂是不能画鸡犬，薄它舐药便登仙”；又云“可怜三字野才子，阊阖凭谁诉九重”，皆述乾嘉间轶事。小霞每规我，是亦韦弦之佩也。此诗即衍其题画诗意云。

吉双①世讲索诗，为赋七律②

竹径兰阶得气殊，清华朗润蚌生珠。散人我笑鲇缘竹，吉士君真凤集梧。三秀喜闻芝草瑞，一枝拟写桂林图。传家治谱人争羡，豸绣双旌要并驱。尊庭年来应岁科试，隽者十七人。去秋，子久率犹子臻杰、从孙燕昭，归里应试，同游泮水，子箴冢嗣仰昕观察，蒙恩授平庆泾道，一门鼎盛，忝

① 精抄本、稿本“吉双”前均有“方”。

② 精抄本、抄本于“七律”下均小字注“子严观察令嗣也”。抄本又注“前人”二字。

在世好，与有荣施①。

恭步竹村太老夫子《湖山胜览亭怀古》原韵

胜览湖山一色明，传来佳什许同赓。扪苔寻句多残字，扫石题诗订夙盟。自昔清风留鹤观，于今雅化著鹅城。闲情指点添诗兴，遥听江楼一笛横。

秋怀

侯封觅得又何年，书卷于今署五千。旧梦已随秋信老，痴心惟托月华圆。艳吟亭北成三调，酸听江南拨四弦。人海风花容易泛，羡他无欲即神仙。

烟洗空山月满林，无端敲断又宵砧。十分幽绪凉于水，一夜新愁冷到衾。窗竹自鸣灯黯黯，檐铃欲语漏沉沉。清樽短榻都无赖，独倚高楼且放吟。宋人词“少年听雨高楼上，红烛昏罗帐。中年听雨客船中”。

秋花

自策秋筇踏晚芳，小桥流水未斜阳。一天金粉留春影，半亩园林足冷香。瘦蝶低时风力软，宿禽语处月痕凉。小山深邃谁招隐，且酌松花漫引觞。

秋草

着意秋风一夜喧，小园容易著秋痕。连宵白露疑兼雨，满院青苔不闭门。燕子忙时春尚贮，王孙归去梦常温。玉楼金埒明年事，又见萋萋碧影繁。

---

① 精抄本、抄本“荣施”下均有“故诗中及之”五字。

秋芦

雨丝风片酿寒天，荻港沿缘待放船。秋雪一篷诗在水，凉云十里梦如烟。白头才觉霜华老，银掌频翻雪浪鲜。穷士芦中呼欲出，烟波江上几经年。

秋柳

疏柳三分绿不稠，蝉声鸦影镇悠悠。半林月色凉于水，十丈烟丝并作秋。城郭有尘红自软，楼台近水碧空流。渔洋旧有清吟在，系马还应为小留。

菊诗六首，恭步竹村太夫子元韵

忆菊

秋来长是为秋思，计别秋容又几时？纵有夙盟何处订，曾无花信报侬知。依稀月影筛篱寂，辗转诗怀入梦迟。节晚如何开愈晚，相逢话旧莫愆期。

咏菊

九秋将晚晚凉侵，久向园林待好音。忽睹寒英舒绚烂，漫将新句细沉吟。诗拈花韵偏盈什，花入诗情倍赏心。风景年年增胜概，从前酬唱不如今。

问菊

无言脉脉只花知，花节常来傍短篱。岂为诗篇酬尔缓，胡来秋信抱侬迟。凌霜傲骨谁堪拟，伴月孤芳独系思。属付枝头留几朵，晚香休得负佳时。

对菊

黄花有意遍铺金，花意何如人意深？人淡不知花共瘦，花繁独有客高吟。半帘明月筛寒影，满径幽香识谷音。最是无言相赏处，关情日日卧花阴。

簪菊

黄昏风雨闹花忙，飞到秋英衬淡妆。帽落不妨花点缀，餐余独酿我疏狂。重阳未伴茱萸佩，一朵先遮短鬓霜。为问前身应是尔，拈来微笑小篱旁。

梦菊

花影迷离月影清，大槐宫里认分明。半窗风景谁为主，一径重开旧有盟。相识似曾前日见，关心最是夜虫鸣。翩翩蝶梦醒来后，犹有花香系我情。

白桃花八首[①]

瀛洲雨歇静珠尘，别证昙花示现因。净洗铅华云外影，小留水月镜中身。琉璃屏展凉消夏，冰玉壶提赏买春。杨柳楼头[②]青未了，莫夸秾艳雪衣嗔。

眼中不畏阮生狂，叔宝精神瘦不妨。竟体芳兰通一笑，弹文修竹约三章。妙莲社喜清谈好，爱菊篱推漉酒香。打桨渡江王子敬，笑从白下过横塘。

牵罗依[③]竹不知温，相识风流记白门。好梦梨花云堕影，清吟柳絮雪留痕。女儿私改芙蓉诔，姊妹偏承虢国恩。莫喜玉台容易聘，前溪淡极正无言。

子鹤妻梅孰主宾，何缘宋玉在东邻？臣无粉本天然妙，坐有名花梦亦春。佳士清冰谈彦辅，谪仙白水识真人。秋河帘卷看明月，此是香光悟后身。

盟寻白水路迢迢，一枕繁华阅六朝。误嫁东风三尺树，吹温南雪三分萧。隐囊玉麈围红拂，舞袖冰蚕剪碧绡。最是阳春歌不得，山香

---

① 抄本题下注有“前人”二字。

② 头，精抄本、抄本均作“台”。

③ 依，精抄本、抄本均作“倚”。

曲罢总魂销。

清浅银河在眼前，美人春兴酵花田。冰壶濯雪窥云母，玉海凌波约水仙。楼咏东坡红酿雨，扇携南汉绿遮天。怕听为李为杨曲，色界回头不计年。

香温玉软酒微醒，倦倚潇湘六曲屏。兰媚国香心可白，柳依叔夜眼能[1]青。素馨细绾初堆雪，碧柰斜簪为禳星。莫照海棠银烛爇，有人鼓瑟待湘灵。

不断银云学水流，转胜春色丽皇州。书生颊面能邀福，王母低眉暂觉秋。絜果兰因依白社，月明花满梦青丘。庭阶玉树犹如此，冰雪聪明得似不？

明月前身

消息听来信逼真，指头见月认前身。冰壶濯出三生魄，秋水传来一片神。太乙新吹今夜火，长庚犹话旧时因。琼楼玉宇临风望，无恙吟躯报故人。

脱帽看诗

儒雅风流自得诗，诗魔无赖日相随。但逢佳句能消遣，不著衣冠亦适宜。苍苍有眼天难问，脉脉无言心自知。看到入神独来往，一声长笛倚楼吹。

人淡如菊

不风流处自风流，一种孤标孰与俦？傲骨花开三径晚，抛书人对一枝秋。须眉老气无新样，身世斜阳认旧游。高节自来香在后，悠然平淡可能收。

---

① 能，精抄本、抄本均作“犹”。

花覆茅檐

一段春心百样赊，茅檐移得影交加。补桹不待搴蕉叶，覆瓦先看压好花。落日篆回虚碧亚，东风枝引小红丫。二分有色全收尽，岂数攀探到若耶？

古镜照神

可畏应知亦可亲，须眉毕现镜中身。前生是否修明月，觌面居然有远神。独往独来足千古，谋心谋面岂他人？遥遥莫便分真幻，一点纤瑕一点尘。

画桥碧阴

酿得春情问水滨，拚教桥畔碧匀匀。空青漾出阴如此，鸭绿浮来幻也真。廿四软尘红似梦，三千博塞紫无垠。一声欸乃苍烟里，遥认蒹葭何处人。

绿林野屋

别有平林辟大荒，何论葭露与蒹霜？远山一角排空翠，野屋三间筑莽苍。书到神来写蕉叶，诗吟佳处带梅香。试从落日沧茫望，莫问桃花流水乡。

奇花初胎

为谁停待待谁探？一样芳园春已酣。卍字空雕栏十二，么弦犹伫月初三。期同甲子占多少，味共丁男课苦甘。最是卷帘人立处，信来廿四望花南。

左右修竹

小庭何必夹桃花，左右幽篁已似遮。柳线不穿金琐碎，帘波犹漾玉丫叉。只留南北驯鸡犬，无论东西尽凤鸦。自信平生好修节，天寒倚袖念桑麻。

杨柳楼台

楼台环绕色苍苍，随意看来柳几行。入望有风皆舞絮，凭栏无地不垂杨。斜阳一抹影摇曳，春意三分条短长。张绪当年多韵事，一枝先染绿衣郎。

一客听琴

泠然善也适何来？听到声希尚溯洄。岂必无弦成绝调，不妨有影即相陪。高山流水凭携取，明月清风任剪裁。只恨长生偏殿外，未曾铁笛仿将来。

海风碧云

苍莽风云气欲浮，狂歌几曲傲沧洲。鹏程鼓荡三山近，羊角扶摇一望收。叠叠有人争万古，泠泠无地不高秋。登梯弗与谢公共，海阔天空任我游。

过菖蒲涧，采新蒲，养之英石砚山坳中

瑶池生灵芝，云天缥缈无定期。昙花现优钵，梦幻泡影不可掇。不可掇，空忉怛。无定期，果何如？何如英州有石形磊落，新蒲森森满幽壑。新蒲可采石可养，远春蓬蓬生意长。窗前绿满草不除，郁勃生气相摩荡。相摩荡，曾几时？称心期，合品格。水石相于天地心，拈花一笑太华碧。古榕不可抉，菖蒲可怡悦。磁瓶插花不可留，砚山嶙峋气骨孰与俦？聚石谈玄应点头，俨若米颠拜丈五体投。镇日坐对凹复凸，是谁击破仇池穴？菖蒲经春色常在，又如东坡袖中有东海。于今护惜加几倍，留待他年薄言采。三春天气乍阴晴，维嘉卉兮抽勾萌。草萋萋兮生色，石磊磊兮光明。江上清风，山间明

月，取之无禁，用之不竭。茁尔孤芳青茏葱，管取风月不得歇。花间月下读书对影成七绝，苜蓿栏杆堪掇折。却愿砚石长峥嵘，便欲因之厉高节。

凡鸟行，为扬州凤作也

道光庚寅，余客潮州，闻扬州凤事，为之怃然。暇日访之平康里中，珠娘老矣。白昼闭门，啼痕在袖，自述流落之故，语极酸楚。以视浔阳江上，情事既殊，凄恻尤甚。呜呼！黄衫谁是？翠袖寒多。彼何人斯，结兹孽债？天荒地老，此恨绵绵矣！归舟对月，暇心悄然。辄成长歌，聊当太息。

二十四桥春月圆，琼花艳影围神仙。香风吹散紫蛱蝶，可怜梦断随晴烟。花间露湿烟丝重，枝头罥住桐花凤。琼楼怕听紫箫声，银釭细说红尘梦。腰缠骑鹤记当初，小凤雏凰比翼居。乌桕村边曾赁屋，碧桃树底自当垆。东风忽断花前影，鹤灯无焰鸳衾冷。雏莺乳燕先归来，杜宇春山自延颈。人间忽听雏朝飞，城上愁闻乌夜啼。春深鹧鸪行不得，东风孔雀空裴徊。海水茫茫荡空碧，难填精卫三生石。艳曲谁挑一夜琴？凄声非复邻家笛。晴波暖泛碧桃花，不恋新巢恋故家。三月春酣归燕子，一帆风软到龙衙。便拟登堂拜兄嫂，从南归去心事了。有命文姬入汉关，不信情天容易老。晴风荡荡柳依依，画鹢临江两桨飞。一语为媒听鸠鸟，五湖依旧载鸱夷。涎涎燕尾时相见，一枝已满鷦鷯愿。蓼风芦雪睡闲鸥，古岸圆沙宿孤雁。何来残梦惊荒鸡，怒鹞饥鹰扑地飞。韩嫣金弹逐不得，卖笑如欲凭蛾眉。飘泊此身何足惜，唾壶空晕夜来碧。强将桃杏嫁东风，依然断梗浮萍迹。朱楼十二围红栏，芙蓉杨柳当风翻。问名竟与题凡鸟，结伴居然拟小鸾。别鹄离鸾弦在手，凤泊鸾飘三月久。孤灯煮梦淡于烟，困枕留春酣似酒。我来海上寻鸥盟，倒控赤鲤骑长鲸。哀丝豪竹顿陶写，珠啼粉咽难为听。吁嗟归鸟枉奇绊，节节足足空太息。谁怜腐鼠吓鹓雏，奋飞恨少干霄翼。天寒袖薄泪痕多，凤兮凤兮可奈何。燕雀鸿鹄同一笑，别膏拂拭聊为歌。风叫鹘鸺雨鹍鸠，愁听青禽啼落月。一树梨花阁冷云，半山楼影漾晴碧。君不见我佛重现宰官身，杨柳英武皆青春。又不见玉环一双跪上寿，黄雀大鸟相前呼。咄咄逼人者为谁？雁来西风冷冷吹。秋花易老燕不归，绕树三匝鸟无依。此后卵翼不可知，剥啄亦复何所为？螳螂捕蝉雀在后，剥啄亦复何所为？

袁亦江索题《登瀛倡和集》，匆匆书廿八字，十月晦夜

何堪罢唱渭城词？我是来迟杜牧之。惭愧东坡吟锦瑟，旧人不见见新诗。

丁酉初秋，平湖韩四季卿以题壁图小影索题，其旁捧砚者为秋仙，明秀艳冶，殆无其匹，为书二绝句

桐阴如水梦如烟，又向情天证四禅。对此玲珑一片石，自怜心事得秋先。

画中声影梦中游，悔煞匆匆唱石州。我是中年桓子野，近来无赖渐知秋。

感事

茵溷无端堕落悲，幼芳狼藉有银儿。酒边更读王郎曲，天禄生还喜可知。

题许季彦小像

双凤楼台护五云，玉关杨柳动星文。有人近卜银河住，蒲拜蕉弹仗此君。

婴母青春诩凤凰，藏鸦系马梦潇湘。寻春白玉楼边过，露乞金茎润锦囊。

程补云《蒲团如意小影》

一坐蒲团了万缘，维摩诘相自超然。唾壶何必敲如意，且证天龙一指禅。

散花不著又拈花，一笑居然妙法华。闻得木樨香也未，龙华此会本无遮。

余聿修属题画《金碧牡丹、玉兰、海棠、蛱蝶》

许窥蓉镜拣花探，萼绿华邀住蔚蓝。最忆沉香亭子外，春阴奏乞护花南。

明珠翠羽护仙才，小草居然倚玉栽。金粉诗情金碧画，可容婴母住楼台。

琵琶美人图

天涯沦落试回头，红袖青衫一样愁。莫为美人轻写照，有人怕听《四弦秋》。

才人惭拟对山豪，内阁家兄不目逃。大小鼓存三百面，琵琶肯谱《郁轮袍》。①

许耕畬世讲索题《菜花秋蝶图》

此味知不士大夫，先生一笑住冰壶。滕王近榻新花样，别为豳风补画图。

城郭芙蓉访曼卿，琪田瑶草唤龙耕。罗浮似有餐花约，么凤收香作队迎。

蕊珠宫阙五云深，祇树花开地布金。清馔伊蒲禅玉版，自怜渐渐

---

①　稿本诗后附："内子瑶华口占廿八字云：'丰貂玉佩俨神仙，阿子居然我见怜。剩有知音司马在，春明门外莫凄然。'"

识秋心。

春庭红雨霁桃花，芳草停歌感子霞。栩栩蘧蘧秋梦熟，晚菘餐胜饭胡麻。

廿七鲑夸山泽臞，傲他煨蔬列仙儒。诗情近日洗金粉，剪韭来邀赏玉壶。

樊楼回首闹蛾儿，五色游仙并辔骑。栏杆苜蓿照初日，韭花帖仿杨少师。

程乡千里洞庭春，婴母楼台买醉频。却笑缠绵学春茧，求添买菜转逡巡。

新意全输玉糁羹，东坡莩甲酿诗情。玉山玉井露华湿，鹅鲽忽饷娄护鲭。

苔痕活碧涨元都，软罥晴丝弱翅扶。金碧不须摹小李，菜园仿写瘦羊书。

粉侯衔敕署探花，三径公然笼碧纱。茧纸铺菜色香味，蓬莱要向乐天夸。

平山喜晤许和卿三兄赋赠，兼柬哲嗣荔村秀才

香火因兼翰墨缘，此行清福胜游仙。微之旧吏陪香案，要把蓬莱傲乐天。

五经叔重旧无双，百斛龙文手自扛。稽古桓荣荣特异，韦平家世子孙逢。

十万珊瑚艳荔支，罗浮凤子并头骑。凤毛妙擅超宗誉，最羡眉山自得师。

三世交情在纪群，风流儒雅忆泥云。公车七尺赍油素，一世师尊汶长君。

登三兄课儿图

芝兰玉树在庭阶，春意蓬蓬自满怀。闲课儿书马当五，十篇庭诰

手亲裁。

松风万斛袭巾裾，楼上吹笙隐陶居。我亦今年过四十，十年悔少读三余。

许焕亭丈先与世父桐轩都尉订昆弟交，庚辰、辛巳间，懋建随侍先大父读书先师王竹村大令归善衙斋，得奉教言。东汉人言陈元龙“湖海间豪士”，其置身在百尺楼上，气象近之。别来匆匆三十年矣。今夏重逢，道故旧，相劳苦，其矍铄犹无异少年时。眷怀曩昔，赋四小诗奉教

三世交情溯卅年，羡公今作地行仙。杜陵邀向春台坐，广厦依然敞万千。

襟痕依旧涴杭州，白傅深情展大裘。臣叔不痴王武子，障泥惜马屡回头。

召陵公乘汝南推，雏凤声圆向日来。节足归昌鸣中律，好风扶便上强台。

小谪无端堕上清，蕊珠宫阙梦分明。董公三老似相识，许听银云学水声。

香圃兄小照，茶具重踏，殆为品也

竹窗一缕飏茶烟，活火新烹懈眼圆。顾渚品因阳羡贵，君谟新谱试三篇。

依然积习笑书生，羽扇闲挥一叶轻。谡谡松风吹能带，要同元礼证心情。

荔村嘱题赵法古先生所画山水，即用其自题韵

儒林文献石田尊，待诏衡山典则存。十日水兼五日石，丈人一笑俯儿孙。

建老宗兄小像

昌黎遗爱在阳山，松桂林中自往还。时读我书聊展卷，多君一样俗情删。

八尺琉璃衬紫琼，瓶笙声里展桃笙。吹笙最羡陶贞白，四壁云涛做雨声。

个中人图

临风扫径待求羊，万绿围中影亦凉。满地苔痕清似水，十年春梦在潇湘。

犹记清谈碎唾壶，平生心事意何如？二分流水三分屋，饱向人间看画图。

朝晖暮霭总澄鲜，树色人烟断复连。最是卷帘风雨后，米家图画恰天然。

阴晴教幻倏无端，世事升沉一例看。莳竹种花娱我老，宦情消尽独凭栏。

虞美人便面四绝，赠翠屏校书

芳草名花过眼同，因卿方悟色非空。洒来几点胭脂泪，犹是当年剑血红。

一道裙腰护化身，舞衫歌扇总如尘。红颜未老情根在，千古多情是美人。

蛱蝶飞飞得意时，恋花花亦为情痴。双双应惹花枝笑，花到开齐只一枝。

休将泪竹怨湘娥，更有虞姬唤奈何。同此托根千古恨，重瞳其误美人多。

贺新郎

丙申四月，为玉香作。时娶国香堂檀天禄爱女冠卿，每以骄人

一桁帘衣卷，藕花中、并蒂移花，羊车初遣。莫笑一生花底活，未许露华轻泫。况红药留春[①]如茧。一笑并肩人镜里，谭女名芙蓉。问近来眉样今深浅。紫云曲，谱亲展。　　国香服媚名逾显，记索郎、飞白瑶台，亲题禁扁。为检河魁翻秘笈，不吠琅嬛白犬。许平视、磨砖幸免。不碍二分春似水，算长安添数看花典。圆月照，华灯剪。

虞美人

壬辰初春宿通远驿题壁

东风吹得春如梦，鞍压离愁重。杏花消息问如何，听得小楼前夜雨声多。　　破晴试马长安道，帽影鞭丝悄。书生生小惯离家，肯为情长气短损年华。

高阳台

丙申九月[②]，秋窗听雨，用吴谷人祭酒秋雨韵[③]

一桁帘垂，一枝灯剪，如烟如梦光阴。又近重阳，秋痕易上秋襟。角巾既[④]悔浮名误，甚传杯、还劝深深。奈秋声，不住如筝，弹破蕉心。　　客船换[⑤]尽歌楼味，渐[⑥]微寒斗帐，不耐罗衾。纵逼中年，谁

---

① 春，精抄本、抄本均作“香”。

② 精抄本、抄本“月”下均有“三日”。丙申九月，稿本作“九月三日”。

③ 稿本无“秋雨”二字，后有注：“丙申在永平。”

④ 既，稿本作“已”。

⑤ 换，底本作“唤”，据精抄本、抄本、稿本改。

⑥ 渐，稿本作“暂”。

曾惯听秋砧。樱桃记否开奁处，润琴弦、煮梦沉沉。剩今宵，笛里霖铃，自谱微吟。时方学歌《长生殿·闻铃》[武陵花]一出。

前调

戊戌春咏萍，和小初观察韵小初，姓胡，名元博，桂林人，随园外孙也。

梦渐随云，春都成水，飘零别换心情。如此浮名，可知悔煞寻春。杨花谁说情根薄，尽缠绵、未放愁醒。肯贪看、五万春华，误了浮生。

衍波笺写回波曲，只约凭春片，护倩云根。似叶青衫，笛中怕听霖铃。遥怜花韵楼前柳，漾春波、水竹三分。忒匆匆，秋影依依，又映[①]芦汀。

珍珠帘

题倪云渠《珠海夜游图》，用潘篆仙韵辛亥初春[②]

二分不信春成[③]水。一笑江、皋留佩月为有。情圆肯琼筵，坐对银烛，玉箫邀[④]打桨。要唤醒，惜花人睡。休睡。趁愁春梦醒，莫逢醉尉。[⑤] 记得花看长安，有梦华琐簿，兰成绮岁。归日饮醇醪，拚为君心醉。曼衍鱼龙春涨阔，怕障扇、缁尘难避。回避。奈镜里秋来，姬姜蕉萃。[⑥]

---

① 映，底本作“换”，据精抄本、抄本改。

② 初春，精抄本、抄本均作“二月”。抄本眉批：“云渠，名鸿，广西人。”

③ 成，精抄本、抄本均作“如”。

④ 邀，精抄本、抄本均作“春”。

⑤ “趁愁春梦醒，莫逢醉尉”，精抄本、抄本均作“奈镜里看花，姬姜蕉萃”。

⑥ “奈镜里秋来，姬姜蕉萃”，精抄本、抄本均作“趁愁春未醒，莫逢醉尉”。

金缕曲

壬辰闰九月，自宁河赴保定，宿沙河驿[①]题壁

酒碧灯红夜。判今宵，艳竹凄丝，借他陶写。不耐天寒双袖薄，小胆空房生怕。忍料理，十千酒价。莫再琵琶轻易抱，我何曾，惯听伤心话？约略似，桓子野。　年来走遍章台马，有个人，扫花风帚，寄香鲛帕。听说秋窗风雨夕，挑尽相思镫下。珍重托，瑶天鹤驾。过夏剩留书剑在，咒东风敢怨莺哥骂！明年约，准归也。是时，新城令为章丘李戟门廷棨行部，见之，大为倾倒，遂有“手叠花笺抄稿去[②]，江湖沿路访斯人”之意，曰：“吾不敢比随园，此君岂减篁村乎？”遍贻书友人，访余踪迹。甲午五月，余出都，道过武清[③]，邑宰婺源单绸斋告余，遂纡道赴新城，留为平原十日饮。香火缘，翰墨缘，亦生平一快事也。

真珠帘

题张晓峰《内廷校书图》，用顾梁汾弹指词韵

御香浓带衙参后，爱茶烟一缕，能消春昼。五凤修楼，我辈推君大手。今日画图重省识，似沉李、浮瓜亲剖。依旧。看翩翩年少，休文不瘦。　我久。壮心负负，剩兰芷行吟，荷戈僝僽。燕市典春衣，记归来赌酒。食货兵书成一笑，输张绪，当年似柳。知否？有春明门外，三台回首。甲午，徐司空师总纂《国史》，以《兵志》《食货志》二百年来未有作者，将援戴东原与修《四库》例，拟荐充撰述二志，不果而罢。

---

① 驿，精抄本、抄本均作“店”。

② 去，抄本作“至”。

③ 清，抄本作“陵”。

奈何天

合肥道中题壁，仿白石翁自度曲。于时，晴雪初霁，停云不流，酒痕晕绿，烛影摇红，夜不成寐，冰心悄然。惜无人同遇垂虹桥下，倚横竹写之也

一领青衫容易湿，经得几多春泪。莫听琵琶，生怕把、秋心弹碎。困枕留春，孤灯煮梦，不中酒、也教人醉。　　十五韶华，重三旧约。芍药栏前事，齐涌上心头，拚与牢牢记。

金缕曲

祝彭年伯母陈太恭人六十大寿，效宋人康与之伯可体

将进麻姑酒。听东坡、玉醴金浆，称千万寿。九五箕畴来五是，介福宜王母受。况林下、闺房竞秀。见说仙桃花盛放，董双成、料理琅璈奏。小大庆，拜稽首。　　东王舆论珠江旧。宜子孙、芝兰玉树，庭阶并茂。万树岭梅春似海，仙桂花香到否？群仙会、云中抗手。我亦年家群从子，舞彩衣常恐肩随后。酌春酒，祝黄耇。

梦芙蓉

题葛蓬山太史《蕉梦图》册子，用梦窗题赵昌所画芙蓉自度曲谱之

笑情天似梦，绿阴阴来处，好春难送。疏香小阁，帘底雨痕重。叶小鸾居疏香阁，自号煮梦子，有自题《眉子研诗》云：“开奁一研樱桃雨，润到湘琴第几弦。”罥定愁无缝，海棠前度亲种。瘦尽东风，记吹香钓絮，曾许梨云共。　　秋蝶丝丝魂冻。翠掩春寒，悔把群花拥。从今剪纸，留作写愁用。怕梅花枝上，绿毛低挂么凤。春水波明，为图松树，湘管彩毫弄。

湘月

题蓬山太史《寒山话别图》此题有与葛蓬山论长调声律之词，因太长，不录寄也。

燕才似客，甚蒲帆便向、云迹轻挂？惜别何人，柳影里、值得低徊情话？蝶瘦秋肥，雁来人去，笛谱江城夜。蒲桃买醉，十千一椽[1]论价。　山水记否西泠，梅花好梦，在逋仙祠下。一枕钟声，便换了、渔火寒山图画。鲤信缄迟，牛衣袖薄，我况吟秋也。红灯如豆，悔将别恨重写。

南歌子

戊寅伊始，坛杏鲤趋；丁亥以还，桑梓鸠集。矧兹西笑，陟彼北[2]山。梦境缠绵，五中百结。南云在望，情见乎词

梅水青无地，薯峰碧到天。故乡如此好江山，闲了一篛双桨、十多年。　弦语[3]春能驻，铃声梦不圆。雁来时候燕归前，好谱笙诗吹向、五云间。

清平乐

绿阴如海，深锁鸳鸯睡。日日素馨棚下醉，不信春浓无赖。银簧炙暖瑶笙，花间不断春声。邀得双星笑语，也须怜我怜卿。

---

① 椽，底本作“样”，据精抄本、抄本改。

② 北，精抄本、抄本均作“东”。

③ 精抄本、抄本“语”下均有“一”。

柳梢青[1]

丙申春试报罢，出居保定，有小伶翠林捧纨扇乞题词，书此付之。首三句初云：“依约惺忪，留云痕碧，省[2]梦香红。”后乃易之。此《长安看花记》四卷所缘起也

记否相逢，春山画里，春水波中。系马楼台，藏鸦门巷，归燕帘栊。　好春生怕匆匆，歌扇底、芳心自同。蓝尾杯深，红牙拍紧，沉醉东风。

浣溪沙

中冬十五夜，酒后闻歌

帘深香静烛花春，邀笛催梅放二分，一丸凉月悄窥人。　弦索枨枨春自语，衫襟黯黯酒无痕，铃声如雨梦如尘。

喜迁莺

冬夜独醉

软红帘隙，甚夜来酿就，欺人寒色。翠袖兜香，青衫拚醉，梦也何曾稳得？剩残书钝剑，好月照花南砚北。销凝处，是梅风有影，梨云无迹。　抛掷无计策，回首惊心，清唾和壶碧。照井论情，回波顾曲，况是婆娑趁拍。是日，戏园观剧，听《思凡》一折，故用宋人“犹梦婆娑斜趁拍”之句。为谁浮太白，自[3]检点、梦痕襟窄。知何处，清歌浊酒，银灯绮席。

---

① 青，精抄本、抄本均作“长”。

② 省，抄本作“旧”。

③ 自，底本无，据精抄本、抄本补。

高阳台

深宵浅醉，冷不成眠，过蓬山清话，丽谯四下矣。见示新词，托情绵邈，归来剪灯依韵，怅然成咏。竹垞词云："共眠一舸听秋雨，小簟轻衾各自寒。"江别庾愁，同床殊梦，渺渺予怀也

阁雪催阴，留烟漾梦，数他去雁行程。玉海瑶天，今宵冷到银屏。梨云未放梅花醒，甚青禽、不住春声。最销魂，红晕凉灯，碧护层城。　　紫桐花下春如海，记笙声隐隐，珮响玲玲。风缚毛翎，扫花梦影纵横。天涯酒醒关山远，谱琵琶、剩得青衫。算如今，黛影眉痕，总可怜生。

前调

题梅墅《九舅[①]梦梅图》画卷

纸帐销寒，铢衣扶瘦，罗浮月满春山。铜笛声声，是谁催梦无端？青禽绿凤都相识，甚吹笙、便得乘鸾？画图看，万树迷离，万感阑珊。　　绿阴绀雪年时节[②]，记何郎似舅，分咏花间。玉艳冰明，更谁分付双鬟？押签留得绸缪印，怕玉楼、高不胜寒。悄凭栏，奈雾泠泠，奈月漫漫。

琐窗寒

题《梦梅图》，意有未尽，改成此调

帘押香深，被池冰皱，平子愁多。休文瘦尽，招得蝶魂图里。剩低迷、星疏月小，冷吟踏处香光碎。向梦中消受，黄昏云影[③]，青帘风

---

① 舅，精抄本、抄本均作"男"。

② 节，精抄本、抄本均作"候"。

③ 影，精抄本、抄本均作"里"。

致。　　怕说，凄凉意。问玉笛瑶笙，此间乐否？酒醒花香，吟伴只[1]邀山鬼。算聪明，团雪剪冰，如今却化琼瑰泪。况城头、寒到笳声，一枝吹弱苇。

留香小阁诗词钞卷二终

侄孙家植竹孙辑存
又侄孙灿苍明校刊

① 只，精抄本、抄本均作“共”。

跋

先伯祖掌生公，学海堂入室弟子也。道光辛卯恩科优贡、本科举人，癸巳会副，通明进士，考取国子监学正，内廷国史功臣、方略等馆分校官。学问淹博，著述、经解、论说颇多，屡经散佚，俱未刊刻行世。公晚年主讲连州南轩书院，时所著《禹贡新图说》，虽经方子箴方伯刻其说，而图又遭兵燹失去未刊，惜哉！先人费尽毕生心血，其文章篇什字句得以留传后世，亦惄惄乎其难矣！迨公身后，家父由连阳携回公所著《实事求是斋文钞》《留香小阁诗词钞》以及尺牍、杂著数种，大半是应酬唱和文字。搜集而存者，各种篇什均不过数十首，不甚多。因思古人有以"满城风雨近重阳""枫落吴江冷"一句半句既足留名千载，今此篇数虽少，一时无力付梓，爰抄存之，留遗吾家世珍，俾后日贤能辈出，读之不啻可以知公之心力、之学识，即读此，如亲见公之颜色，亲聆公之声音也，亦未尝不可。谨抄既毕，掇志数言。

时在光绪十四年戊子岁春月，又侄家植竹孙谨志。

留香小阁诗词钞附集

嘉应杨懋修梅村遗著

兰陵王[①]

天潢小裔墓在普宁昆冈书院侧，修外祖芴山先生主讲席时，于苔痕藓蚀中得其摩崖旧刻，遂与诸同人题咏其间，招魂有作，胜迹斯传矣！今春，修兄掌生复记其洗苔认字之由，为填词数阕，由京华邮寄外祖，以附卷尾。洛诵回环，怆然有感，乃依声按谱，填成此调[②]，草草涂鸠，固未敢云嗣美也

禁烟节，莫[③]问东风消息。浓阴处、啼彻子规，半捻斜阳绾春陌。苔痕荫片石，省识荒坟旧额。凄凉意、香土一抔，梦唤梨花又无迹。

回思慢妆阁，和竹影潇湘，风助萧瑟，秋窗吟罢愁空积。才了葬花事，韶华飞度，瑶池忽报控鸾翼，木兰谢香国。　　蜡屐，闲寻觅。叹马革当年，泉台泪滴，魂归月夜疏帘侧。只杜鹃花老，绿杨才碧。芭蕉声里，触珮响，玉笛咽。

---

① 精抄本、抄本于题下署“杨懋修卓生”。

② 调，抄本作“词”。

③ 精抄本、抄本“莫”下均有小字注“作平”。

再题天潢小裔墓十首存四[①]

天潢小裔字犹存，碣石犹存[②]琢玉轩。墓在普宁昆冈书院[③]琢玉轩后，碣尚存。二百年来鸿雪换，青天碧海更谁论？

鼙鼓当年动地来，洗兵无计说泉台。伤心马革还归日，荒[④]冢黄昏独自哀。

殇杏吟酸最可怜，匆匆春事几多年。萧郎未定三生约[⑤]，孤负情天月不[⑥]圆。

清明时节总魂销，絮影苔痕叹寂寥。香掩一抔留玉碗，春宵[⑦]酿雨自潇潇。

精抄本、抄本所录该组诗另六首，抄录如下：

杜鹃啼处绿阴多，香冢埋烟竟若何？一树梨花空寂寞，白云明月吊湘娥。[⑧]

记得清秋月满襟，疏香煮梦夜沉沉。阶前种得千竿竹，常有潇湘一寸心。

不管年华似水流，葬花绝好此埋忧。香天碧海都无赖，怕吊春寒燕子楼。[⑨]

---

① 精抄本、抄本十首皆存，题为"再题天潢小裔墓绝句十首"，另六首附缀于后。

② 犹存，精抄本、抄本均作"斜欹"。

③ 精抄本、抄本"院"下有"内"。另抄本眉批："《乐莲裳记》亦云在琢玉轩，其实非也。"

④ 荒，精抄本、抄本均作"青"。

⑤ 约，精抄本、抄本均作"石"。

⑥ 不，精抄本、抄本均作"再"。

⑦ 宵，精抄本、抄本均作"云"。

⑧ 抄本眉批"贾至句"三字。

⑨ 抄本眉批："第二句又见掌翁伯《素馨坟踏青诗》首句。"

环珮魂归夜月时，泪痕犹欲滴杨枝。倚中百战孤臣血，北望慈云死也知。

回首沧桑总不真，瑶池聊与寄前身。算来一觉梅花下，响触啁啾梦里人。

碧月迷离咽玉笙，招魂谁与赋凄清？河阳一样栽花好，不信花田别种情。

问渠嘱季黉兄搜寻掌翁原词不得，仅获卓伯此词与诗，因订于此，以免遗。乙未春仲，子钧谨识。

壬辰重阳后七日宿太士宫，见吾兄掌生壁上留题，墨迹依然，梦痕犹在。吟成七律五首，聊书于后

绿阴如水月涓涓，夜宿寒灯古寺边。鸿亦早教留旧迹，雁来今复诉前缘。秋风江上情应契，春草池塘梦更圆。最忆联床商句夜，半帆好月载归船。

分飞雁影竟如何？犹记空江漾绿波。万里鱼缄来北海，一场春梦醒东坡。黄粱叹悟丁年事，皎月凄听子夜歌。结习从今除许净，只须觉路问维摩。

踏破槐黄又九秋，邯郸草草几曾休？新诗已向松牌乞，旧事空教柿叶留。过眼烟云随梦断，关心岁月似波流。请看一朵昙花现，此境谁参最上头？

雨丝风片奈何天，记否当时好月圆？鸿爪只余前迹在，鲈乡最忆是秋先。平安有梦三千里，客子无家二十年。玉笛遥怜吹五夜，似闻杨柳曲中传。

抬红烛影注茅庵，风雨宵深梦未酣。香积仅堪消白醉，泪痕容易湿青衫。一龛灯火参弥勒，半夜钟声到枕涵。黄叶春头家尚在，好将心事寄江南。

丁酉秋试，卷出黄半溪师门，荐而复失，谨赋七律四章，得[1]志瓣香，兼以自勖，即呈钧诲

百川谁障向而东，山斗巍巍认巨公。秦鹤随时敷化雨，弦歌到处谱春风。冰壶自许清如玉，藻鉴先期行似铜。指顾门前桃李列，一坛都占杏花红。

传家事业富琳琅，福地嫏嬛小西藏。师好经籍，官粤购书累万，家藏特富。书卷五千长署户，蒲葵十万陋归装。曾从[2]瀛海探元宿，合向经神蘸[3]瓣香。自喜侯芭奇得问，且随车酒共登堂。

文开百粤度南针，玉尺端宜志[4]士林。师在粤中，同考历科，得人称最。五夜茶笙同[5]渴想，十年灯火证初心。焦桐也许随清听，胶柱翻教负赏音。独使骊黄遗物色，几回昂首自长吟。

槐黄屈指尚三春，一领青衫半染尘。樗栎自惭怀曲木，瑾瑜谁信握奇珍？敢夸玉树投珊网，却幸从绳拟斫轮。此后程门频立雪，座中容我付薪传[6]。

题半溪黄夫子[7]《枕溪老屋图》

几生修得水灵[8]居，胜把梅花带月锄。万树浓阴归画卷，十年风雨爱吾庐。不妨客好频开径，每到公余只著书。消受林泉清福在，岂

---

① 得，精抄本作“用”。
② 从，精抄本作“经”。
③ 蘸，精抄本作“爇”。
④ 志，精抄本作“惠”。
⑤ 同，精抄本作“萦”。
⑥ 薪传，精抄本作“传薪”。
⑦ 半溪黄夫子，精抄本作“黄半溪夫子”。
⑧ 灵，精抄本作“云”。

真踪迹混樵渔?

文章台阁几人俦,手笔曾修五凤楼。他日亭前招放鹤,只[①]今江上指盟鸥。隐囊纱帽空[②]潇洒,红树青山入唱酬。坐我春风铅席地,此身赢得住瀛洲。

春菊

谁将春意闹东篱,老圃秋容艳冶宜。雨露沾时窥晚节,莺花深处见琼姿。漫夸中酒阑珊醉,一任芳风次第吹。寄语东皇须着力,更教开到海棠迟。

一丛丛处斗清妍,小院重开翰墨筵。诗酒雅宜三径侣,韶华酿到九秋天。嫣红姹紫添佳色,冒雨临风问旧缘。一抹远山含笑处,悠然端合抚冰弦。

(附录)小传

杨懋修心湖公第四子,字卓生,号梅村,诸生,著有《梦梅仙馆诗抄》。卓生少与伯兄掌生同副时望,外祖黄笏山教授勖以楹联,云[③]“小宋才名勿让兄”之句。弱冠游庠,居羊城,与仪墨侬、黄石溪、谭玉生诸老宿角逐词坛。年二十七捐馆省垣,未竟其业,时论惜之。录《梅水诗传》。

留香小阁诗词钞附集终

侄孙家植竹孙辑存
曾侄孙灿苍明校刊

---

① 只,精抄本作“于”。
② 空,精抄本作“真”。
③ 精抄本“云”后有“有”。

留香小阁诗附词

步竹村太老夫子菊诗元韵二律

杨懋建

朝晖夕月共芳丛，掩映霜葩入望中。怪底东西随宛转，居然枝叶尽玲珑。吟来有句浑难肖，悟到无花即是空。小立篱边凭鉴赏，莫将道眼付朦胧。菊影。

即景挥毫兴欲狂，秋容画出任裁量。前生是否身如水，着纸依稀骨傲霜。影瘦全无烟火气，枝疏犹带墨花香。从兹供作图书友，不附藩篱对夕阳。画菊。

右诗二首系先生少年之作，中间经伊师涂改数字，其原稿一纸尚存问渠处也。

赋得一天如许皆良月得皆字①

亭亭凉月上，好景共天涯。圆相当头足，清阴到处皆。十分秋在水，一色冷翻阶。笑自檐前索，诗从海上怀。独看横楚竹，双照倚庭槐。人定同千里，尘应软六街。掬来光不尽，梦入想尤佳。却忆前身事，题名几辈偕。

壬子秋游罗浮，留题冲虚观东庑

掌翁作

左股割蓬莱，如见日，如见云，四百三十峰，风雨合离，南岳当年推佐命；

名山冠勾曲，为洞天，为福地，一万八千丈，岩壑窈窕，东坡曾此梦前身。

---

① 抄本“得皆字”后有“前人”。

又作冲虚观葛稚川祠楹帖

丹砂何日化黄金，岂先生真学汉武？令求勾漏，室筑罗浮，不过托辟谷。从赤松子来游，竟同三笑因缘，山水主人逢邓岳。

彩笔家风传白玉，使后死得与斯文。洽近灵期，书成抱朴，偶然歌丛桂。招紫芝翁偕隐，最羡双修福慧，神仙眷属傲严陵①。

又一联题蓬莱书院

彩笔昔曾干气象，谪居犹得住蓬莱。

阮太傅致掌翁书

字寄杨生懋建：得粤寄来书四种，舟中阅其大概，甚好！弱冠有此，可谓"雷霆走精锐，冰雪净聪明"矣！但此少年之作，将来自删自改，必更有进。此时且勿遽刻入《皇清经解》中，或有择集另篇之文，择录十数首，交严鸥盟先生汇刻入《丛钞》可也。生学可及，年不可及，生才不易，尤须深自爱惜。正心修身，第一不可吃烟；第二不可不耐贫、坏品行、坏心术，且元所闻见顾、江、戴、段、钱、程、洪、王诸近儒，皆不言道学而心正身修者也。至于科名富贵，有命存焉，来不可辞，不来亦不必定有。特此奉告。奉励生阮元顿首

先师阮文达公道光六年移节云贵。七年，学海堂课懋建，为《说文引经考》八卷、《周礼故书考》七卷、《尚书古今文考》二卷、《仪礼古今文考》三卷。明年，别写本寄呈云南。九年，师入觐，还镇。三月，思州舟次，亲加批阅，手书二纸，勖懋建。入都，藏行滕中，迨出赴楚，乃不知为何人攫者。其堂课底本，在吴石华先生所。石华师归道山，遂散佚。堂中刻二集，时搜罗无获，故二集惟侯君模著述十许卷。自顾兔园册子，安敢敝帚享千金，贻

---

① 此联原文排列疑有误，据文意径改。

枫落吴江之讥？惟是懋建今年六十余矣，先师四十年前手泽，展读犹新。孤负期望，寤擗有摽，曷云其已？同治七年六月，杨懋建谨跋。

《禹贡新图说》序

番禺陈澧兰甫

嘉应杨君掌生博通群书，多识本朝事，文章古藻，援笔立就。少时受知于阮文达公，君举乡试，阮公与吴石华训导书曰："此非[①]杨生之荣，实主司之荣也。"其称赏如是。今君老矣，而复遇方子箴方伯，授之以馆，赠之以长歌，又索观所著书，得《禹贡新图说》二卷，将刻之，命[②]澧为之序。自来说《禹贡》者[③]，综核群籍，无如胡朏明；专明郑注，无如焦里堂。君之书，又出于二者之外。其所考者，自黄帝而下至本朝，自九州而遍及大地。上下五千年，浑圆九万里，罗于胸中，历历然可指而数也。夫专释《禹贡》，诚不必然，然观君所为叙录，云为诸生言之，盖君主书院讲席，欲使学者因《禹贡》一篇而通知古今[④]。此君之善教，非如程泰之进讲《禹贡》，多说外国幽奥之区也。君之书名曰《新图说》，而写寄方伯者，有说无图，方伯先刻其说，异时图成，当续刻之。盖方伯待君之厚，不下于阮公。君虽老矣，所著之书已刻成，其亦可以快然[⑤]无憾矣乎！同治六年三月，番禺陈澧序。

---

① 非，底本无，据《禹贡新图说》原序补。
② 命，底本作"令"，据《禹贡新图说》原序改。
③ 者，底本无，据《禹贡新图说》原序补。
④ 古今，底本作"今古"，据《禹贡新图说》原序改。
⑤ 快然，底本无，据《禹贡新图说》原序补。

安济庙考丁亥

杨懋建掌生，尔园

嘉应之水，梅江为大。自长乐龙村，至琴口，受华阳之水。至七都河口，元脱“口”字，今补。而歧岭水来会，又与兴宁水会。至老鸦嘴入州境，受本境诸水。王之正《嘉应州志》、《大清一统志》有三源，自子郊水口，合流入程乡县界。柴黄溪、《大清一统志》：在城南四十里，源出莲花山，皆北流入梅溪。罗衣溪、《大清一统志》：在城南三十里，源出城堞山。大密溪、《大清一统志》：在城南二十五里，源出九狼峰。鲳坑溪、《大清一统志》：在城南二十五里，源出河田村。大乍溪、《大清一统志》：在城南十五里，源出小乍村。程江、乐史《太平寰宇记》：程乡县在程江之口。王象之《舆地纪胜》：江在梅州西北七十里，自义化涤源，浮于石坑，达于程源，历安仁，归城南，而会齐①昌、长乐二溪，以赴海焉。江盖因程旻而名。《大清一统志》：江源出自长宁县界。周溪、郝玉麟《广东通志》：源自平远县近邑。周濂溪书院，故名。《大清一统志》：源自②百花山，形如腰带，旋绕周回，南流入梅溪。西阳溪、《大清一统志》：在城南四十里，源出明山，流绕仙花之麓，西北入梅溪。小河、《广东舆图》：一源自武平象洞，出镇平；一源自平远，出镇平。合流入③程乡一百三十里，汇梅溪。《大清一统志》：松源溪在城东百二十里，其源出福建武平县之象洞，南流入梅溪。黄沙溪、《大清一统志》：源出于阴那山，流二十里入梅溪。雁洋溪，《大清一统志》：源出石寮等山，流三十里入梅溪。皆会之至蓬辣滩，《广东舆图》《大清一统志》：“滩”作“溪”。入大埔县，《大清一统志》。汇为三河，达潮而入海。《广东舆图》。小河者，在州之东六十里，导源自汀之武平溪。唐以来，谓之恶溪。溪有七十二滩，急流湍险，上下百余里，舟行元作“滩”，今校正。至滩谓之入恶，过溪安流而去，谓之出恶。《舆地纪胜》、

---

① 齐，稿本作“宁”。

② 自，稿本作“出”。

③ 入，底本作“合”，据稿本改。

韩愈《潮州刺史谢上表》：过溪口，下恶水，涛流壮猛。《舆地纪胜》：是自广惠而循[①]潮顺流而下。韩文公、李卫公诗云有瘴疠，韩诗：岭南大抵同，官去道苦辽。下此三十里，有州始名潮。恶溪瘴毒聚，雷霆常汹汹。李德裕《恶溪诗》：风雨瘴昏蛮海日，烟波魂断恶溪时。岭南无限相思泪，泣向寒梅近[②]北枝。古有鳄鱼为害，韩《谢上表》：臣所领州，在广州《纪胜》引作"府"。极东界，淘泷壮猛，飓《纪胜》引作"扬"。风鳄鱼，祸患不测。韩诗：鳄鱼大于船，牙眼怖杀侬。《新唐书·韩愈列传》：问民病，《纪胜》引作"疾苦[③]"。皆曰恶溪有鳄鱼，食民畜《纪胜》引作"肉"。产且[④]尽，民是以穷。柳宗元《愚溪对》：闽水生恶[⑤]雾厉气，有鱼锯齿锋尾而食人。刘恂《岭表录异》：其身土《纪胜》引作"上"。黄色，有四足，修尾，形状如鼍，而举止趫《纪胜》《寰宇记》并引作"趋"。痃[⑥]，口生锯齿，往往害人。南中鹿多，最惧此物，鹿走崖岸之上，群《纪胜》引误作"郡"。鳄嗥叫其下，鹿必怖惧落崖，多为鳄鱼所得，亦物之相摄《纪胜》引作"慑"。伏也。谨案：今《岭表录异》无此文，此据《太平广记》所引，《寰宇记[⑦]》引作《岭表志录异》。志，羡字[⑧]。又"鳄"字皆作"鱷"。《太平寰宇记》：江水泛[⑨]涨时，尝有鳄鱼随水至州前。唐元和十四年，昌黎韩公为潮州刺史，《新唐书·列传·李吉甫》《元和郡县志》：齐置[⑩]程乡县，属义安郡，隋置潮州，开皇十年省，十一年复置，属潮州。《舆地纪胜》：隋大业初，属义安郡，唐平萧铣，复属潮州[⑪]。遣军事衙推秦济，《新唐书》作其属吏秦济，《纪胜》引传无"吏"字。以羊一猪一《新唐书》作"一羊一豕"，《纪胜》引传作"羊一豚一"。投

---

① 循，底本作"彼"，据稿本改。

② 近，底本作"向"，据稿本、原诗改。

③ 苦，稿本不在小字注解内，上接"问民病"。

④ 且，稿本作"殆"。

⑤ 恶，稿本作"毒"。

⑥ 痃，稿本作"疾"。

⑦ 记，底本无，据稿本补。

⑧ 字，底本作"乎"，据稿本改。

⑨ 泛，底本作"后"，据稿本改。

⑩ 置，底本作"致"，据稿本改。

⑪ 稿本眉批："宋宣和五年赐郡，名义安郡，何乃云《元和郡县志》耶？"

于恶溪之潭水，以与鳄鱼食，与之约七日，不徙，将选材技吏民操强弓毒矢从事。韩《祭鳄鱼文》。是夕，暴风震电起[①]溪中数日，水尽涸，西徙六十里，自是潮无鳄鱼患。《新唐书·列传》、皇甫湜《韩文公神道碑》：公为州刺史，洞獠海夷，陶然遂生，鳄鱼稻蟹，不暴天物。潮有鳄渚，以韩公驱鳄之旧。《舆地纪胜》引《潮阳图经》。宋人诗文涉潮者，必举其事。《舆地纪胜》：稻再熟而蚕五收，凤翔集而鳄远徙。余崇龟《贺潮州黄守启》：城号凤栖，溪传鳄去。李公甫《回张潮州启》：鱼佩虎符，香自凝于燕寝；凤城龙首，患何有于鳄溪？杨万里诗：来潮还入鳄鱼乡，未到潮阳说揭阳。宋广平中，陈文惠公谪官潮州，时潮人张氏子濯于江边，为鳄鱼食之。公曰："昔韩吏部以文投恶溪，鳄鱼为远徙，今鳄鱼贼[②]人，则不可赦矣!"乃命吏督渔者，网而得之，鸣鼓告其罪，戮之于市。《舆地纪胜》引《宋类苑》陈尧佐《戮鳄鱼文》：乙亥岁，予于潮州建昌黎先生祠堂，作《招韩词》，载鳄鱼事以旌之。后又图其鱼，为之赞。凡好事者即以授之，俾天下之人知韩之道不为妄也。明年夏，郡之境上，地曰万江，村曰硫黄。地曰万江，村曰硫黄，陈文确有可据，宜考。实此地果属何处，则纷纷之讼可息矣。张氏子年始十六，与其母濯于溪涘，倏忽鳄鱼尾至，其母号之，弗能救。涓中流则食之无余，予闻而伤之。又曰：命县令李公诏郡吏杨勋拿小舟，操巨网，驰往捕之。又曰：苟不能及，予当请于帝，躬与鳄鱼决。二吏即以予言告之，是日乃投网辄止，伏不能举，由是左右前后力者凡百夫曳之以出，缄其吻，械其足，槛以巨舟，顺流而至。阖郡闻之，悉曰：是必妄，安有食人之鱼，形越数丈而能获之者焉？既见之，则骇而喜。又曰：继而鸣鼓召吏，告之以罪，斩其首而烹之。谨案：乙亥当作己亥。《宋类苑》载此事在咸平中，己亥，咸平二年也。真宗咸平元年戊戌，六年癸卯，明年甲辰，改元景德，合前后推之，咸平不得有乙亥，然则陈公戮鳄事，在咸平三年，岁在庚子也。《嘉应州志》：鳄骨潭在州东南五十里，宋陈文惠公戮鳄鱼，弃骨于此，故[③]名。为图记其状。《舆地纪胜》王象之书言。鳄溪以鳄鱼得名，旧传为恶溪。今程乡松口俗传恶

---

① 起，底本作"数"，据稿本改。
② 鱼贼，底本无，据稿本补。
③ 故，稿本作"因"。

溪庙有鳄鱼余骨尚存。谨案：嘉应，汉乾和二《太平寰宇记》作三年为敬州，宋开宝四年以犯翼祖讳改名梅州[①]，宣和二年赐名义安郡。并《宋会要》。《宋类苑》载，咸平中，陈文惠公戮鳣事在潮州。咸平是真宗年号，彼时潮、梅各自为州，不相涉。《纪胜》鳣鱼余骨云云，事虽仍隶潮州，而实著为程乡。想是神宗合并时图经云然。王象之必有所据也。其庙在恶溪之滨，后人留题有“古庙岩岩镇恶溪”之句。崇宁三年，赐额安济王庙，又有行祠在城东隅。以上杂采《舆地纪胜》成文。谨案：宋张致远《祭梅溪宫》诗[②]云：四百余年鳣不归，七十二滩险莫支。千艘上下无倾欹，波间小艇理筒丝。《舆地纪胜》。[③] 今嘉应安济庙所在多有，通称曰梅溪宫。松口各乡以神分司乡事，为庙十五，祀梅溪神者八，太平宫、金盘宫、安济侯庙、王镇宫、王显宫、王明宫、王济宫、祥云宫、广福宫黄沙、福善宫溪南圳头、集福宫、月泮宫溪南下[④]寨、丘[⑤]云“泮”当作[⑥]“伴”关帝庙松市之上、天后宫庙松市之下、五显[⑦]各一，连上为十五宫。又有汉帝庙。溪南下寨原一庙，后分祀二庙。丘秀才翀云：松口各乡梅溪庙，俱有敕封“永昌圣王”额，未审封典始于何时。又云：阴那山寺有木刻鳣鱼像，寺僧炷香祀之。程江峒距州城四十里，小河汇梅溪处，也有梅溪宫。□□□年建，□□□年修，疑即古之恶溪王庙也。州城东南，有庙临梅溪，称梅溪宫，明万历壬申年建，皇清嘉庆壬申[⑧]年修，疑即古之安济王行祠也。谨案：庙称安济侯庙，与《舆地纪胜》所[⑨]云

---

① 稿本“梅州”下有“熙宁六年，州废，以县属潮州。元丰五年，复为梅州”等字。

② 稿本“诗”前有“有”。

③ 稿本眉批：“元祐党人碑武臣有张致远名，当日奉使，或即其人。”

④ 下，稿本作“上”。

⑤ 稿本“丘”后有“氏”，“氏”下注有小字“翀”。

⑥ 作，底本无，据稿本补。

⑦ 稿本“显”后有“庙”，并注有小字“松市之下”。旁有行楷夹批：“以下皆小注文。”

⑧ 壬申，底本无，据稿本补。

⑨ 稿本“所”下有“引”。

安济王不合。安济侯封典未审始于何时，然《舆地纪胜》载崇宁三年赐额，崇宁，徽宗年号，是北宋已封安济王，不应后复贬称侯。

懋建又案，三河在大埔县西四十里，一派自汀杭北注，曰大河；一派自长乐西注，曰小河；一派自平和东注，曰小溪。三水交会，下达府治东，所谓韩江也。《读史方舆纪要》。《纪要》称自长乐西注者为小河，即今嘉应之梅溪也。王象之《纪胜》以恶溪属之。小河，或即指梅溪，与《纪要》同称，惟云在州东六十里，则蓬辣滩实不止六十里耳。然《寰宇记》明云恶水即州前大江，是其实证，无烦再议矣！神泉河在县北六十里，《广东舆图》。一名大河，即汀州府之鄞江也。经上杭硿头，西流经县治，会永定大小靖二溪，又西北江三十里入三河，闽广水道所必经之路。《读史方舆纪要》。水道险恶，怪石森立，由三河溯流而上者，五六日乃达福建上杭之峰市，而由峰市顺流下者，波涛挟舟[①]而行，倏忽骇变，不崇朝已至三河坝。小船[②]如叶，与浪浮沉，榜人横篙立船头，随石诘曲，指挥前却，稍不䜣合，触石碎矣，故行道者视为畏途。若嘉应之小河，虽亦可通舟楫，然自镇平已下，波平若砥，山青水绿，欸乃间发，恶溪之名不应如此也。考《南齐书·州郡志》：齐时潮州领县六，程乡为新置属焉。《隋书·地理志》：梁置东阳州，领海阳、昭义二县，后改瀛洲，陈废，隋置潮州，领县五。《新唐书·地理志》：潮州，潮阳郡下县三[③]：海阳中下、潮阳中下、程乡中下。《旧唐书·地理志》缺潮州。吴任臣《十国春秋》：南汉潮州领县二：海阳、潮阳。《太平寰宇记》：乾和三《舆地纪胜》引《宋会要》作"二"年，升程乡为敬州，仍领程乡县。《宋史·地理志》：潮州领县三：海阳、潮阳、揭阳；宣和三年，割海阳三乡置揭阳县，绍兴二年废，入海阳，八年复，仍移治吉白村，自是为三阳。《广东通志》：今潮州府揭阳、饶平、惠来、大埔、澄海、普宁县地。梅州领

---

① 舟，底本作"行"，据稿本改。

② 船，稿本作"舟"。

③ 三，底本无，据稿本补。

县一：程乡。南汉置恭州，即敬州。开宝四年改，熙宁六年废，元丰五年复，宣和五年赐郡名义安，绍兴六年废州为程乡县，仍带程江军事。十四年复为州。《元史·地理志》：潮州路领县三：海阳、潮阳、揭阳；梅州领县一：程乡。《明史·地理志》：潮州府，洪武二年为府，领县十一，内程乡为新属。元梅州治此，直隶广东道，洪武四年州废，来属。饶平、成化十三年十月，以海阳县三饶地置，治下饶。大埔，嘉靖五年，以饶平县大埔村置，析滦州、清远二都地益之。皆新置。《大清一统志》：大埔[①]在潮州府北少东一百六十里[②]，北至嘉应州界五十五里，《广东舆图》、郝玉麟《广东通志》并作“九十里”。西北至嘉应州界八十里，《府县志》作“一百里”。是大埔距潮州远而近与嘉应接壤。古之恶溪当在大埔县界，即今三河中之大河，疑即旧隶程乡。惟程乡本有小河，距大埔之大河不远，且皆源于福建，故诸书相涉而误，误以嘉应之源于武平者，当大埔之源于上杭者，然大埔自饶平析置，饶平[③]自海阳析置，海阳、程乡自南齐时[④]已分疆划界，则上杭之河自古当属海阳，恐不得属程乡也。《广东通志》谓宋揭阳县即今揭阳、饶平、惠来、大埔、澄海、普宁，皆是与《明史》不合。宋析海阳，置揭阳，明又析海阳，置饶平，析饶平，置大埔，非割海阳地也。若《广东舆图》云意溪旧名恶溪，又名鳄溪，在海阳县东五里，则为无据，殊不可信[⑤]。《粤东名胜志》载：蓬辣滩涛浪汹险，声闻数里，一名晒甲溪。昔韩京帅师平寇至此，舟误中石磴，甲尽沉，京怒，期次日，击石磴，甲尽浮。又《岭表录异》载：李德裕贬官潮州，经鳄鱼滩，损坏舟船，平生宝玩、古书、图画一时沉失，遂召舶上昆仑取之，见鳄鱼极多，不敢辄近，乃是鳄鱼窟宅也。据《太平广记》引《寰宇记》：阴那山为海阳县界之山。《太平寰宇记》：梅州恶水，

---

① 稿本“埔”下有“县”。

② 稿本“一百六十里”下有“《府县志》作‘二百六十里’县西至嘉应州界八十五里”等字。

③ 饶平，底本无，据稿本补。

④ 时，底本无，据稿本补。

⑤ 信，底本作“言”，据稿本改。

即州前大江，东流至潮州出海，其水险恶，多损[1]舟船。水中鳄鱼遇江水泛涨之时，随水至州前。《岭表异录》云能食鹿者，即此也。“异录”当作“录异”，误倒。谨案：如此，则恶溪庙[2]即梅溪宫，信而有征矣！然则恶溪或即嘉应之蓬辣滩，故韩文公云“下恶水涛流壮猛”，然此于古无征，疑不能明，未敢臆断，盖阙如也。

丘氏翀曰：观所引韩、陈戮鳄事，则梅溪所祀，当即二公。懋建谨案：祭法，能捍大灾[3]、御大患，则祀之。二公除鳄鱼之害，礼缘义起，梅溪祀二公，理或然也。

案：旧志梅溪宫或谓祀王十朋，以王号梅溪，或又以为祀汉梅铜，谓程乡之水称梅溪，犹庾岭之山称梅岭，其说皆不可信，今据《舆地纪胜》断为水神，庶得其实焉。[4]

诗集小引

十载青灯，屡遭白眼；两行绿字，莫问红绫。二十年饮露餐霞，三千里嘲风弄月。每拟杜甫逸兴遄飞，岂是庾公兴复不浅？一唱一和，大都流水高山；三雅三升，无非奇人俊士。遂尔不觉，因以长吟。错落百篇，参差卅韵。体难兼乎古今，情实系于海岱。獭鱼之讥，君子恒多恕语；鸡肋之恋，识者其共谅之。一山杨岱自识。

一山先生，不知何许人也。诗篇亦未见，偶见此引，录之以备查询。子钧识。

仅此一纸，恐其遗失，故附于掌翁遗集钞之末，钉之。

---

① 损，底本作“险”，据稿本改。

② 庙，底本缺，据稿本补。

③ 灾，底本缺，据稿本补。

④ 稿本有眉批：“《史记》：梅铜从番君吴芮佐汉定天下，汉立芮为长沙王，又以十万户封梅铜。下市梅溪宫有扁云‘汉宝元勋’，盖传论所□也。”

《四库全书目录》跋后

杨懋建

将欲搜遗文于邃古，则苞符日启，莫胜搜罗矣！而观大备于当今，则载籍云屯，月归藻鉴矣！挈三古以垂谟，汇九流而澄圣。於戏，非至圣，其孰能之？钦惟高宗纯皇帝，亶皇天之赋畀，睿智聪明；承列圣之规模，神谟圣烈。高文典册，久归圣主之权衡；宸翰奎章，共识渊源之有自。烝我髦士，菁莪收天地之英；聿著文章，杞梓书涵濡所及。久已淑八弦于礼乐，文治昌明；理两大之清和，卿云纠缦。乃雨粟以来，书契迭易。蝌文鸟篆，徒闻千古而遥；龟记龙图，无论三皇以上。发金匮玉函之秘，帝虎鲁鱼；开兰台蓬观之藏，凫胫貂尾。虽由汉而唐而宋而元而迄明，世代有爬罗；而自政及莽及渊及勒以及五朝，迭经散佚。况复人心不古，世事难论！自命负千秋史识之名，大公谁秉？抗颜收海内经师之誉，至理谁衷？诸子虽各名家，岂容幻诞虚无之说？文字虽存一得，何作萎靡浮艳之音？蕃变既多，折衷孔亟。所以记麟而后，实难好恶之皆平；成象以来，尤赖是非之不谬。于是我高宗纯皇帝，作人在念，稽古为先，爰命廷臣，襄其采辑。金泥玉检，大开博古之筵；酉穴庚邮，共效右文之力。太乙燃藜于天禄，长庚耿耀于地维。而既雅金沙，则宜分珠砾。旁披既富，考订倍殷。衷理秉公，同仰南车之指；黜华崇实，咸归北斗之旋。删削谰言，弃稿不惟两屋；迭呈睿鉴，春秋已历八周。乾隆四十七年《四库全书》告成。当斯时也，风清东观，日映西园。稷契皋夔，咸拜手于扢扬之盛；马班屈宋，共悉心于翰墨之林。在诸臣以为文运天开，实超今而迈古；在圣人以为鸿庥大备，宜一视而兼该。盖当日之编修也，既有以考稽古昔，撷经史子集之精；故此日之观我也，自可以嘉惠士林，阐津溯渊源之秘。迄于今，青简秘文，借观者不必春明坊内；紫台课帙，尽睹者岂特小西山中？宛委琊嬛，快读皆西州之业；金岌玉版，坐拥则南面无过。鸿训千章，识熙朝之基业；兔园半册，耻下士之抄胥。则以万轴琳琅，既次甲乙丙丁于内府；千箱缥碧，复分赤青白黑于艺林。而又总纲则提要初编，全书宛若；目录则简明一部，展卷了如。夫是以闭户刘生，《七略》皆能寓目；下帷董子，三年可不窥园。翠凤含绥，丹鱼杜藻。花千龄而建极，道出于天；综百世以归型，言衷诸圣。百家肴馔，幸识大识小之多资；六籍笙簧，欣传信传疑之有准。此皆乾行至健，继述志事于在天；离照无遗，作兴俊造于在下。典至巨也，恩至渥也。当年大小臣工，咸拜手而上同文之颂；此日海隅末学，亦额手而加仰赞之词。

冠冕堂皇，然颂扬文字甚难出色。即《四库全书》当日告成表文，芸台先生称为唐宋后所罕有者，亦不过尔之。李秋田先生评。

送王引之、浚之护丧归印口序

杨懋建

回首苍茫，四十年之金石；一天飘渺，五千里之云山。虽古来无不散之筵，何论人如我辈？奈别本最难堪之事，况兼石在他山。乌乎！二君其将归矣！今兹一别，再会三生。愁外生愁，客中送客。睇云罗于天末，雁影参差；绘风景于尔时，鸥盟反覆。攀折道旁杨柳，岂但魂消？望穿秋水蒹葭，于焉念切。此后斜阳一抹，惟余江上峰青；定知落月半床，空对杯中酒白。齿犹未也，愿争万古之羽毛；点尔何如，请认三生之面目。仆所以水源木本，念之而一往情深；后日今朝，计之而五中思结也。在昔卅载以前，万山深处，竹村太夫子挺岳立云停之概，与曾大父订弹琴肄业之交。指文字以论心，建醍醐而灌顶。明月清风之□，指点前程；蓼红苇白之秋，招邀后会。山名十种，家大父共披图画之维多；滩溯九门，家伯祖咸识渊源之有自。而自归与一赋，别者卅年。山阻川修，迢遥道路；乌飞兔走，倏忽春秋。其间换紫脱青，衣锦泥金之报；草青杨白，刍云纸马之行。太夫子选拔起家，十八载树甘棠于西土；曾大父浔阳罢讲，十四年韬星彩于南交。狼燧烟横，雁行字乱。倘云有梦，北地只沙黄一条；如说相思，东粤则蕉红十里。盖素书一尺久，两地无闻焉。然雅意十分，虽百世可知。迨夫嘉庆丙子，太夫子丁艰起复，签掣星移。榕树城廷，春台待士；鹧鸪声里，夏屋庇人。家伯祖则冷斋承菽水之欢，响铁城之铎舌；太夫子则旧雨证苔岑之梦，镌锦字于鱼鳞。先君子北面受经，孔伋原习传于曾氏；贤宰官西平鼓瑟，允明更嗣响于苏公。固已新倜□弹，金坚玉戛；旧游似梦，藕断丝连矣。无何而鹊驾桥低，鹳堂薇陨。千里关山之梦，红泪青灯；五年冰雪之官，素车白马。飞来蚨子，相将竹叶之舟；送到河唇，预设莲花之幕。仆方十三龄童子，垂两髻之鸦雏；随二三辈老成，迓一双之凫舄。素馨田外，茉莉香中。小子白衣，方识月霁风光于舟次；大人青□，即许芽兰茁桂于他年。竟订四代之交，云联雁序；且看一帆之挂，风送骊歌。盖戊寅九秋事也。其明年己卯，仆随先君子挟笔一枝，走路五月。寒鸦古木，雷阳寻旧日之题词；瘴雨蛮烟，海上唱新吟之诗句。记一身之阅历，尝尽风霜；壮百种之波澜，水分中外。红花梅绿，茅店鸡声；赤墩乌蓝，板桥人迹。狂歌呵壁，烟霞之属和五六十章；搔首看天，风雨之往来三四千里。桂棹言返，穗垣僦居。云影空蒙，潮痕上下。仆与两君犹遥遥相望，脉脉未通。然而毡既铺青，帐还设绛。家大父易子而教，二舍弟负隅而从。声息能通，音塵若接。秋风凉处，羊城之翰墨初来；冬雪寒中，鹅岭之丰仪遂挹。初番一见，欢若平生，此仆与二君始合之大端也。明年庚辰，随家大父料理曾大母窀穸毕。扁舟一叶，遥渡春风；行李半肩，来归夏屋。太夫子竟许回从路后，如卜夏之门人，参继皙游；传暮春之末座，鲤能趋对。雁可分飞有庆，重闱无遮两地。仆遂与二君申申燕处，乙乙莺鸣。纵说旧交，辄商新事。每当凉月半壁，花阴满庭，立遍苍苔，数将黄叶。乌栖树下，红□棂前。都为少小之言，各诉家庭之事。又或霜侵瓦白，日射窗红，落叶悲秋，寒花破晚。更呼子固，相对四人。同看料峭之天，各抵纵横之掌。酒醒灯残之夜，敲钵有声；夕阳晚照之间，呼天而语。犹记残年欲尽，守岁相邀。君厉齿牙，我陈酒果。辛盘预借，丙夜同欢。寒漏催三，新图数九。竹瓦蕉窗之夜话，直到天明；莺歌□语之欢愉，方看日起。引之兴来泼墨，寄傲骨于梅花；仆亦狂欲敲诗，肆呕心于桐叶。王子安本神仙之品，敢云耻在下风？杨中立尚龆龀之年，况说门曾立雪？两年之兴，一分不殊。辛巳秋，太夫子移篆冈州，家大父曳帆穗石。苍莽孤蒲之下，流水有声；微茫云海之中，乱山成梦。一自天空海阔，能移我情；遂将抗志远希，并为君诵。务视听言，动之必懔；庶克伐怨，欲之不行。实获我心，相期明体达用；别开生面，不复抹月批风。身世云开，心胸雪澡。乃仆竟欲以雌黄之口，归观曳白之场。五两冲风，一裘犯雪。云中笙好，方听子晋之吹；海上琴孤，忽返成连之棹。河干送我，犹记短章；舵尾辞君，尚云小别。吁嗟乎！岂料飘然一往，竟怅离群，昔者二诗，乃能成谶也哉？昊天不吊，世事难论。地老天荒，藐诸孤遽抱无穷之戚；猿啼鹤啸，先君子竟捐有用之身！壬午五月事也。呜呼哀哉！犹未已也！红榴送夏，白帝司秋。仆裹千里之粮，来慰重闱之恸。方谓托棠荫而覆如大厦，无尽铭心；蹬槐花而忙过九秋，便来泥首。乃负担未释，惊看飞凫；喘息未匀，竟闻赋鹏。既泣辛壬之启，还倾戊己之巢。事竟难言，天何此醉！盖太夫子八月又弃人间矣！呜乎！仆生十有七年，浚之少吾三岁，引之亦裁十九耳。幼而无父曰孤，数皆前定；穷而无告为甚，病亦相同。能不悲哉！能不悲哉！既而三声轰炮，忍看额点龙门？一片来帆，闻道人归羊石。半年别也，一见怆然。有泪洒空，皆成碧血；无心把袂，莫问苍天。当斯时也，风寒萧瑟，月影阑干。相吊凄其，倍增呜咽。不复能作寒暄之语，赘挈阔之情矣！于随家大父，叶叶纸钱，吊文翁之魄；叫叫痛哭，拊武侯之棺。遽挂归帆，言旋故里。荻风蘋雨，但见苍凉；苇雪葭霜，可胜缱绻。青枫黯黯，白马萧萧。花亦生愁，竹将弹泪。忆从前之已事，回首何堪？问此后之相思，阿谁更甚？鱼偏汩没，雁亦飘零。难讯行踪，徒深忉怛。几疑横风吹处，莫寻无定之评；阴雨怀时，只托或然之梦矣！呜乎！风流雨歇，我尚怅君天涯；岭断云连，君如迟我海角。偶三春之濡滞，待此日之缕覙。孰假之缘，夫岂何哉？仆因而有感矣！今夫临歧而徒托离合悲欢者，中不足也；执手而但言即景怀人者，情未孚也。性分所固有，职分所当为。不得不诿于遭际之艰，精力之绌也。《蓼莪》三复，蒿蔚皆春；《常棣》一歌，鄂华交影。凡彰彰之大节，本翼翼之小心。博学、审问、慎思、明辨、笃行，功在斯矣；君臣、父子、夫妇、昆弟、朋友，道远乎哉？吾闻籊籊竹竿，有思能致；赳赳葛屦，宁俭毋奢。任事物之纷投，殊能成万；溯本原于真宰，理岂有他？夫遭际虽艰，安知非玉汝于成之意也？精力虽绌，岂遂无醇而后肆之时也？况跌宕右军《十七帖》，曹娥尽传家法；风流大令《十三行》，洛女能继箕裘。认手泽于诗书，前徽不远；瓣心香于文字，后效方长乎？今者春归潦草，烟扑迷途。长日似年，密云不雨。天如有意，留数月之盘桓；人岂无情，对一缸之黯淡？孤[1]蛩吊月，乱鸟啼云。仆以多艰，兼之善病，绕帘之药烟缕缕，入夜之梦幻沉沉。色相模糊，神情仿佛。天荆地棘，一霄顿变。新欢孔思周情，此夕都符旧愿。风尘澒洞，人海苍黄。忽而春老莺残，握手话一天之别；忽而风催骊唱，凝眸送千里之归。忽而挂天际之孤帆，苍烟杳窅；忽而结心头之离绪，碧落迢寥。灯暝半花有句，破云蓝之纸；炉灰一寸无言，看雪白之天。忽而若或招予，忽而居然见子。忽而君居昂所，忽而我到牂牁。喜观二剑于丰城，炉中焰紫；如见双珠于合浦，天半云黄。王祐之酷肖其兄，灿槐花于满树，仪、廙谁优？王剧之难为其弟，绚珠彩于弥天，机、云并耀。忽而钟唇风扣，知律躬之乾乾；忽而天口花飞，谈处事之井井。父书可读，继兰亭丑岁之殇；妙笔能传，写辋川丁冬之韵。子瞻、子由竞秀；大宋、小宋□声。忽而兰闺歌燕喜之章，□荣八座；忽而紫诰作鸾回之势，草报三春。太夫子含笑在天，见徐孝穆睛青而乐京国梧桐之挺茂；两世叔奋力而跃，看马季常眉白而喜□□花萼之联枝。作如是观，乐乎不亦？无何添灯欲烬，曙鸟已啼。遽辞黑甜之乡，一掷黄粱之枕。大槐不见，我影自凉。说似茫茫，记犹历历。惟有横斜星斗相陪白眼之看，还听隐□疏钟敲彻红尘之软。嗟夫人生如梦，于事在好为之。太

① 抄本“孤”前有“恐”。

夫子不以云泥隔车笠之盟，即以忠厚裕构堂之脉。虽不能当身食报，河阳遽谢潘令之花；然定知厥后克昌，京兆必茂田家之树。夫孝友睦姻任恤，共说六行之传家；诗书礼乐春秋，犹遗五经而教子。为之继志述事者，宜何如奋勉乎？但愿刺楚不流于扬水，葛藟能庇其本根。切雨风联榻之思，寻春草池塘之梦。苟贤昆仲循陔陟岵，无忘念昔先人；则太夫子薪析瓜绵，咸推克家令子。盖至此，仆之幻作梦境，不啻蔚为先声。正不必以梦视梦，而直以梦为觉焉可耳！日月如梭，云霞有契。清风怀我，折梅一朵，已无烦驿使之传；引之方为仆画扇作梅花。今雨思君，立夏几时，将即看河梁之送。仆未能白战，徒湿青衫，安敢激哑钟湿鼓之声，作我甲我知之说哉！然而于今，大树已怅白鹤之飞；终古垂杨，谁认黄鹂之语？山山明月，知向谁家？冉冉行云，难寻旧迹。翻文通之赋，能不黯然？赠季路之行，安能嘿尔？此仆所以水源木本，念之而一往情深；后日今朝，计之而五中思结也。

三千言已觉多言，变痛哭为长歌。十五首只为一首，有如此日江边之别。恨归谁请认他年，天下之多情是我。

鹧鸪声里夕阳过，回首浑然春梦婆。握手早知筵有散，呕心相示句无多。苍苍莫问竟如此，黯黯从今将奈何？后日已前空怅望，请君侧耳听□歌。诉离衷也。

旧雨台岑证不诬，万山深处说规模。遥遥曾孔互传习，落落蔡朱相步趋。四十年前祝车笠，五千里外认珊瑚。云霞今结三生契，曾记前徽忆也无。述祖德也。

犹记当年亲炙来，裁成取次及颜回。暮春亦复幼吾幼，大夏何论才不才？点瑟许将参共鼓，周南曾和鲤同推。只今一事有余恨，潦草行书无取材。太夫子每病予多作草书，未免未步先趋，东涂西抹，故尔楷书都未及入门。呜呼！何嗟及矣！思教诲也。

芝兰玉树想亭亭，并耀双珠目所经。犹记坐风曾易子，尔时束发未成丁。春池生草皆归梦，秋水传神竟有灵。湘瑟欲终人去否？数峰江上自青青。想丰采也。

歌哭终宵不自由，暮云春树亦知愁。岂真风雨关离合，不必云龙共唱酬。天上无星分主客，人间何地想沉浮？那堪独立低徊处，冉冉行云自去留。念交谊也。

踪迹匆匆聚散忙，有人搔首咏沧浪。两年落落石金契，四代遥遥泥爪香。雁影云连乍离合，骊歌风送付苍茫。最应此会天留意，茉莉声中又夕阳。序踪迹也。

迩来遭际尚堪言，山断云连更几番？天不由人无可奈，诗能成谶向谁论？指辛巳冬冈州赠诗。星河相吊苍凉影，潮汐空浮上下痕。如此悲歌如此事，满城烟雨扑黄昏。悲遭际也。

不如归去杜鹃啼，季路欲行芳草萋。怀我清风归点染，思君今雨辨东西。一回笔墨三生梦，千里关山五夜鸡。切近吾言切近事，休论地肺与天脐。思勉劝也。

卓荦吾身岂偶然，此中吾可见吾天。养身莫善于寡欲，与世无求即是仙。孝友每从真性出，精神那待外人传？心肠铁石冰霜面，非礼先除第一关。励律躬也。

雅沓纷拿付东流，片言居要又何求？用和自古由斯美，不忍[①]安能济大谋？况复多才常误事，但看老气独横秋。请君毋躁亦毋懈，一曲狂歌有当不？商处事也。

箕裘弓冶不寻常，跌宕风流推二王。夫子有灵呼欲出，古人之孝养无方。请将后死腾骧力，一瓣先生翰墨香。更愿荆枝交畅茂，他年遗爱继甘棠。善继述也。

《蓼莪》不忍读终篇，同病相怜倍可怜。椿树八千今已矣，萱庭百岁尚依然。鸾回诰捧时犹未，雁序云行事在前。我有重闱君有母，殷勤属望思绵绵。愿承欢也。

鹡鸰叫彻五更风，地久天长此念通。束楚不流扬水白，瑟琴一鼓萼华红。其原无泪随声下，布岂成谣唱道中？对榻逍遥寻旧梦，一床

① 忍，底本作“认”，据抄本改。

明月任西东。笃友于也。

迢迢春水绿春波，昨夜春风送棹歌。春梦一场犹未醒，春情百种欲如何？客中送客斜阳远，愁外生愁落月多。可奈鹧鸪啼弗住，尚听行不得齐齐。代鱼雁也。

三起三眠欲暮寒，一歌一笑呕心肝。莫将综错后先语，而作寻常酬应看。擢出肾肝成驳陆，梦回星斗已阑干。他年请认多情我，最不忘情王子安。序本怀也。

拟庾子山《谢赉马启》

杨懋建

登非捷足，偏深赠策之情。吟惯呕心，重累执鞭。恭承嘉惠，无任惭襟；礼谢右牵，拜当北面。贫粮已馈，不烦鹤料之分；小圃能容，当共蜗居而处。从此晚凉洗后，春艳蹈时，鞭自扬珊，鞯都耀锦。比驴背之索句，拟牛角之读书。下时而气即如虹，驰处而射皆中鹄。自爰眼前之景，敢忘足下之言？盘餐苜蓿，以分贻名，并桃花而偕鹤，命奚奴以驯扰耳！此批双课儿辈以讨论，尾当书五，徐图报称，曷任神驰？谨启。

《杨氏姑妇两世节孝传》跋

杨懋建

吾从高祖昆弟曰永清，其祖母江，母叶，两世皆以苦节抚孤著。咸丰三年十月，州人士具其事上督学使者吴公，保奏批准“节嗣徽音”四字旌之。乡先生待诏镇平黄公钊、训导嘉应萧公元虎，各为撰《双节传》。永清心愿欿然，盖以大母得楬橥表门，而母以年逾三十，格以例，仅附姑江同旌。族伯父秋衡先生炳南为纂文一篇，广其意。先是，懋建荷戈戍湖南，道光二十七年，赐环归广州，即闻其事甚悉。顾年辈在后，未敢匆匆点笔。今同治七年太岁戊辰四月，学校诸君具懋建仲弟懋和妻李氏、季弟懋修妻张氏娣姒守节抚孤事上之督学光禄寺卿胡公，批准“松竹同贞”四字扁榜绰楔。春间，永清书来连州，以所纂《双节传》一襄[①]寄余，请为文纪之。懋建今年六十余矣，读之不禁老泪涔涔下也。

案：吾族为闽宁化县石壁村林氏，元仁宗延祐二年[②]丁巳遭江西人蔡五九作乱，陷汀州。吾族乃转徙入粤，居程乡县半径村。七世祖西崖公当明世宗嘉靖朝，避族人林朝曦乱，乃请易林氏为杨氏，程乡人称之曰“新杨”，别于土著宋以来居三四十世之“老杨”。族谱载居[③]易姓事皆不详，始祖但称元处士而易姓，则之当明中叶，莫能明。懋建咸丰中避地来连阳，主连州南轩书院、阳山韩山书院讲席，各五六年。暇检读州县志，乃得连州太仆少卿李公邦义《陈时事疏》，云土贼，程乡则有林朝曦。李公仕嘉靖朝，然则吾族避祸易姓以朝曦累，其事正在嘉靖时，不谬矣！《嘉应州志》乾隆间成于乡先达叶进士承立、吾族高祖贡生劼士公手，今越百年，未有继事者。懋建弱冠居粤，会窃不自揣，慨然思任其事。顾念族大宠多，动多避忌，知难偭指而退。道光季年授徒在广州，欲师李艾塘斗《扬州画舫录》体例，不居志之名，而可备□日修志者搜讨，置一册案头，署曰《嘉应识小书》，耳目所闻见纪之，今将廿载，迄未能䌷然有成卷。盖斯事重大，此愿未易偿也。

吾高祖昆弟六人，秋衡先生曾祖为伯兄，懋建高祖行第二，永清高祖行第四，故吾父与秋衡先生为从曾祖缌服昆弟，懋建、永清则为从高祖袒免昆弟。前年，遭吾母之丧，遵先师阮太傅文达公及汀州宁化伊墨卿太守秉绶嘉庆间所定丧礼，惟棘人、孤子称哭稽颡，外此护丧袒免。夫弟时南司书，袒免，侄承谟皆与齐缞，期五月之孙曾同哭顿首。我丧也斯沾，斯礼也，久莫之行，世几以为迂怪矣！永清大母、

---

① 疑当为“囊”，形近而误。

② 元仁宗延祐二年（1315）为乙卯，延祐四年方为丁巳，抄本《嘉应识小书》眉批亦言及此。

③ 居，当为衍字。

母皆富寿康强，考终命，而懋建独抱终天之戚，婴兹祸毒，一至于此！彼苍者天，曷其有极！永清大母、母姑妇两世苦节甘临，数十年而后食其报。详永清所自述，得萧、黄两先生表章之，秋衡伯父又相与上下其议论，以为处困厄极而之死矢靡他者勖。刘向《列女传》载漆室女倚柱而歌，圣人作《易》所谓先号啕而后笑者，盖如此。懋建所为，老泪涔涔下，不能自已也。入夏以来，老病侵寻，窃自恐如昔人云"伤寒七日，不汗死矣"，乃力疾为此，寄永清。□日或可采之，入吾家谱。同治七年太岁戊辰夏五月朔，祖免族孙懋建掌生跋于连州书福田舍。

方子箴方伯《二知轩诗抄续刻》后序[①]

同治甲子夏，客韶州官舍[②]，子箴方伯命[③]校《二知轩诗抄》，为例议及后序。公复自删定，得十四卷，刻成见寄。戊辰夏间[④]，公[⑤]移节维扬，来广州语[⑥]别，则续刻又四卷，新诗草稿复积盈寸。读之，格愈老，律愈细，气愈昌。公之于诗，不惟寝馈以之，乃直性命以之，固宜其学与年进，非[⑦]仅余事作诗人也。至其取材征事，富有精切，尤所擅长。懋建行年六十，学殖荒落[⑧]，不能为他山之石，惟有爱服赞叹而已。公将行，眷眷于粤，然则粤人士相与眷眷于公者，可知也。懋建曩所谓他日得以老部民重司编校之役，今方如东人之于周公，歌咏勿谖，所祝旌节重来，为封圻保障。则游歌篇什，以视会昌一品之集，抑又过之远矣！嘉应杨懋建掌生记。

---

① 该文原载于方浚颐《二知轩诗续抄》卷首，标题为《序》。
② 官舍，《续抄》本作"节院"。
③ 《续抄》本"命"下有"编"。
④ 夏间，《续抄》本作"秋"。
⑤ 《续抄》本"公"上有"闻"。
⑥ 语，《续抄》本作"话"。
⑦ 《续抄》本"非"上有"如此"。
⑧ 《续抄》本"荒落"下有"受知最深"。

嘉应识小书

嘉庆朝，先师阮太傅文达公奏进七阁未收书百种，仿《四库》例，每书各撰提要，冠简端。今师其意，撮识小书大略，为一篇。

《嘉应州志》，乾隆初成于叶进士承立及吾族祖贡生诰士公手，历百廿年来，无重修者。懋建未弱冠，即慨然有此志。顾念著笔多避忌，知难而退。道光七年在广州，始据王象之《舆地纪胜》撰《梅溪宫安济王庙考》。三十年，欲用李艾塘斗《扬州画舫录》例，不居志之名，而可备他日修志者采择。咸丰二三年，避地来连阳，地鲜藏书家，一瓻之借阙焉，兹事遂废。同治中，移主韩山书院讲席，暇偶翻阅载籍，有所振触，辄点笔录之，命曰《嘉应识小书》云。

《南齐书》始有程乡县，以义化乡人程旻得名，历梁、陈、隋、唐，皆隶潮州；五季南汉始置敬州，宋初避庙讳，改恭州。乐史《太平寰宇记》乃易为梅州，以州前梅江名。宋、元程乡县皆倚州郭，明洪武省州仍以程乡还属潮州。国朝雍正十一年，总督孔公毓珣先于七年援罗定州例，请升连州为直隶州。奏升程乡为嘉应直隶州，割惠、潮四县来属。嘉庆中，升嘉应府，不数岁，寻复为州。道光中，又以变通鹾务，有议设邑令，不附郭而别治。上游之番坑，下游之松口者，官民皆弗以为便议，亦旋寝。此沿革大略也。相传吾州维宋、元之际遭兵燹，后五六百年皆无事。今案国史《逆臣传》：康熙朝三藩之变，刘进忠踞潮州叛，有土贼陈奠据程乡越二百年。咸丰九年，花旗长发贼陷城，杀戮甚惨，乃知俗语“丹青未足凭”也。明，江西设巡抚，外复设南赣巡抚。正德时，王文成公平宸濠，最显名。国史《二臣传》：顺治初，苗胙土奏广东程乡亦南赣，属盖阳，明请南赣行粤监，以济军饷，故广东、湖南皆有府州县属分隶者。康熙中，尚之孝剿进忠，命平荡左翼总兵班公为将班公名，州人传为志富。国史云名际盛，生祠立主则题号龙泉[①]，军过程乡，欲议加徭赋。吾十世祖贡生讳元杰公于明伦堂侃侃争之，乃得罢。邑人士感之，奉栗主，配享班公生祠，所谓大声秀才也。州谣谚云："未有梅州，先有杨、古、卜。"盖此三族，皆传世逾四十，真宋遗民矣！其他诸旧族皆云自汀州宁化迁来，约各传世二十，以三十年为世计之，约略相当。

吾族始迁祖千三郎、二世为万一郎，谱皆称元处士，当不诬也。各族占籍程乡年代无可考。今按《元史》：仁宗延祐二年丁巳，赣州人蔡五九据汀州，陷宁化，[②]吾族由石壁村移居入粤，当在此时。吾族本闽林氏，七世西崖公以避族人林朝曦难，举族易为杨氏，州人称之曰"新杨"，以别于土著之"老杨"，[③]谱但云当明中叶。今案：《连州志》载州人太仆少卿李邦义《陈时事疏》云：土贼则程乡有林朝曦。李公仕嘉靖朝，则易姓适当其时，此疏可据也。[④] 旧《州志》于各族远祖多遥遥华胄，其官阶科名所从来，多不可究诘。苟欲厘订，必致操戈，故不如其已。吾族以始迁半径村为始祖，阮太傅议征谱以崇祯初居扬州者始，虽淮安吾山少司寇一支，亦不强附，盖言慎也。大兴朱文正公家以国初居京师者为始祖，而先世居萧山黄阁河者，谱系历历可据。竹君先生暨文正公皆归绍兴祭谒，斯则愿学未能矣！程子冬至祭始祖，朱子但祭高曾祖祢，谓诚敬恐不能追远。

---

① 抄本眉批："《州志》：班，辽东人，南藩右翼镇总兵，随征来潮州。顺治八年五月，代郭虎为湖镇总兵。十月徇镇平，至程乡，奉平南王令，索程人饷云云，担（按：当为'但'）此是顺治八年事，非康熙中也。长盛谨识。"

② 抄本眉批："仁宗于甲寅改元延祐，则二年是乙卯，四年乃丁巳也，当是抄错。长盛识。"

③ 抄本眉批："《家传》谓：元明之交，兵燹骚然，宁民转徙，始祖与所善戴姓结伴，携家入粤，与此不合。长盛识。"

④ 抄本眉批："西崖公生于正德己亥，终于万历丁丑，嘉靖间，正公壮年有为之候，易姓此时，无疑矣！长盛识。"

懋建谨案：古者天子、诸侯有社稷，卿大夫不世官而世禄，故有宗法以尊祖敬宗收族。后代爵禄不世，及公卿多崛起，则宗子为虚名。窃谓准古者始兴之日，以始迁之祖为祖。又天子、诸侯皆别立宗，不敢以其戚戚君也。今师其意，以其族始受爵禄为达官者为宗子，而族人宗之，不必强分大宗、小宗，而暗合“继别为宗”之意，庶几亡于礼者之礼也乎。吾州多宗祠，而讲明宗法者多泥古或从俗，反求诸吾心，皆未能厘然有当而即安也。辄附论及之。同治四年太岁乙丑秋九月日，书福田舍翁嘉应杨懋建掌生书于连州南轩书院之拣栖巢。

记范少司马奏程乡筑设官事

督抚藩臬为封疆大吏，府州县志例不得载其行事，然其功德在民，有实事可据者，不容没也。明程乡县为广东潮州府属邑，又隶南赣，巡抚王文成公曾抚南赣，然不敢强传为州志。光独海内，藏书第一家天一阁主人范少司马，其所设施措置，则《嘉应州志》不可遗也。

案《甬上耆旧录》曰：“范钦，字尧卿，嘉靖十一年进士，知随州，入为工部员外郎，武定侯郭勋赞之。廷杖，出知延州，忤严世藩，欲斥之，严嵩不可，方罢。稍迁按察副使，备兵九江。历迁副都御史，巡抚南赣，擒剧盗李文彪，平其穴，疏请筑城程乡之濠居村，设一通判，以消豫章、闽、粤之奸。复攻大盗冯天爵，斩之。以兵部右侍郎告归，卒年八十三。”案：濠居村，今不知在何地，俟考定。异日当补为立传，且为位名宧祠祀之。

蓝鹿洲集修《潮州府志》云：“平远县城在豪居村，僻远，不如大柘扼要。”

重修杨氏族谱募疏

懋建尝谓：今日宗法可不必讲，而族谱不可不修。盖古者，诸侯有社稷，卿大夫有宗庙，不世官而世禄，故立宗子以任尊祖敬宗收族之责。今世宗法既不能行，而犹存宗子之名者，以军功有世爵，职当以嫡长子承袭也。魏晋南北朝人重世族门望，唐太宗乃命朝臣更定谱牒，首国姓而以本朝官爵为先后之次，此颁之在官者也。民间家谱盛于宋，眉山苏氏谱为尤著。千数百年来，家家有之，然往往托遥遥华胄，且各欲归美其他人，所纪载多不实。嘉应州人呼吾族为“新杨”，别于宋以来土著之“老杨”。嘉庆十年外修族谱，族人推先曾祖清平公主其事，秉笔者先伯祖企斋公也。迄今六十年矣！谱成后，乡试凡十三科，嘉庆丁卯、庚午、癸酉、丙子、戊寅，道光辛卯、甲午、丁酉、己亥、庚子、丙午、乙酉，咸丰壬子。吾族中式举人十三，武举二，副榜充贡一，拔贡一，优贡一，椒联瓜瓞，丁口日蕃衍。曩始有十八世，今有二十一世矣！顾族谱重修之事，尚有待于今日。

案：吾族自宁化迁程乡，当元仁宗延祐二年丁巳，《元史》：延祐二年丁巳，江西赣州人蔡五九作乱，陷福建汀州，据宁化，吾始祖、二世祖谱皆称元处士，是也。七世乃易姓为杨氏，约在明世宗嘉靖年。吾族本闽林氏，七世易姓，以族人林朝曦难。案：《连州志》载州人太仆少卿李公邦义《陈时事疏》云，土贼则程乡有林朝曦。李公仕嘉靖年，固知易姓当其时也。嘉庆间修谱，以自宁化石壁村迁程乡半径村者为初祖，不敢蹈世俗铺张扬厉之习，以诬其祖。用大兴朱文正公、仪征阮文达公家谱例，先师阮太傅谱以崇祯初迁扬州者为始，虽淮安吾山少司寇一支有可考者，亦不敢妄为援引。朱太傅谱以崇祯时始居京师者为始，原籍绍兴府萧山县黄阁河，文正公兄弟督学福建，皆归谒祠墓，而朱氏家乘则惟载大兴亲支。盖言慎也。始修谱时，懋建初生，今年六十余矣。族中先哲久议重修家谱，以事烦费巨，未易遽集事，迟迟至今。谱板初存半径，后乃移置州城祠堂。咸丰己未、同治乙丑，再遭寇乱陷城，板遂毁。今印本，族人什袭弆藏，仅有存者，乌乎！嘉庆搜罗萃荟各谱，勒为成篇，虽体例未能尽合古法，而规模大局师法昔贤，择善而从，前人用心致力，可谓勤矣！后世子孙能不惕然于继志述事乎！今谱板既毁于兵燹，印本又散佚，流传日久不及今。搜辑编纂，肯构肯堂之谓何？族中贤能起而任其事，继起者易为功。顾或以所费不赀为虑。窃谓富而好义者多有其人，乡里善事尚解囊乐助，况修谱为吾族切要大事，有不欣然量力佽助以襄事者乎？况各房公私祭产，亦尚有可筹画者，或更计丁口输钱，为集腋成裘之举，是或一道也。《礼》曰：“别子为祖，继别为宗，继祢者为小宗。”盖诸侯不敢祖天子，大夫不敢祖诸侯，故立王公母弟为宗子，而族人宗之，此古者宗法，今所不能行。然《礼》不又云“惟兴之日，从新国之法”乎？说者谓为初仕为大夫者言之。殷道亲亲，周道尊尊，不忘本，亦所以尊君也。后世既不能立宗子，或即族人仕为达官者，托之以任尊祖敬宗收族之责，或暗合于古者。尊亲之谊，是在量时因地合天理人情以权衡之已！懋建老且病，远在连阳，不能归，佐理此事，惄焉自疚！谨述幼时所闻见于先人者，及近日家园族人书来所述近状，笔之于书，寄归，就正于吾族尊长贤能者，其以懋建之言为然耶？否耶？

《嘉应杨氏重修族谱劝捐簿》序

吾族当元朝自福建宁化县石壁村迁广东程乡县半径村，迄今五百余年。宗支繁衍，传四千余人，科名爵位，隆隆日起，为嘉应望族，可谓盛矣！族谱修于嘉庆十年外，时先曾祖清平公致仕家居，寿八十余。族众推主其事，而伯祖企斋公方掌教培风书院，实秉笔。是时，懋建初生，今又六十余年矣！先是，族中贤者各就其亲支自为谱，至是乃荟萃各谱集大成，用宋眉山苏氏谱例而奉大兴朱文正公、仪征阮文达公二家谱为法，但推始迁居者为初祖。此外，遥遥华胄，不敢冒他人为宗祖，盖言慎也。谱版初藏半径祠堂，道光以来，乃移庋州城总祠。咸丰己未、同治乙丑，再遭兵燹，板毁无存。当日印本，族中人收藏，亦仅有存者，不及今。亟谋重修，恐日久，愈难为力。懋建寄居连阳几二十年，不能归家为族中料理一切，深用自愧。前年，族中尊长贤能者书来，商重修族谱，欲命懋建襄成其事。懋建老且病，精力日不如前，何能仔肩此任？顾念吾族谱事，久当重修，一旦鼓舞作兴，相与观成，此甚盛举也！懋建亦安敢不振厉奋，勉效一得？但事巨费重，吾族又殷富者少，所赖集腋成裘，众擎易举。今闻族中老辈皆踊跃，欲速成此事，实不胜欣幸！大愿！古人云："莫为之前，虽美弗彰；莫为之后，虽盛不传。"族中公产如有可筹者，或酌定章程举行；其解囊佽助者，量力为之，是懋建所望也。至于修谱体例及一切收捐章程，将来抄写、刊刻、刷印、工墨各费，俟集资就绪后，请家乡贤能老辈斟酌尽善，或寄书连阳，懋建亦与参末论，可也。同治九年九月，十七世懋建叙。

连州新会馆祀梅溪神记

连州新城嘉应会馆祀梅溪神安济王。谨案宋乐史《太平寰宇记》：梅州大江为梅江。王象之《舆地纪胜》：宋徽宗崇宁四年，封梅溪神为安济王，武臣张致远奉使来祭，有诗。乾隆间，吾州叶进士承立修州志，知梅溪宫安济王为水神，而辟俗传汉将梅锠及潮阳令王十朋号梅溪之讹谬。顾其时未见王象之书，文献不足，故无征不信也。道光七年，懋建为诸生撰《梅溪宫考》。二十九年，摄州牧文太守晟属张太守其翰以书来索草稿，续撰入《嘉应州志》。先是，国朝顺治间，以马宝之变，游击吴公标率兵偕庄栋梁及牛录陈九亮来援剿，克复连州，军中奉安济王神，并受其福。既奏凯，战士留家此土者，遂祀神于连州南城内，今所谓旧公王祠也。雍正中，升程乡县为嘉应直隶州，以惠州之兴宁、长乐，潮州之平远、镇平来属。嘉庆廿二年丁丑，五属在连州者始建会馆，奉梅溪神以敦枌榆之谊，作桑梓之恭。木本水源，礼亦宜之。咸丰八年，兵燹之余，颇遭毁圮。越二年，乡人乃议本钱，鸠工庀材，不半载告成，轮焉奂焉，视昔有加已。先是，会馆初建，徐君仁、王君汉玉、卢君文育诸老成人相率董厥事。今兹重修，王君之子兴达与陈君乾光、彭君裕熊经营之，陈、彭皆寿近八十，矍铄如少壮。王君有子，克家相与，赞襄经营，始终其事。《洪范》所云"身其康强，子孙其逢吉"者，其斯之谓与！懋建应聘来主讲南轩书院，阅四年矣！岁时伏腊，诣会馆展谒礼神，与乡人士相与叙亲戚，道故旧，且叹神之启祐我后人者，阴骘下民，相协厥居，为甚大也！《传》曰："莫为之前，虽美弗彰；莫为之后，虽盛弗传。”既喜诸君子之所为，有合于《周礼》本俗保息以九两系邦国之谊，尤乐于遹观厥成也。为稽考祀事之缘起及工事之岁月，伐石以纪之。诸好义捐金钱者，仿汉人例书石于碑阴。咸丰十一年太岁辛酉冬十一月朔，前道光辛卯举人、癸巳会副、明通进士，拣选知县，考取国子监学正，内廷国史馆分校官，嘉应杨懋建撰文并书丹篆额。

宋时梅州安济王庙在梅江下游，距城五十里，约近今丙村地，其行祠在城东南隅，即今下市梅溪也。懋建旧撰《庙考稿》，录入《会馆祀产簿》，他日当别为木榜揭橥馆壁。杨懋建掌生附记。

祭梅溪安济安王文

维年月日，嘉应州官绅商民在连州会馆，以少牢致祭于梅溪安济王之神。

惟神象取坎流，灵钟水德。海渎分司，梅溪是职。祀典昭垂，声灵濯赫。惟皇大宋，徽宗御极。崇宁四年，封王提敕。今王亦爵，古训是式。千有余年，州名屡易。神之格思，敬恭无斁。如水在地，随遇即得。亦越连州，我田我宅。神无古今，人何主客？祀事孔明，有严有翼。维仲春月，二十二日。维岳降神，祝年万亿。神祀伊始，州志弗悉。或云汉将，梅销宣力。无征不信，斯言未必。若王十朋，梅溪过客。彼潮阳令，附会难核。神为水神，稽古无忒。宋张致远，奉使在昔。王象之书，有诗可识。皇皇地祇，有感必格。异地同祝，维神之力。尚飨！

湖州太守方廉昉先生自订《啖蔗轩年谱》后叙

夫挚虞论文章流别，任昉录文章缘起，炎汉受命，宗风斯畅。史公纪事，爰自有序；班掾术赞，兼承世德。《史记》取材于《世本》，魏文写怀于《典论》。南北朝以来，人怀家抱，更仆难悉数已。方廉昉先生，淮南人望，吴兴名守。家传孝友，世推学行。觥觥大节，岳岳怀方。幼读《尔雅》，即疑晋望。神童夙慧，希世惊人。威凤九抱，神驹千里。固无俟司马子微遇李太白，始为《大鹏遇希有鸟赋》已。初舞象勺，即采芹藻。韫玉虹气，辉映山川；宝剑龙文，照烛霄汉。逮夫献赋召试，恭承拔擢。紫薇省署，蔚为国华；玉树庭阶，承其家[①]。世德作求，清芬可诵。甫逾弱冠，娄上强台。李令伯陈情有表，心驰昊天；自述素为大母钟爱。欧文忠赠别无多，脚踏实地。汪文端公临别赠言。此其千人共见，百折不回，根柢之深，树立之大，有如此者！尔乃为民立命，余事作诗。起家监州，宣猷作郡。万家生佛，百族慈母。善事上官，未敢奉命。方直中年，辄赋《遂初》。大旗落日，歌从军之行；放船轻风，畅行乐之志。胡安定经义治事，至今矜式；董雒阳擎拳强项，终古卓荦。师友之间，情谊弥笃。天佑善人，世传令德。提玉尺以量才，赍金壶而写汁。霜简振肃，露冕旬宣。领南戒之山河，重北门之锁钥。五管风清，九成日丽。桓宽著盐铁之论，夷吾制山海之官。鹾筴宣猷，既承调剂；甘棠布化，尤仰权衡。忆槐厅之都讲，已兆槐廷；溯薇署之熏香，更分薇省。家传治谱，事重国储。当兰芷之升庭，进竹林而载笔。筱圃世八丈，以介弟之亲，溯少年之日。苏家轼、辙，曾许联镳；宋氏郊、祁，共推方轨。谓夫稽古得师，当仁不让。家庭诗友，风雅埙篪。颍川二难，既元方、季方之并驾；云间两陆，亦士龙、士衡之交推。

先生自订年谱，无自我作古之嫌，自叙谓以歙鲍觉生先生自订年谱为式。两兄共喜，夙成有能，自得师之乐。盖以兄弟怡怡，久侍暮春之座；文笔挺挺，能宣九夏之声。是以授简征词，初无惭色；援笔纪实，岂有剩文？懋建惓念前型，幸居后学；久殷向往，爰任校雠？仰大方之落落，岂小言之詹詹？琴曲泛音，五弦竞奏；笙歌善奏，三复为期。迟看石墨之镌华，且听金综之喤引。

---

① 疑缺一字。

《二李诗合集》序

《二李诗合集》者，李绣子先生著《花庵集》《吴门集》《南归集》、锡侯先生《定园遗稿》合刻之诗也。吾州先达推宋芷湾观察才气无双，绣子先生则合才人、学人为一手。人谓先生诗从渔洋入，懋建谓先生诗本从渔洋出。弱冠擅诗名，中年馆选后，改官江苏，为邑宰。庞士元非百里才，郁郁不得志。嘉庆季年乃归粤。其才情无所发泄，一倾倒出之而为诗，合李、杜、韩、苏共炉而冶，固不可以一家名。对簿幽忧，凡六年，肆力于经史，所学酝酿益深厚。锡侯先生如坡、颍兄弟，一家自为师友，尤为吾乡之人所歆羡。两先生于先大父为中外兄弟，戊子秋试后，懋建始得望见绣子先生颜色，持《春灯问字图》乞题，先生欣然作绝句云："维摩天女但参禅，不及兰闺一对仙。烛影摇红闻细语，似商写韵遇今年。""纺车声歇漏初分，河内尚书证斗文。一院梅花春月好，评量都付魏城君。"且细为指示云："后生小子不可不知体例。如'彩鸾写韵''河内尚书'，皆不失秀才本色。与翁遂庵先生题诗'想见重闱起居罢，谢庭诗[①]思在春风'，皆为诗中有人在。以视香铁'他年红烛修书夜，许置添香侍女无'但作绮语者，固自不同。"先大父顾曰："小子志之，此学诗门径也。"辛卯计偕北上后，遂不复见先生。而锡侯先生则乙未大挑在都，始相识。懋建呈《壬辰春寄内诗》有"鞭丝帽影春骀荡"句，先生曰："误矣！'骀'字上声，与实沈、台骀不同。"先辈一字不苟如此！两先生相继归道山，懋建遭世不偶，窜舞永奔者四十年。同治九年夏五，从连州来广州谒方子箴方伯，吾甥绚卿奉令祖昆弟诗四集来请曰："舅知吾家最，今三集板已缺佚，定园又未刻，培垣将藏箧衍，往粤西付梓人，愿舅为序之。"懋建何足知两先生，又安敢僭为序言？顾念十年前撰《陈棪亭先生家传》，其子绳斋以书来曰："先人旧交，今惟夫子岿然如鲁灵光殿，乌能辞载笔责！"今绚

---

① 庭诗，底本无，据翁心存《杨生懋建春灯问字图》（其一）补。

卿亦以故旧意望余，故弗获已，质言之如右。

恭祝诰封太夫人李寿母张太夫人八襄[①]晋二寿序

今使声宣九夏，诩箫大而为言；统演三春，转瑟中之移调。玉井之峰十丈，莲自长生；瑶池之树千株，桃能延寿。虽复受兹介福，锵王母之鸾和；庸作赓歌，颂鲁侯之燕喜。敷棻简册，盼饰壶觞。然而八琅璈奏，双成笑其音繁[②]；百纳锦收，十索厌其辞费。纵令织千丝之丽，未能探五福之原。今我星衢抚军公，奉寿母张太夫人。迎行乐之板舆，置满床之牙笏。起居八座，极人子之至荣；寿晋八旬，映长庚而曜彩。蔚南交之草木，盛东国之衣冠。和乐且耽，式歌且舞。敬伸豪楮，词争沛夫滂葩；虔祝眉梨，言岂借夫枝叶？懿夫汉津宿海，玉水璇源。《宵雅》肄三孝友，咏歌乎张仲；斯男则百仙根，秀毓乎李官。维海岳之英灵，作粤闽之生佛。甄陶有本，柳公绰教本熊丸；宠辱不惊，曹王皋度垂鱼佩。共仰赍为帝弼，咸歌四辅之邻；从知入奉母仪，早秉三迁之训。遂使慈云广被，卿月长辉。夫惟德者福基，乃信寿从仁出。不见夫抚军公之学问乎？镕经铸史，伟词绍其家声；移孝作忠，令望推为国器。凤毛麟角，誉早著于夙成；虎绣龙雕，人久卜其大用。花看走马，莳河阳满县之花；锦制烹鲜，展云汉七襄之锦。知循吏重儒林之选，求忠臣于孝子之门。太夫人培植栽成，为名儒有如此者，盍更观乎抚军公之政事乎？出宰百里，旋把一麾。廑富教于予怀，以风俗为己任。带牛佩犊，□胥劝于绿畴；葛蔓棘丝，弊潜消夫白著。德威为畏，宰群仰乎神明；歌咏勿谖，师咸喻乎慈惠。既饔轩而鼓舞，遂草偃而风行。成其万石之家规，奉此千金之治谱。太夫人奖助辅翼，为良吏有如此者，且独不闻抚军公之经济勋业乎？太史书五色云，兆五百年之名世；斯人为万家佛，应万亿姓之讴歌。能百不回，有

① 襄，疑为“衰”字之讹。

② 抄本有楷体眉批：“《汉武内传》：命子登弹八琅之璈，双成吹云和之笛。”

猷有为有守；兼三不朽，立德立言立功。初消伏莽之戎，即收翳桑之用。金墉屹屹，解豕突之重围；珠海纭纭，靖鲸波于万里。黄巾红袄，如捧海以浇萤；赤水黑山，胥望风而伏蚁。摧铁浮图于西夏，破曳落河于东藩。声震春雷，象罔方窥图于益地；功成不日，鹏抟忽敛翼于垂天。八闽同借寇之怀，去思方永；百粤逐瞻韩之愿，来暮兴歌。行当封万八千户冠军侯，无愧历二十四考中书令。太夫人之默相煦妪，为功臣为名臣有如此者。今者仙桃花发，醉竹期当。门悬蒲艾之香，阶竞芝兰之秀。巩金瓯于亿载，乐国恒春；调玉烛于四时，长赢绚夏。蔚衮衣于南国，帝有恩言；戏莱彩于南邦，人怀吉语。龙光所逮，恩三锡而弥隆；象眼是宜，寿百龄而未艾。△等大树是仰，同官为僚。期奉职而趋公，谛来歌以将母。倘使手版偕搢，肤词贡谀，毋乃蛙喧两部之笙歌，何异鹦效五禽之言语？陈言未去，令德曷宣？岂知太夫人在手有文，善心为窈，一身宜百禄之荷，九畴兼五福之全。天姥峰高，游诗吟夫李白；富媪坤厚，乐府纪乎《汉书》。十赉有加，五是来备。他日者，抚军公功高方召，锡圭畅而联翩；望重范韩，倚干城之隆寄。陶士行八州作督，无忘封鲊之时；裴中立五等兼崇，不负犹龙之誉。太夫人顾盼笑语，怡怿悦忻。为郗夫人之神识久昭，秉之自然；如郭令公之孙曾问安，颔之而已。大德者必得其寿，固知迁地能良；惟仁者与物皆春，斯由得天独厚。抚军公永锡尔类，宏开北海之樽罍；△等各奏尔能，请佐东山之丝竹。谨序。

致张雁皋刺史书

戊辰十月朔日，掌生拜手上书

雁皋表叔我师函丈。懋建猥以中外故旧，总角奉颜色，五十余年于今矣！太岁癸亥，子隽奉报章，勤勤拳拳，如见古人。循诵数四，但有感喟，置书怀袖，何止三岁！每欲更奉书左右，一为颠倒，而鄙事匆匆，牵率迁延。孔文举为曹公叙年齿曰："公为始满，融又过二。"[1]昔者教言，亦尝惓惓于此。今懋建与叔皆六十之年，掌生又过三。邓士载谓"七十老翁何所求"，倘天假之年，掌生亦庶几矣！每念吾叔聪颖特达，文而又儒，逮幸得同出石华师门下。叔以卓荦之姿、沉锐之诣，吾州先达前修、茂材异等，难屈指数，然如叔之性行淑均，学问淹通，未易数数觏也。向使振策皇路，与东、马、严、徐并驾方轨，其为吾州矜式光宠，岂非甚盛事？乃一行作吏，低首下心，与簿书期会，又不得展才。甫当知命，颐神家巷，或者天所以玉成者良厚，使为后进者道先路，以著述为启迪。登高而呼，景集响应，此吾州人士之厚幸，无任卿云。

掌生少以覂驾跅弛，见摈流俗；重闱在堂，不能报称，少为慰答。驹隙易逝，风木徒悲。修名既不立，学业复无所成就，自分长没以终世矣！遭家不造，多觏闵凶，仰荷吾叔视犹骨肉，太母长年长承存问，及乎大事。懋建以远戍不获自尽，渥蒙垂庇，俾含敛不至有缺，此抚膺仰首，感极垂涕不敢云报者。弟妻以谢家少女作嫔寒门，饮冰茹檗[2]逾三十年，每事备叨樾荫。犹子每述其母言，未尝不感极涕零。叔之高行，方之古人，实无多让。掌生惟有仰而企、俯而怍已耳！掌生少时为学，爱博而情不专，又驰情利达，思有以慰高堂，故汩没于科举之途者十余年，卒不得一。当居京师，酒食游戏相征逐，淋漓酣嬉颠倒。既乃如楚王子围不能自克[3]，以及于难，荷戈脱网，又经十稔，又不得耽影家园。徒以饥驱，加以避人避地，奔走谋衣食。岁不我与，忽焉老大。回念前尘，如梦幻泡影露电。掌生独何心，能不悲哉？

自顾入门，初但为词章之学。自得与学海堂，乃有志研经，而作辍无常，深造无闻，至于史学，尤素所未究。以咸丰初授徒七巩，为学

① 抄本眉批："见《文选》孔文举《论盛孝章书》。"

② 抄本眉批："檗，音柏，即黄柏木也。"

③ 抄本眉批："楚王子围事，见《左传·昭公十三年》。"

子讲《尚书》至《禹贡》，以其非口讲指画可便了，无已，费两月工，笔之于书。无如其地少藏书家，一瓻之借缺然。师友启发者少，无所就正，笔之成册，命曰《新图说》，于所不知，盖阙如也。掌生少作无片纸只字存者，去年方子箴方伯征所造作，无以报命，不得已乃以兔园册子应之，遽付手民。昔道光初，陈观楼先生三主粤秀讲席时，令子袖海康陈氏书刻之，请王怀祖先生作序。观楼先生大不谓然，又谓石华师："吾粤人才存者，寥落如曙星，诸君勉旃，勿谓外人笑也。"道光以来，风气渐趋简[1]易，又经军典旁午，子衿城阙，弥致兴叹。虽不尽吾粤为然，然今日老宿惟昆吾[2]先生，年八十，岿然如鲁灵光殿。今秋九日，拜阮太傅祠，集学海堂，犹幸一望见颜色，矍铄如昔时，亹亹谈五十年前事，顾于文笔不甚措意矣！今粤人所仰者，吾州则老叔，广州则陈兰甫，齐年如大华、少华二峰。后起者虽英英多士，大抵才华卓荦，而根柢之学似少逊数十年前，此亦运会使然也。前见令婿绍堂仪曹，得悉视履考祥，幸甚幸甚！五年前来书云："自遭寇乱，生计荡然，今再更兵燹。吾州之人所谓'人可以食，鲜可以饱'者，比户皆然。"吾叔家素封尚尔，他可知矣！伏望广为开譬，善自颐养，老当益壮，使芝兰玉树生庭阶者，咸得栽成造就。吾州后生亦得仰太山、北斗为依归，则家食占吉，正所以留福泽于乡邦，曷胜至愿！大著成几种，可赐教一二否？《禹贡新图说》本不敢渎左右，今觋然呈上，乞教正，幸甚！

吾叔今年周甲大庆，掌生阔远，不获与奉觞，寄上洋银十枚，为疏太傅佐父老一日酒食资，哂轻亵也。《新图说》以抄胥多谬误，昨点勘付梓人修改，而箴翁已携板赴维扬，亦姑置之。北宋人有言"误书亦是一适"[3]，亦或然耶？伏维万福。

---

① 抄本眉批："简，古限切。"

② 抄本眉批："樊昆吾上舍，名封。"

③ 抄本眉批："《北史·邢邵传》尝曰：日思误书，亦是一适。"

今年刻小印，曰“后陶元亮一岁，与黄山谷同日生”。案，渊明生己丑，年六十三作《自祭文》，在丁卯年。[①]

纪事

夫《锦瑟》《碧城》之作，《井泥》《镜鉴》之篇，惜美眷之如花，怅香尘之似梦。青衫落拓，翠袖低迷。青楼博薄幸之名，翠羽醒啁啾之响。梅花村耶？牡丹亭耶？声音所托，感慨系之矣！仆本恨人，初非好事，为伐听莺之木，偶看走马之花。月旦能评，每校《花间》之集；风流相尚，难逢林下之姿。方谓闭门尝史凤之羹，入室署崔儦之户。就令钱输卅万，卷积五千，亦复题凡鸟而到门，温存未解；舞山鸡而对镜，缱绻徒劳。而况荔枝□外，杏子枝头。徘徊惊梦之园，散梦华而不着；小立争春之馆，寻春意以无痕。桐影梅魂，写迷离于秋雪；红兰碧藕，托想象于春风。盖碧海青天，本非色界；而落花流水，已悟情禅。无如簿有氤氲，事堪觌缕。忆玉树临风之候，正琼花生日之朝。四目相看，当酒绿灯红之夜；双鬟发唱，是河黄云白之诗。一生之爱好可知，千种之相思已慰。从此春襟酒晕，秋梦茶圆。虽复云暖珠江，有天极乐；香酣金屋，无地藏娇。而檀板一双，早识坊居踏绣；锦屏十二，不妨洞号迷香。夫何消渴才苏，方挹金茎之露；高情相逐，竟吟玉局之云。笑秋驾之未工，又春明之就道。当纸醉金迷之候，即参横月落之天。此所为眷恋低徊，不能已已者也。回忆绣初添线，话别围炉。对兹西笑之人，预计南归之日。亦或凄丝艳竹，伫沧海之月明；又如铁拨铜琶，写大江之风定。百端交集，万感缠绵矣！千里看云，两回见月。波未春而已绿，灯向晚而偏红。浅梦易惊，断愁如续。香囊空赌，慨新绿之易阴；拍板谁歌，待小红而发唱。柳郎中新词已就，怯看杨柳青时；郑秀州还想如何，莫唱海棠开后。江文通有言：“黯然销魂者，惟别而已。”王子霞对东坡云所不歌者，是“枝上柳绵吹

---

① 抄本眉批：“六月十二为涪翁生日。长盛志。”

又少,天涯何处无芳草”。此情此景,非身历者不能言,亦不能领会也。桃花潭水,与春俱融;梦醒乌啼,低徊不尽。以今况昔,云如之何?壬辰初春雨水后四日,合肥道中留香小阁主人记。

实事求是斋文钞

旌表节孝杨烈妇毛贞女墓表

史称夏侯令女不忍以人生如轻尘栖弱草，遂弛易，勿自苦，是其愚不可及也！妇人、女子从一而终，实命不犹，之死靡忒。虽磨笄悬磬，得比于正命。君子哀其心，不复执先人遗体之义过督之。若杨烈妇毛贞女者，庶乎汉儒反经合道之谓权处变而不诡于正者乎？呜呼！可以风矣！

案状：归善平山杨君绪章聘西邻毛氏女，请期矣，而婿死。将往奉严君、威姑，父母守《周官经》嫁殇之禁格之，不得请。礼：女子未嫁于婿，有吊服，无死法。无已，则许之制服以杀哀而纾死，弗获髽而吊。则姑绖而居其家，哀窈窕，重违其意，稍稍安之，无如何矣！居久，之婿家。晨启门则有摄盛服、闯马辵阶而走，噭然哭于帷堂者，则新妇也。嫁衣裳，就主妇位，擗踊已，自投婿父母前，具陈畴昔愿殉状，请视女子子，为逝者肩仰事俯畜任。撤环瑱，曲拳搏颡，诀父母曰："女义不负杨氏，不复能归侍朝夕矣！"顾未亡人不可无子，乃请命于阿家翁，择伦序当立者子之，以似以续，时则杨氏为有后，曰："嗟乎！吾事毕矣！致命遂志之谓，何乃迟迟，吾行耶！"厥夕，搤亢自裁，成初志也。

呜呼烈矣！《春秋传》曰："宋伯姬女而不妇。"议礼者曰："妇人，从人者也。礼有三从，未见君子，疑不得舍从父之义，辄许为他人事父母。"抑闻之："女子许嫁，笄而字，系之以缨，明有属也。""妻"之为言"齐"，一与之齐，终身不改。挽近古谊浸微，君臣、朋友间多凉德，死生之际，尤难言之。在《易》之繇曰："女子贞不字，三致意焉。"作《易》者其有忧患乎？盖夫妇之道苦矣！《诗》曰："母也天只！不谅人只！"又曰："谓予不信，有如皦日。"乌乎！皎然皭然，此物此志也！夫慷慨捐生，从容就义，丈夫所前却不能自引决者，妇人、女子乃能之，此亦无于礼者之礼也，其动也中。虽《曾子问》所不及详，而苦节畸行，摩世厉钝，足使闻者兴起。士君子以扶植纲常为己任，能不为之阐微显幽、发潜德之光哉？烈妇没，多历年所，都人士请于官，闻于朝，为位于县之节孝祠。今其夫弟炳辉以状来征文，懋建，宗人也，旧执事史局，从写官之后，窃见节义高行，楬橥绰楔，副古者式闾封墓之盛意。

圣天子阴骘下民，表扬风烈，凡所为纲纪庶汇、彝伦攸叙者道，胥在乎是。高山景行，心向往之。矧吾宗有贞女烈妇，顾忍不表而出之乎？异时郡邑志乘传列女懿行者，必征信于谱牒、家传，与国史不收私家著述者异例。然则有美弗彰，是载笔者之责也。刘乂谓韩昌黎为"谀墓文"，是殆有为言之，非笃论也。谨次第事实，援据古谊论列之，刻贞石以表其墓。

吾乡张进士敦道子妇，为会稽县丞名凝女，未嫁而守贞，于先祖母为从姊妹。嘉庆间，建五六岁时，见其归父母家，咸曰："节妇来矣！"先大母曰："此贞女也！"建谨识之勿敢忘。《公羊传》虽有"女而不妇"之说，今所表，则于杨为烈妇，于毛为贞女。妇，其名也；女，其实也，故兼著其称。

议叙知县赠奉直大夫陈棅亭先生家传

棅亭先生没，越二年，将葬，其孤昌治等奉状来乞言，懋建以孔李通家、纪群交谊，不敢辞，乃发策书之，为家传。

案状：先生姓陈氏，讳其锐，字奏霆，以同声假借，书自号曰棅亭。先世为浙之山阴人，曾祖、祖、考三世皆游粤，为东诸侯客。先生同祖兄弟五人，先生行第四，如马氏之季常也。仲兄、叔兄先后举广东乡试，叔兄丙戌成进士，遂占籍番禺。先生幼孤，母李太宜人抚仲兄及先生成立，以苦节旌。仲兄心山以辛巳举人大挑，得四川县令，迎养。既而先生闻兄赴则弃馆谷，走八千里，奉母夫人，携嫂、侄，扶柩归葬。先是，广东以捐筑炮台议叙，先生得知县，顾依恋膝下，不忍离。而叔兄棠溪以仪曹郎忧归，主羊城讲席，几三十年。少弟襄园亦以江苏同知捧檄，不复出山，在抚军幕。群从兄弟相与庭闱聚顺，肃肃雝雝如也。其孝弟大节，骫骫然盖如此。先生聪颖特达，文而又儒，出应试，连不得志于有司，既弱冠，慨然曰："读书读律，吾家学也。"乃发箧研索《刑法》《食货志》，为经世务。其治狱也，以欧阳崇公"求生不得两无憾"之心为心。中年，意有所枨触，乃专务综理金谷，佐布政使廿余年。每谓人曰："官不困则民不扰。"故生平排难解纷，为府厅州县官造福者甚多，其事别具论中。先生昆弟皆总角与先君子同学，为先大父弟子。懋建晚出，犹得奉教言，知先生不独内行纯备已也。友人励远山卒，先生为经纪其丧，赒其家，割宅以栖，分甘而饲，井井然，肫肫然。其笃于友朋又如此。孟僖子曰："明德之后，必有达人。"吾知其子孙继继承承，方兴未艾，勿普引之也。先生生乾隆甲寅年正月二日，终咸丰戊午十月十日，春秋六十有五。有丈夫子六人：长昌治，国子生，布政司经历加知州衔；次昌浚，次昌瀚，俱元配王太宜人出；次昌泽，殇；次昌沅，次昌沣，俱簉室吴孺人出。咸丰十年十二月□日迁神于东门外小园冈之原，礼也。谨援陈仲弓、郭有道二传例，为叙录如右。

懋建论曰：今幕友，魏晋来之记室也。世宗皇帝命督抚得保举幕友，司道府州县各以次递荐，诚重其选也。唐藩镇自辟幕僚，不命于朝廷而冠以王官。宋则以节、察、团、防诸使幕职，分七选，属常调，为王人其事，视今制不同。广东财赋甲南服，承平久，官斯土者，挹注灌输，交互羼遝，新旧令尹得代，往往令胥因缘为奸利。嘉庆十七年后，案牍山积，治丝而棼之，茫如也。道光廿八年，部檄再举行清查，时总督大学士汉阳叶公方任巡抚，以先生久佐方伯幕，乃悉举以属先生。大邸广东交代与他省殊异者有数端，其最大者，实欠不在官、不在民，而在吏役。钱粮奏销则有垫解之费，推解噂沓则有摊捐之费，稍食冗滥则有束脩之费，数皆倍蓰于他省，其他不可名状、不可究诘、不可思议者，且更仆难悉数也。以故展转胶葛，历十数官、数十年不得结，存没留滞不得归者，比比然也。二次清查案，广东积亏银一百四十余万两，先生乃条议八事上之：曰提解库帑，曰亟籴仓储，曰限还那移，曰删除流摊，曰着追役欠，曰催结交代，曰请豁咨追，曰厘偿军需借款，分别部居，不相杂厕，如指掌，如列眉。既入告，得部复如所请行，于是全省积累为之豁然。然而先生亦心力耗竭，遂病风痹，驯不起矣。生平佐大吏结报交代凡四百二十余案，有应赔巨帑，自顾万无清厘计，竟得脱然无累，且不自知从何补苴者；有羁留眷属，忽奉文放还，且准领路费，诧为异数者。先生虽未临民社，而潜移默运，为官造福，即为民造福，其功德尤无量也。故事，漕帅幕府分理财、用人为二局，先生独管库藏，综核金仓曹，不与闻升迁调补事，其远名势，避嫌疑，尤为不可及。以事属官文书，虽韩柳文体例，亦不得阑入，故别具其事如此。

京尘杂录

长安看花记　辛壬癸甲录
丁年玉笋志　梦华琐簿

杨掌生孝廉《京尘杂录》序

英雄老去,东山丝竹之场;妇女生愁,北地燕支之色。结真赏于牝牡骊黄而外,居然翰墨生香;定品题于须眉巾帼之间,毕竟人才难得。宦游如梦,空留镜面之缘;傀儡登场,重演石头之记。文章憎命,岁月催人。此渴司马未免有情,醉太傅于焉增感也。则有杨君掌生者,蕊珠旧史,明月前身。以卢前王后之才,为赵北燕南之客。十年薄宦,一介书生。辰溪之成梦轮回,京洛之风尘寸积。德音鸑鷟,妙句欲仙;崔珏鸳鸯,婆心是佛。有花有酒,浇磊块于胸中;选色选声,阅沧桑于眼底。逢场作戏,借物抒情。拈来记事之珠,数遍后庭之玉。心识、耳闻、目睹,著手成春;过去、现在、未来,从头说法。厘为四集,赞以一词:丈夫不遇于当时,良有以也;秀气独钟于男子,亶其然乎!爰有月地词人,云林高士。藏鱼生蠹,窥豹见斑。追思往日交游,浮生如寄;检出返魂遗草,炙口犹香。拟付手民,俾留心血。吉光片羽,遗将云鸟之音;印爪残泥,犹作飞鸿之字。天涯知己,长留文字之因缘;地下有灵,应念裳袍而感泣。兹当校雠蒇事,弁言简端;溯彼由来,志其缘起。长安日近,如听承平雅颂之声;江上峰青,胜读乐府琵琶之曲。光绪丙戌夏四月,上海同文书局主人序。

卷一 长安看花记

我生也晚，不及见乾隆、嘉庆间人。比来长安，四喜部诸人又多转入春台、三庆部矣。辛、壬、癸、甲以来，淹留京邑。洛阳名园，日涉成趣，青衫尘满，翠袖寒多。回首前尘，但唤奈何。丙申夏五，适遇韵琴，新来保定，皇州春色，尚能言之，然所识已大半道光十六年内所生人矣。嗟夫！此中人不过五年为一世耳！仆北来，曾几何时，已不胜风景不殊之感。金尊檀板，翠海香天，坐享盛名，消受艳福，爽鸠之感乐，果未渠央耶？仆旬日后，将仍入春明门，辄篝灯记此，以授韵琴。他时良辰美景，赏心乐事，能念及软红十丈中，尚有人低徊慨叹，如桓大司马者在否也？佛说因果，曰“去、来、今”。今仆说现在法，故但据目前为断，缀《莺花小谱》《听春新咏》《日下看花记》之后，与之别行。蕊珠旧史掌生记，于时荷花生日，有约避暑古莲华池上，以使君五马所驻踟蹰，竟不果往。

汤临川自题所填南北曲云：“玉茗堂开春翠屏，新词传唱《牡丹亭》。伤心拍遍无人会，自掐檀痕教小伶。”嗟夫！解人难索，自古已然。小伶自教，固犹愈于执途人而语之，不然而西子骇麋，其不遭按剑者几希。阿掌醉后又题。

暇尝集《世说新语》，得二事，曰：桓子野闻歌唤“奈何”，王伯舆为情终当死。典午风流，令人神游心醉。世传俞华首大夫中考功法，其劾语曰：“稍有晋人风度，全无汉官威仪。”俞闻之笑曰：“全无汉官威仪，似我矣；晋人风度，何止稍有？是非真知我者。”嗟夫！世岂真有此人哉？吾固将买丝绣之。丁酉中秋，记于小霞所居梦侠情禅室。

秀兰，范姓，字小桐，吴人，今日之牡丹花也。美艳绰约，如当年蕊仙，而品格过之。风仪修整，局度闲雅，金粉场中，艳而能静，拟之《石头记》中人，大似蘅芜君。天香国色，艳冠群芳，故应一时无两。尝演《马湘君画兰》于红氍毹上，洒翰如飞，烟条雨叶，淋漓绢素，或作水墨，或作着色没骨体，娟秀婀娜，并皆佳妙。顿觉旗亭壁间，妙香四溢。诸游冶少年，争就场头，乞得珍重装池，锦带玉轴，什袭藏去。有不能致小桐手迹者，自惭为不登大雅之堂，自惭为不韵。其见赏时誉如此，洵佳话也。师吴今凤，字桐仙，为小云高第弟子。小云者，故四喜部名辈胡法卿也。桐仙既别入春台部，自立门户，日从士大夫擅九能者游，文采照映，声施烂然，又得小桐美而慧，比之如意珠矣。所演杂剧，如《葬花》《折梅》《题曲》《雨词》《瑶台》《渡泸》，皆有可观。动止蕴藉，妙于酬答。对之者未尝见其有疾言遽色，而神韵渊穆，令人自尔倾倒。当日呼玉妃太真为解语花，其态度宛然在人心目中。所居曲房小室，张自画兰蕙小幅，袁琴甫为补缀盆石，韩春卿为题八绝句，绿窗人静，空谷生香，游人入服香小坞者，如置身李贞美十娘家。洗桐倚竹，言笑宴宴，迥非凡境。梨园中以光裕堂为第一世家，有以也。

丙申暮春二十三四日，小桐于北孝顺胡同燕喜堂张筵召客，光裕堂既以三世擅盛名，小桐又以和气汤醉天下人心，于时窦霍豪家、五陵游侠、荐绅贵介、过夏郎君，莫不骏奔麇至，来会者六七百人。妙选春台、三庆、四喜、和春、嵩祝五部佳伶合为一班，试云想之衣裳，奏锦城之丝管，卜昼卜夜，欢乐未央，笙歌灯火，极一时之盛。酒半，小云、桐仙、小桐率诸郎以次前，捧觞为客寿，客莫不欣然釂三爵。自乾隆丙午，陈渼碧为海门太守祖席，召客宜庆堂，五十年来复见今日，洵太平盛事也。犹忆春初元夕，同人小集五和楼，小桐即席乞镌“服香小坞”印，余时已被酒，车中携有青田佳冻，扶醉仿曼生法，奏刀砉然，颇有汉人刻玉意。是夕，集玉连环室，复为桐仙作“竹如意斋”画印，围炉烧烛，铁笔纷披，狂奴古态，不堪回首。吾友赵友竹贻我纨扇，画小桐小影，神情态度，无一不肖，命之曰“国香秀影”。风翎尝乞填《国香慢词》，题所画兰，诺之，久未命笔，后检《樊榭山房集》有《咏素心兰·国香慢》一调，即以移赠。端居多暇，乃按谱依韵，和厉太鸿词，题扇头小桐像，画中人自足千古矣。春台部，寓陕西巷延陵光裕堂。

桐仙画《三友图》，自命为松，闰桐为梅，而以竹目小桐。余作《帝城花样》，命桐仙曰修竹，今乃移赠小桐，拟人必于其伦。桐仙所品题，似觉未当也。图绘各半身行看子，分装为三巨册，遍征诸名士为诗歌。小桐一图，象形固不甚肖，以视友竹所画，展向春风，似曾相识，是耶非耶？下笔有神耶？妙画通灵耶？方写真时，固未尝刻意摹仿，极力求肖，而传神写照恰在阿堵中。好本天成，妙手偶得之，绘事何莫不然？余对簿日，书笈寄友人家，比就道，简行李，则友竹画扇不知谁何胠箧攫之去矣。年来在五溪戍所，殊有江州黄芦苦竹之感，每当风月娟好，花酒流连，坐忆故人，辄咏江文通赋曰：“黯然销魂者，惟别而已。”余又有《春灯问字图》册子，乃余及内子小像，亦并攫去之。盗亦有道，可为喷饭。

鸿翠，俞姓，字小霞，初名绮文，更名雯，画兰款署“吴下阿蒙”，俞雯是也。与韵香同里、同师，故其行动举止都无俗韵，标格如水仙一朵，在清泉白石间。余尝以初度，夏偕友人访之。芍药已过，樱桃初熟，文窗四拓，帘波如水，柳丝竹影中，微飏茶烟一缕。径造其室，则小霞方独醉一壶，手黄庑堂《香屑集》，曼声讽咏，令人想见谢镇西夜泊牛渚，闻袁临汝郎隔舫咏史情事。见客，初不甚酬对，而谈言微中，使人之意也消，洵佳士也。昔韵香居传经堂，以第一仙人为广大教主，望之者如藐姑射神人。嵩祝部一时声誉顿起，尔时虽有蟾桂、鸿喜同居，无能为役也。韵香既没，传经堂转入春台部，得小霞，乃殊有太原公子裼裘而来之概。昔郗公谓其门生：“王氏诸郎，羲之最佳。”

正谓其能不自束缚耳。后来之秀，位置第二，乃拜虎贲，非认鲁公也。玉溪生诗云：“月没教星替。”若小霞者，神明玉映，可谓长庚伴月，又非三心五噣比矣。春台部，寓韩家潭传经堂刘，转入四喜部，寓石头胡同内羊毛胡同咏霓堂。

小霞，吴中旧家子，父故隶巡抚使者麾下为材官，有男子子八人，小霞行第三，以嘉庆二十五年庚辰生，故小名阿龙，晋人言“阿龙超，阿龙故自超”，此之谓矣。余曩遇阿龙，殊落落，故《看花记》为立传，著语殊寥寥。丁酉春，小霞既脱弟子籍，仍寄居传经堂，乃与余过从日习。秋七月，余以顺天科场事逮系诏狱，小霞职纳橐饘焉。先是，余效唐人曹尧宾体作《游仙诗》十五首，述乾隆、嘉庆间轶事，一咏黄县丞仲则景仁云：“琼箫金管集莺簧，广乐钧天奏未央。亲见生天黄仲则，淋漓粉墨又登场。”一咏罗山人两峰聘云：“两峰鬼趣渚犀然，孤竹俞儿在眼前。岂是不能画鸡犬，薄他舐药便登仙。”小霞每以为戒曰：“以子才华，如日在东，奈何效唐子畏、杨升庵、康对山诸公失意所为？窃恐文人无福。”不幸言而中也。嗟乎！言犹在耳，所谓楚王子围不能自克，以及于难。天实为之，谓之何哉！小霞能画兰蕙，水墨淋漓，落纸辄数十幅。其人胸次洒落，品格翛然，故笔墨超脱，非诸郎所可及。丁酉夏秋间，长日无事，界绢素作乌丝阑格子，为余写诗，日以七百字为率。或白日无暇，夜分归来，亦必补足之，然对客无咬文嚼字态，所为高出桐仙诸人上也。与许兵部金桥交最厚，后以金麟故，踪迹遂疏。丙申中秋，闻金桥为债家所逼，日向夕，亟驱车载数百千钱为偿之。先是，小霞私蓄几二千金，供金桥挥霍尽，及出师，既成约说，金钱不能遽集，乃别筹。迟之又久，自秋徂春，始得蒇事，而金桥于暮春伤寒，七日不汗死矣。陈东皋鸿逵赠楹帖曰“常将肝胆酬知己，小占温柔即美人”，可谓知小霞者。小霞尝自题画兰曰：“可怜一样庭阶种，流落人间当草看。”盖自庚寅入都，为弟子者凡十年，其师初令裹头为女子装，般《摇会》诸剧，不愿，乃改为小生。其遇可悲，其志可嘉也。丁酉秋八月，移居羊毛胡同，余为作汉碑额篆，榜所居曰

“梦侠情禅室”，书大门曰“华首堂”，祝小阜兵部改题曰“咏霓堂”。戊戌春，率其弟子秀芸入四喜部，或者四喜部殆将复兴乎？

凤翎，陈姓，字鸾仙，菊部中推弦索好手。演《花大汉别妻》，弹四条弦子，唱《五更转》曲，歌喉与琵琶声相答。琵琶在金元时，本用弹北曲。鸾仙齿牙喉舌，妙出天然，媚而不纤，脆而不激，圆转浏亮，如珠走盘，真觉遏云绕梁之音，今犹未歇，非他人所能及。丰仪朗澈，笑语俊爽，双瞳人湛湛如秋水，一笑百媚，当之者莫不色授魂与。余每戏呼为玫瑰花，以其英气逼人，大似探春也。仲云涧填《红楼梦》传奇，《葬花》合《警曲》为一出。南曲抑扬抗坠，取贵谐婉，非鸾仙所宜。然听其《越调·斗鹌鹑》一曲，哀感顽艳，凄恻酸楚。虽少缠绵之致，殊有悲凉之慨，闻者自尔惊心动魄。使当日竟填北曲，鸾仙歌之，必更有大过人者。丙申二月二十九日移居藕香堂，联升旧居也。余为作小篆题榜，曰“紫桐花馆”。鸾仙饮量不宏，而意态甚豪，能画着色兰蕙，虽不及小桐，亦自饶疏秀，拈毫弄翰，时时堆纸盈几案。所恨酬酢太繁，征逐日多，作辍不常，湘帘棐几往往孤负耳。

春试报罢，余与黄镜生苦无憀赖，日日眠瓮头、卧垆侧，取浇磊块，与阿鸾日益习。一夕醉归，见余持六角白团扇，欣然把笔，仿瓯香馆写生法作素兰一丛，曰：“将乞填《国香慢》一调。”此梦窗自度腔，沧浪咏桂之作，所谓“夷则、商，犯无射宫”者也。余案：《梦窗甲稿·玉京谣》自注亦云“夷则、商，犯无射宫”，私测制腔之意，因夷则、商、无射宫皆用凡字煞，故合写其声也。思之未得其理，不敢贸然点笔，日月匆匆，不快于怀。顷在卢龙，忽检《樊榭山房词集》，有《国香慢》一阕咏素兰，其落句云：“白凤梳翎，写影云窗。”名字事实，隐然相合，恍然忽悟此调乃周公瑾自度曲。《蘋洲渔笛谱》自注：夷则、商，是与《白石集·霓裳中序第一》正同，管色俱用凡字煞，与《国香慢》用凡字煞者亦同，且不犯无射宫，即以蔡元定毕曲之说证之，亦合也。樊榭老人百年前填词，一似预为今日题鸾仙此画而作者，文章有神，良足异矣！得意之极，不觉拍案狂呼，为浮大白。余有《紫桐花馆画扇记》，详述其事，词繁不载，撮记其大略如此。三庆部，寓韩家潭敬义堂，移居小李纱帽胡同藕香堂陈。

鸾仙近日作画，大有进境，气韵不及小霞，而姿致殊胜小桐，作双钩渲染，尤娟秀可爱。所谓"士别三日，便当刮目相待，鲁子敬惊非吴下阿蒙矣"。天下事惟在有心人好自为之，岂独绘事小道为然？旧岁所持六角团扇，今夏在小有余芳园为友人强篡去矣。

玉香，潘姓，字冠卿，后起中前辈也。亭亭玉立，秋水为神，《聊斋志异》所谓"艳如桃李而冷如冰雪"，斯人近之。顾梁汾《咏梅·浣溪纱》云："物外幽情世外姿，冻云深护最高枝，小楼风月独醒时。一片冷香惟有梦，十分清瘦更无诗，待他移影说相思。"空山流水，冰弦一抚，清清冷冷，令人萧然意远。目为槛外人妙玉，可谓神情毕肖。暗香疏影，故应在孤山伴逋仙偕老矣。然其《掬月》一出，为韩国大姨，以瑶池之品，写金屋之姿，天上风光，迥非凡艳。而举体皆媚，柔若无骨，回翔旋折，飘飘欲仙，观者几欲使无方持衣裾，恐其因风而去，固宜瑶台独步。演杨妃春睡，旖旎翩跹，尤非人意想所到。《瑶台》《藏舟》诸剧，皆其余事也。夙与韵香、蕊仙齐名，韵香已如优钵曼殊，昙花一现；蕊仙亦如春深芍药，顾影自怜。惜美眷之如花，惊流年之似水，今惟冠卿风致犹存耳。娶妇名芙蓉，为国香堂爱女，璧人一双，一时称快，往往举以骄人。丙申四月十三日，花烛之夕，余为赋《贺新郎》。昔康熙朝，汪蛟门舍人纳姬，徐方虎、王西樵、周雪客、陈纬云诸公斗险韵，同用此调，今辄依其韵谱之，不和迦陵云郎新婚之作者，嫌太熟也。词云："一桁帘衣卷。藕花中、并蒂移花，羊车初遣。莫笑一生花底活，未许露华轻泫。况红药、留春如茧。一笑并肩人镜里，问近来、眉样今深浅？紫云曲，谱亲展。　　国香服媚名逾显。记索郎、飞白瑶台，亲题禁扁。为检河魁翻秘笈，不吠琅嬛白犬。许平视、磨砖幸免。不碍二分春似水，算长安、添数看花典。圆月照，华灯剪。”曩于甲午初秋，闲坐丰玉堂，大清香旧宅也。南海劳四谔士属为署额，因忆张南山司马《玉香亭词》《咏白莲·浣溪纱》有“银塘风定玉生香”之句，当日南山以此词得妇，绝妙好词也，因命之曰“白藕花吟舫”。香山鲍太史逸卿以冷金笺书之，揭楣端，故词中及之。三庆部，寓韩家潭敬义堂，移居李铁拐斜街荥阳丰玉堂。

双寿，钱姓，字眉仙，吴人。嘉庆以还，梨园子弟多皖人，吴儿渐少。岂灵秀所钟，有时销歇耶？眉仙如初日芙蓉，韶令天然，论者拟之以邢岫烟，神情态度，幽闲典雅，庶乎近焉。嘉庆二十年后所生人，道光十年后擅一时名者，韵香、蕊仙、冠卿、鸾仙、小蟾、小云次第脱身去，秋芙最后亦于丙申夏初自立门户，小桐亦已有成说，惟眉仙、琯霞犹作笼中鹦鹉。二人皆居韩家潭，琯霞居极西道北，曰春和堂；眉仙居极东道南，曰三和堂。相去数十弓，两恨人望衡对宇，亦恨事也。眉仙既郁郁不得志，眉黛间常有怨恨之色，幽微掩抑，不能自胜。每诵“瘦影自临春水照，卿须怜我我怜卿”“人间亦有痴于我，岂独伤心是小青”之句，清泪如铅水，往往以之洗面矣。

道光初年，京师有集芳班，仿乾隆间吴中集秀班之例，非昆曲高手不得与，一时都人士争先听睹为快，而曲高和寡，不半载竟散。其中固大半四喜部中人也。近年来，部中人又多转徙入他部，以故吹律不竞。然所存多白发父老，不屑为新声以悦人，笙、笛、三弦、拍板声中，按度刌节，韵三字七，新生故死吐纳之间，犹是先辈法度。若二簧、梆子，靡靡之音，《燕兰小谱》所云“台下‘好’声鸦乱”，四喜部无此也。每茶楼度曲，楼上下列坐者，落落如晨星可数，而西园雅集，酒座征歌，听者侧耳会心，点头微笑，以视春台、三庆登场，四座笑语喧阗，其情况大不相侔。部中人每言：“我侪升歌，坐上固无长须奴、大腹贾。偶有来入座者，啜茶一瓯未竟，闻笙笛、三弦、拍板声，辄逡巡引去，虽未敢高拟阳春白雪，然即欲自贬如巴人下里，固不可得矣。”眉仙尝演《红楼梦·葬花》，为潇湘妃子，珠笠云肩，荷花锄，亭亭而出，曼声应节，幽咽缠绵，至“这些时拾翠精神，都变做了伤春证候”句，如听春鹃，如闻秋猿，不数“一声河满”矣。余目之曰“幽艳”。尝论红豆村樵《红楼梦》传奇盛传于世，而余独心折荆石山民所撰《红楼梦》散套为当行作者，后来，陈厚甫在珠江按谱填词，命题皆佳，余最爱《画蔷》一出，《绣鸳》一出情景亦妙。而词曲徒砌金粉，绝少性灵，与不知谁何所撰袖珍本四册者同为无足重轻。故歌楼惟仲云涧本传习最多，散套则有自谱工尺，故旗亭间亦歌之。然琐琐余子，无堪称作潇湘馆主人者，虽有佳品，非过于秾，即失之劲，盖冷艳幽香，固自与夭桃郁李不同，惟眉仙差能近似耳。《疗妒羹·小青题曲》一出，为小桐擅场，惜不令眉仙演之。三和堂主者曰叶老四，太湖人，其弟子在眉仙前者，有皖人丁春喜，字梅卿，后别居浣香堂，其面目性情皆与眉仙绝相似，安详静穆，对之令人躁释矜平。晋宋人所谓“春日携双柑斗酒，听黄鹂，可以为俗耳针砭，诗肠鼓吹”，正谓斯人。当时评者以春喜为《诗品》中神品所云“不着一字，尽得风流”者也。吾闻其语，未见其人。每对眉仙，辄起虎贲之思。四喜部，寓韩家潭三和堂，双寿移居石头胡同椿年堂，春喜移居浣香堂。

丁酉初夏，余在通州书眉仙此传，装潢讫，入都即授之，而眉仙已别居石头胡同椿年堂矣，为之一快。传中写出幽忧情状，自谓颇能绘影绘声，不忍弃置，仍使张之壁间。时琯霞亦已脱籍，仍居春和堂。凡眉仙一辈人，皆自立门户矣，惟小桐屡有成说，卒不能自拔。古乐府曰“泻水置平地，各自东西南北流”“杂花生树，群莺乱飞”，飘茵堕溷，各有因缘，命也如此，夫复何言？

陈玉琴，字小云。此碧桃花也，拟之《石头记》中人，极似宝琴。眉目肌理，意态言笑，无一不媚，而安雅闲逸，温润缜密。有时神明焕发，光照四座，对之如坐春风，如饮醇醪。古人称温柔，惟小云足当此二字。比德于玉，无愧璧人。好从文士游，讲论申旦，娓娓不倦，风韵固自不凡。其同居者曰桂香，字妙云，色艺未是佳品，而举止殊有大方家数，亦好从文士游，盖俱为碧云弟子。碧云当日温文尔雅，妙擅清誉。二人同师，家法固在也。《玉簪记》“茶叙”“问病”，雨初演之，能状其痴情一点；小云演之，则慧心四映，可谓各得妙姑之一体。小云之为人，癯不露骨，丰不余肉，香而不腻，圆而不甜，风流蕴藉，无纤毫俗韵。将来此中人福泽，当以小云为最，他人不及也。昔无锡清微道人所居曰“福慧双修庵”，人间天上，二者难兼，若小云者，其庶几乎？妙云吴人，小云皖人，其父机匠也。碧云既南归，妙云仍处深山堂，小云别居辉山堂，即四顺堂旧宅也。自南中迎其父母，偕新妇来，并携幼伶七八辈，正拟聘师起科班，而小云遽中法。丁酉冬夜，有管库吏及户曹掾招转饷官饮其家，从者误触巡城御史车，遂并逮小云付秋曹，以所司钱谷出纳事群饮聚谋，祸且不测。或为宛转维持，始得从薄谴，坐以吸食鸦片烟，论城旦舂，徒迁安。此狱，山东司承谳诸郎官有曾为侍御史者，颇以恶谑作剧供笑乐，当之者几不能堪。迁安尉刘君鼎勋，河南人，平日玉楼金埒，踪迹颇勤。金铃十万，余乃以故意望之。杜牧湖州十年，乞官上笺者，亦具有因缘也。然已狼藉如薛幼芳矣。时同坐系者，有伍兰凤，字韵秋，张绪当年，亦佳伶也。先是，四顺堂以男女混杂，累北部尉及丞罢官。越一年，而小云又及于难。或谓宅相不吉，理或然与？然余所评福泽之说遂已不验，天下事不可料如此，噫！三庆部，寓韩家潭深山堂，玉琴移居辉山堂，妙云仍居深山堂。

翠霞，字青友，初居鸿喜堂，后为桐仙弟子，更字闰桐。桐仙于丙申画《三友图》册子，谓小桐、闰桐并己而三也。闰桐既出名门，渐渍熏陶，亦能作小幅着色兰蕙，娟娟楚楚，如其人。吴伶王若兰，自言入都为教师十三年，所教小郎二百余辈，惟翠霞足当丽人之目。余从蓬山识青友，方蓬山壬辰举贤书时，青友才十三四，娟秀艳冶，肌理细腻，殆无比伦，古人所称柔荑凝脂，乃信有之。性尤警敏，殆真能以目听、以眉语。《金陵十二钗正册》诗末首云“情天情海幻情身”，当日可卿兼美，偶现色身说法，遂能使绛洞花主于怡红快绿中心醉欲死，其风姿令人梦寐见之。在群芳中品第是秋海棠，当碾冰为土玉为盆，深贮之银屏珠箔中，灯红酒碧，茶熟香温，使按红牙低唱柳郎中“今夜酒醒何处也，杨柳岸、晓风残月”，真乃有瑶台梦醒、天上人间之感矣。丙申天中节，偕金静川访之玉连环室，长身玉立，居然伟男，然恂恂犹如处子，弥令人回忆灵和殿前风流。吾尝谓后来之秀，惟翠香意态融洽，是好女子。

乙未冬，同友人为销寒之会，迭为宾主，日在香天翠海之中。一夕，扶醉送玉仙归日新堂，烧灯更酌，迟客未至，玉仙既不胜酒力，余亦玉山倩人扶矣。温伊初方携瑶卿执茶瓯，就灯下商北曲《赏花时》工尺，闻余欠伸，遽揭帐肘余起坐曰：“子亦忆‘香雾空蒙’之诗乎？香暖春酣，较之石凉花睡，当何如？”是日压轴子，玉仙方演《醉归》，情景尤切，伊初因笑谓余：“昔载园先生为陈渼碧画《西川海棠图》，今日当为此儿补画《海棠冬睡图》矣。”宋人词“少年听雨歌楼上”“中年听雨客船中”，诵之辄为怃然。玉仙迩来颇有声，然以视闰桐当年，固不免“蒹葭倚玉树”之叹云。嵩祝部，寓燕家胡同鸿喜堂，转入春台部，寓陕西巷延陵光裕堂。

丁酉春，桐仙遣闰桐复归鸿喜堂，所谓三友者，风流云散矣！每诵唐人《题长安酒家壁》诗，辄为废书三叹。嗟夫！悠悠行路，世情大都如此，于若辈乎何尤？

小兰，字韵秋，初居永发堂，后入敬义堂。梨园中以光裕堂为世家，敬义堂为大家，主之者曰董秀蓉，故出耕斋门下，以小生擅名，冠卿、鸾仙、小香咸出其门。韵秋入门，适际盛时，余识之最早。壬辰二月，征鞍甫卸，春服既成，同人小集如松馆，为余洗尘。韵秋芙蓉女儿，明秀无匹，姗姗来迟，媚不可言。坐对名花，遂至沉醉，绛蜡高烧，海棠睡未醒。予与周福门、韩季卿、冯竹生、荔生、余静川、朱子良诸君子，重房复室中环守之，至夜分乃相将送之归。乙未冬，在广和楼，即康熙时查家楼也，小兰演《藏舟》一出，声情幽咽，听者但唤奈何。

日昳相携访之，雨鬓风鬟，江潭憔悴，灵和殿前风流，不堪回首。是夕冠卿、鸾仙俱集。酒酣，冠卿更唱《山坡羊》二曲，璧月如水，银云不流，双笛吹凡字调和之，不能压其声。昔人谓“丝不如竹，竹不如肉”，信然。小兰自愧弗及，涕泗浪浪，弥不自胜。为咏“芙蓉生在秋江上，不向东风怨未开”之句以慰之。瑶台梦醒，天上人间。归路马蹄踏月，弥忆壬辰春夜红烛笼纱时情事，不能置。三庆部，寓朱家胡同永发堂，转入韩家潭敬义堂。董秀蓉初在百忍胡同耕斋，移居韩家潭敬义堂。

福龄，钱姓，字绮人，眉仙同怀弟。近日推大有堂桂云为嵩祝部首座，实非绮人比也。绮人娟娟少好，顾影徘徊，嫣然媚绝，而无姚冶之态，可谓“静女其姝”。贾姬扣扣寄辟疆小札，用江文通“见红兰之受露”语，大为称赏。坐对绮人，令人殊有“光风转蕙泛崇兰”之想。自韵香去后，一枝翘秀，实难其选。绮人乃如隔水桃花，自然明媚，柳阴竹外，人面春风。寻春裙屐，不觉成蹊矣。眉仙在四喜部，虽擅一时名，而居恒对影，郁伊善感，日念绮人不去怀。虽同在花天月地中，固不能对床欢语，每见客，必探绮人近状。有过观音寺前者，必寄声问讯，割一味之甘，赌五纹之佩。至情至性，感动旁人。呜呼！读《棠棣》之诗，孝弟之心可以油然生矣。其同师者曰遐龄，字绮仙，如金在矿，如银在铅，光辉犹未发越，然婉约安详，无浮嚣习气。小子有造，与绮人共居，熏而善良，固应尔尔。其北则鸿喜堂在焉，翠霞所居也。同居者曰翠云，以青友故，过客亦熏沐而登之，然未免有续貂之诮矣。嵩祝部，寓燕家胡同福升堂。

巧龄，字秋仙，与绮人为同门生。绮人为眉仙同怀弟，余推为嵩祝近年第一人，而秋仙盛时，余未之识也。平湖韩四季卿属友人作《题壁图》小影，其旁捧砚者为秋仙，明秀艳冶，殆无其匹，虽当年青友、韵秋不是过。丁酉初秋六夕，唐人皆以六夕乞巧。修秋禊，集右安门外尺五庄，《看花记》中人来会者十有七人，季卿出图索题，见者咸谓“影里画中，呼之欲出”。蒋叔起为同人署观款毕，余屏坐水亭，悄然凝思，小霞携绮人继至，言秋仙未南归时事，娓娓不休。于时嘉树选荫，新荷媵香，枨触于怀，不能自已，书二绝句云：“桐阴如水梦如烟，又向情天证四禅。对此玲珑一片石，自怜心事得秋先。”“画中声影梦中游，悔煞匆匆唱石州。我是中年桓子野，近来无赖渐知秋。”嗟夫！我生也晚，贺老、龟年皆不及见，乃春明门内，亦复咫尺天涯，隔花人远，中心藏之，而又交臂失之，仅仅从画图省识。珠勒珊鞭，匆匆九陌，回首前尘，能无怅怅？昔人谓三生石上无一笑缘，随园老人生平最信佛氏因缘之说，纪文达公笔记杂说议论亦复相同。吾今于秋仙亦云然矣。书此毕，怃然阁笔。嵩祝部，寓燕家胡同福升堂。

翠翎，王姓，字雨初，扬州人，冠卿弟子也。风骨未骞，而宛转如意。赵秋谷《海沤小谱》中所称“飞鸟依人，大动人可怜色”，是儿意态近之。如山茶花，秾而不俗，大家儿女固应尔尔，此蘅芜院中黄莺儿也。演《茶叙》《观花》二出，俱有可观。尝尊前捧砚，乞留题，为署居室曰“听春楼”，楹帖曰“半榻茶禅圆梦夜，一帘花气酿愁天”。仆本恨人，强为排遣。飞鸿踏雪，动留爪痕，醇酒美人，前尘影事，麴尘如海，绿叶易阴。他日杜牧寻春，又添一番惆怅矣。三庆部，寓李铁拐斜街荥阳丰玉堂。

玉笙，字芝香，嵩祝部佳小生也。幼年亦裹头唱《荡湖船》。今年三十，而色艺不少衰。其师王天喜绝钟爱之，欲以为子，故至今尚居槐荫堂。玉磬，字瑶仙，初与双庆同在玉庆堂，师吕胖子，后乃归槐荫堂，出师后自居青莲堂，与槐荫堂望衡对宇，晨夕过从，如一家然。其妻，故王天喜所抚和春部胖松林女也，故瑶仙在和春部。和春故少佳品，惟玉磬、素香，差强人意耳。余识芝香，已在弱冠后。举止安雅，无少年佻达习气，丰容阔步，亦殊似富家儿郎。吾尝谓：此中人他日福泽，当以小云为第一，若芝香者，亦庶几焉。大有堂桂云在嵩祝，近日颇有名，然以视芝香，未免小巫见大巫矣。淘之汰之，岂盛难为继耶？即以貌取，亦殊觉拟非其伦也。玉笙在嵩祝部，寓石头胡同槐荫堂；玉磬转入和春部，移居青莲堂；柱云在嵩祝部，寓石头胡同大有堂。

德林，字琯霞，虽无晴雯之艳，而性格近之，极似怡红院中林家小红。玉仙演《占花魁》，以憨见妙，琯霞则正以慧见妙，各擅胜场，使尹、邢相对，能不爽然自失？冠卿亦以此出擅名，然冠卿遭际顺境，事事如意，所谓“强笑不欢，效颦不愁”。琯霞则长身玉立，自顾头颅如许，幽忧怨愤，时积于怀。当夫檀板一声，亭亭扶影，眼光一注，茫茫大千，托足无地。此情此境，枨拨伤心，幽愁暗恨，触绪纷来。故其低徊幽咽，慷慨淋漓，有心人一种深情，和盘托出。借他人酒杯，浇自己垒块，不自知其然而然也。“木末芙蓉花，山中发红萼。”每咏王右丞《辋川杂事》诗，能无慨然！《燕兰小谱》有句云：“若教嫁作曹交妇，纵不齐眉也及肩。”趣语解颐，随园亟赏之。折腰龋齿，颇费周旋，文人无赖，遂有此口头罪过。冠卿年来亦有凫胫鹤膝之谯，菖蒲拜竹，举头天外。琯霞乃如春笋出林，渐欲过母，故观场矮人，往往有元龙百尺之憾矣。性既疏脱，又惯无拘检，不顾忌讳，遂致口角招尤，殊费调停。虽然，长安人海，红尘缁尘，阅人多矣！六街蹀躞，马尽如龙；九陌遨游，士多于鲫。黄衫谁是，翠袖寒多。一击未能，九州自大。天荆地棘行路难，又何怪伤心人触处皆非也！六朝人乐府曰：“蓼虫避葵藿，习苦不言非。”又曰：“心非木石岂无感，吞声踯躅不敢言。”君子哀其遇而原其心焉，可矣。三庆部，寓韩家潭春和堂。

联桂，黄姓，字小蟾。世俗所称“状元夫人”长春弟子也。昔吕青田作《女仙外史》，演说永乐朝蒲台女子唐赛儿事，言仙佛之外厥有魔道，是为三教。常日阿修罗与我佛比肩而立，意气固自不凡。小蟾行事，往往孳甲新意，不循轨度，是殆曼陀尼之亚也。其人疏节阔目，如小人家儿女，而意量自远。性伉爽，笑语甚豪，每以伶侠自处。所不当意者，往往如灌夫骂座，冷若冰雪，余尝戏呼为“尤三姐”。爱之者阿其所好，乃直欲以枕霞旧友拟之。小蟾欣然谓“掌生品评不谬”，足见其胸抱，亦可谓有自知之明者矣。

李载园太守少年下第，留京过夏，时蜀伶陈渼碧负盛名，常以白眼待人，独倾倒载园，每值梨园演剧，载园至，陈必为致肴核，数下场周旋，观者万目攒视，咸啧啧叹羡，望如天上人。或陈赴他台，闻载园至，亟脱身至，其相契有至深者。载园为画《西川海棠图》，征诗海门，诗抄有《自题海棠画卷》及《衔斋补种海棠诗》，皆忆渼碧作也，此千秋佳话。以视秋帆尚书遭际，殆有过之焉。《燕兰小谱》不载其事，殆未免文人相轻之习尔。吾乡黄镜生孝廉，丙申春试后，偕余及冯朗崖访小蟾，一见如旧相识。至夜分，余辈散去，小蟾独拉留镜生，命更酒酌，烧灯相对，诉款曲。红日上窗，犹言剌剌不休，以视渼碧之于载园，殆又过之焉。自后友朋酒座，必相将俱来，二人无日不见面，或余辈故强镜生他赴，则春元堂使者相错于道，殆食息相随如形影然矣。昔杨法龄既脱乐籍，不畜弟子，日与诸名士相揖让。小蟾援其例，亦不畜弟子，见客亦长揖不拜，往往高谈雄辨，惊其座人。顾好讦直，以招人过，人多不能堪，其侪偶咸嫉之，我辈亦多恨者，一时谤讟繁兴，二人不恤也。榜发，镜生报罢，小蟾固要，不令南归，隐然以秋帆尚书相待。余尝谓此子殆欲合桂官、银官为一人矣。佛言“一切众生，各有因缘”，于兹益信。茫茫大千，每咏“不薄今人爱古人”之句，辄慨然为酹一大白。小蟾生庚辰，以甲午出春福堂。自居春元堂，年才十五，同辈中脱乐籍为最早。其色艺不过中人，且以阿芙蓉故，容光锐减，如春深海棠。然论其行事，则近今罕觏者矣。春台部，寓李铁拐斜街春福堂，移居韩家潭春元堂。

小蟾丙申秋随一县令赴江西，戊戌春复入京，寄居春福堂。予南戍期迫，未及见也。闻此来重理旧业，将谋畜弟子，不复如昔日效薰卿所为矣。甚矣，晚节之难也！

兰香，张姓，字纫仙。濯濯如春月柳，风流自赏。拈毫弄翰，怡然自得。字作欧阳率更体，清拔有致。每当茶瓜清话，把卷问字，捧砚乞题，墨痕沾渍襟袖间，此三庆部后来书呆子也。性既苦溺于学，而一洗咬文嚼字丑态。石韫玉而山辉，水含珠而川媚，无事张皇，自然流露，此香菱所为，高出时流也。吴儿性格，大抵温柔，纫仙风格洒然，散朗多姿，独有林下风。福云堂主者曰玉凤，字瑞卿，故出福安堂，亦擅时名。有弟子六七人，其一曰素香，在和春部，意态颇似紫菱洲中二木头，有敦厚之质，少活泼之趣。和春为王府班，击刺跌掷，是其擅场，中轴子为四部冠。今高腔，即金元北曲之遗也，和春犹习之，又多作秦声。至于清歌慢舞，固无闻焉。若素香者，在瑶仙外，亦可谓庸中佼佼者矣。兰香在三庆部，寓陕西巷福云堂；素香在和春部。

三元，字藕仙，翠香师弟也。面目媚秀，发初覆额，如新莺学啭，乳燕试飞。每登场，与玉仙两两相比。尤宜小生，般《占花魁》秦小官，凝秀圆转，殊有意致。余尝谓翠香、三元、福林、爱林，并是后来之秀。"嘒彼小星，三五在东。"东有启明，西有长庚，明星有烂，不愁明月去也。三元丙申移居东皮条营日升堂，其师殷采芝之弟也。是时朱家胡同复新堂有双喜，其师亦殷采芝弟子。双喜不久转徙天津，更名玉环，而丙申冬，三元亦出赴长芦。《战国策》所谓"以君中驷，敌其上驷"，舍短用长，尺蠖之屈，以求伸也。虬髯客一见太原公子，决计下海，此正高人一等，为不可及。保定三台部有小天喜，字雨香，神采未甚秀澈，而肌理娟好，意态婉帖，目之曰媚，曰腻，庶几有一体焉，在彼中已不可多得者矣。春台部，寓朱毛胡同日新堂殷，移居东皮条营日升堂；双喜寓朱家胡同复新堂，转入天津；三元亦转入天津；小天喜在保定三台部，寓唐家胡同。

大清香、小清香，二人皆字莲仙，二人皆美而艳，其声名亦不相上下。大清香为小元宝弟子，后自居李铁拐斜街丰玉堂，即今日冠卿顶堂名而加以荥阳二字者也。小清香为余庆堂汪寡妇弟子，丁酉夏，服阿芙蓉膏自尽矣。余庆堂夙多佳品，秋芙之师小凤，字竹香，亦其徒也。方开酌，增常例，时有新建人曹君，以浙江太守援例得监司，入都，日日征歌选舞，极眷余庆堂双凤。一夕，大醉不醒，周恤之数千金，后复为中部尉刺得，白巡城御史，送秋曹，竟以风流罪过罢官，从此余庆堂衰落，不复振矣。汪寡妇畜弟子，不惜重赀聘师教歌舞，衣轻暖，饫甘脆，视他人费倍蓰。而自余居京师七八年，所见其弟子，率皆阘冗下愚，无足当一顾者。盖此中盛衰，关乎气运，殆非人力所能强。全福堂汪亦从，不产佳伶，然其平日乃与四顺堂、五柳堂、贵福堂相类，固无足怪也。吴振田在父老中最负重名，敬义堂董秀蓉以小生得名，即其高第弟子也。今三庆以敬义堂为大家，出其门者如冠卿、鸾仙、小香，咸翘然秀出。而耕斋在和春，寥落几不能自存。名门后裔，毫无树立，几令人有栾、郤降为舆台之感。金玉堂玉莲，字午香，亦宝善堂弟子也，演《绣襦记·刺目》甚佳。与小云最契，其人温文尔雅，蔼然可亲，亦佳伶也。惜其徒亦无可观者。郝桂林晒腹堂、王桂林荣发堂，今皆后起无人，门风不振。大清香在三庆部，寓韩家潭宝善堂，移居李铁拐斜街丰玉堂；小清香在春台部，寓李铁拐斜街余庆堂；双凤亦居余庆堂；吴振田在和春部，寓百顺胡同耕斋；董秀蓉在三庆部，寓韩家潭敬义堂；玉莲在三庆部，寓韩家潭宝善堂，移居小李纱帽胡同金玉堂。

连喜，扈姓，字梅香，四喜部天喜兄也。能《四弦秋》全曲，声情掩抑，一唱三叹，有余音矣。其变为男子装，则局度安详，词旨婉约，无嚣陵习气。与小蟾为同门生，小蟾行事，不当于若辈中求之，然所演不过《卖饽饽》《打杠子》《花鼓》《顶嘴》之类，色艺俱不逮连喜也。秋水菱花，连喜近之。近日把笔学画，着色蕙兰，楚楚有致。小霞邀同人画《九畹滋兰图》，梅仙与焉，从此学有精进，当大有可观。贻德堂莲生，亦春台部中人也，演《孙夫人祭江》，低迷凄咽，哀感顽艳，惜其非南北曲也，不登大雅之堂耳。其面目神情，大似金麟，亦是佳品。春台部，连喜寓李铁拐斜街春福堂，莲生寓李铁拐斜街贻德堂。

大玉林，字瑶卿，称大者，所以别敬义堂字佩珊之玉林也。其师故日新堂殷采芝弟子，别居后，授徒二人，皆庸碌钗裙。瑶卿丰容多肌，当其不栉而巾，亦是寻常儿郎。至于熏燃梳扫，拥髻升歌，丰融旖旎，意态动人，“酴醾香梦怯春寒”，恍惚遇之矣。演《长生殿·小宴》《惊变》二出，于太真醉态，颇能体会，无矫揉造作痕，遂如陈思王所赋“进退无常，若往若还；动止无期，若危若安”矣。四喜部胖玉喜，亦演《惊变》《埋玉》，声大而远，悲凉激楚，非瑶卿之所能及，而态度远逊瑶卿。至于佩珊，在敬义堂如太邱长家，“季方难为弟”“松柏之下，其草不植”，未免虚有其名。谢道韫所谓封胡羯末，莫不知名。不意天壤之间，乃有王郎若是夫，托根择地，亦有幸不幸也。所惜瑶卿如鹖旦不鸣，三弦不敢促柱，吹笛者往往宛转高下以就之，遂令人有铸钟过后之叹，格物者谓革性恶湿，韗人之职，就燥为先，津润所蒸，几于太古之蒉桴而土鼓也。然徐文长之用缶坐击也，烧药物搏为陶鼓，扣之，其声乃镗镗然。物理固有不可解者，岂独王文成格庭前竹，七日不能得其理哉？然其人固是诚实无伪。昔乾隆间歌楼一字评旦，三元曰“糙”，谓其不文也。余按《中庸》注：“慥慥，笃实貌。”若瑶卿者可命之曰“慥”。春台部，寓朱家胡同复新堂；玉喜在四喜部；小玉林在三庆部。

金桂，字粟香，曩以众人遇之。丙申天中节，始见其演《凤仪亭·掷戟》，为温侯，珠冠绣襦，挟画戟，轩昂而上，英雄儿女，刚健婀娜，兼擅其妙。“欲采芙蓉花，可怜隔秋水”，能传此一片心事。惊谓镜生曰：“士别三日，便当刮目相待，今日非复吴下阿蒙。”镜生笑曰：“曩因用违其材耳。”粟香此后勿复为裹头装，庶不失本来面目耳。春台部小生，佳者颇不易得，小霞之外，惟三元可望有成，他不足言也。今得粟香，可使与参一席，后来殆无与俦。春台部，寓朱家胡同熙春堂。

小天喜，字秋芙，扬州人，王姓。或云是旧家子，诡云王姓。顾佩秋曰：“或言天喜夏姓，父早殁，母改适。”先年春台部有天喜，与天禄、天寿齐名，故呼秋芙曰小天喜。既而突过前人，天喜久为所掩，今歌楼但知秋芙名天喜，不复以大小别之矣。近年扈听香在四喜部大有声名，又称小天喜，以别于秋芙矣。以《卖胭脂》《小寡妇上坟》二出得名，谑浪笑傲，冶容诲淫，浮梁子弟宋人小说谓无良曰"浮梁"靡然从风，一倡百和，几有若狂之叹。乾隆间，蜀伶魏长生来京师，广场说法，以色身示人，轻薄者推为"野狐教主"。吴太初撰《燕兰小谱》，以名教罪人归狱魏三，非无见也。近年演《大闹销金帐》者渐少，曾于三庆座中一见之，虽仍同魏三故事，裸裎登场，然坐客无有赞叹者，或且不顾而唾矣。天下人耳目，举皆相似，声容所感，自足令人心醉，何苦作此恶剧，以丑态求悦人哉！余癸巳春即耳其名，乙未夏乃识之。碎麻子被面如繁星，眉目亦不过中人耳，健谈能饮，对壶勺意气豪迈，僭称大户，有俯视一切之意。然每与冠卿遇，搴旗摩垒，辄不敌也。每当春秋佳日，三五同好各挟所知，载笙、笛、弦索、拍板入酒家，觞咏既陈，丝竹迭奏。秋芙既自命酒人，又自矜名下，睥睨余子，旁若无人，攘袖飞觥，汹汹拳拳，势将用武。余辄笑谓："取骰子来。"既至，秋芙辄据盆高座，雄若迷龙，众人杯盏盘碗，杂沓下注。余辄命巨瓯如钵者，满斟为孤注，喧阗笑语，呼卢喝雉，众声如殷雷。六子不再周，秋芙辙乱旗靡，如春雨洗花，当于香雾空蒙中高烧绛蜡，代月照其睡态矣。乙未冬为消寒之会，秋芙无日不在坐。余既数以此法困之，或以告，秋芙不悔也。既入座，贾勇酣战如故，其兴致固是不可及。尝为书楹帖云："花到生天才富贵，玉能延喜况温柔。"温柔，秋芙所不足，意以此箴之也。名流投赠甚多，当以高小楼太史一联为最佳，曰："南华秋水经常诵，北苑芙蓉画不如。"才人余事，虽若无意为文，而自然巧合无痕，温丽可诵。别有集唐"秋水为神玉为骨，芙蓉如面柳如眉"一联，不知何人手笔，未免俗套，几成恶札，此二语《孙西庵集》附载朝云《六如亭题壁》，及国朝黄石牧《香屑集》皆有之。不如"太阿如秋水，初日照芙蓉"二语，在离即之间，犹不失读书人吐属也。其师曰小凤，字竹香，由余庆堂出居春茂堂，雅擅时名。南归，以秋芙畀李三。李三故竹香仆也，既得秋芙，居性德堂，声称藉甚，五陵游侠儿载金钱奔走其门，夜以继日，如将不及。由是，李三偿债买屋，设钱铺，拥厚赀，多牛为富、足谷称翁矣。同辈中人，年齿相若，有声歌楼者，咸次第脱身去，李三故昂其直以尼秋芙，秋芙愤甚。丙申夏夜，沉醉自外归，李三方喃喃语，鸡肋已安尊拳矣，历历自陈入门来未尝负汝状，又历历数其近年来负我状，忿忿自睡去。气壮词直，李三俯首无以对，且其家中人虽至灶下养，亦皆不直李三也。诘朝乃以殴师为词，施夏楚焉，面目皆瘇，且有爪痕。既而入歌楼，见者诘得其情，咸不平，怂之诉官，李三闻之始惧，不得已，草草从之，非所愿也。余既习秋芙，悉知其行事，其为人胸无城府，热肠可交，徒以登场卖笑，倡为淫哇，几为风俗之累。此则当日教师亦当分谤，秋芙不独任过矣。惟是率真任性，既不能作嗔拳笑面对人，又往往有酒失，是其短耳。余尝戏谓："秋芙此泼辣货。"南京所谓"辣子"，当年持门健妇王熙凤是此品格。或乃以其面有雀瘢，直欲以鸳鸯拟之，非其伦也。有时竟目以夏金桂，此则鄙人申申之詈，一时矫激，遂至指斥过当，实非笃论。余在保定日，小五福为余言："小时与秋芙同舟北来，跳荡与凡儿异，其小名曰'二达子'。"乾隆间，保和部有八达子，内城人也。然则'泼辣货'之评，洵不诬矣。《记》中以秋芙位置末座者，援《燕兰小谱》抑置魏长生为殿之例。《春秋》传曰"前茅、中权、后劲"，固有深意也。春台部，寓陕西巷性德堂；小凤寓李铁拐斜街余庆堂，移居春茂堂。

翠林，字韵琴。余丙申夏五识之保定，姿致韶秀，眉目楚楚如画，言词举止并皆安详，雅无市井倚门卖笑习气，玉水璇源，方流圆折，此部中翘秀也。问其齿，曰十五，自云在京师居清河堂，隶春台部，余昔固未之识也。酒半，捧纨扇乞填词，书《柳梢青》一阕付之，曰："记否相逢，春山画里，春水波中。系马楼台，藏鸦门巷，归燕帘栊。　好春生怕匆匆，歌扇底、芳心自同。蓝尾杯深，红牙拍紧，沉醉东风。"天津、保定，距京师在三百里内外，析津为长芦盐政所汇，上谷则总督大帅节钺驻焉。以故征歌选舞者，犹往往援京师例。然诸伶转徙无常，迭为宾主，饥依饱飏，大都无固志。走马长安者，至此但鸣鞭而过。“开到酴醾花事了”，能无慨然？韵琴在帝城声称未著，至保定则已“独占百花头上开”矣。昔郄诜对晋武帝“昆山片玉，桂林一枝”之言，未尝不叹皇州春色，目不给赏，而北极黄金星石下，以玉抵鹊者，为未免罪过也。山阴道上，霞蔚云蒸，千岩竞秀，万壑争流，及出到人间，已为第一泉。其是之谓乎？酒酣，相与纵论春明门人物，因命笔随事疏记，积成一册，此《长安看花记》之缘始也。起予之叹，焉能慭置？姜白石雪夜携小红过垂虹亭，为千秋佳话，予怀缈缈，如或遇之。是时保定又有双庆，字云舫，徐娘虽老，风韵犹存，能弹琵琶。余为和梅村祭酒赠白生璧双《琵琶行》。是冬，来山海关，依临榆令尹都君都尔逊。江潭憔悴，顾影自怜，予亦如桓子野，闻人清歌，但唤“奈何”已！

卷二 辛壬癸甲录

道光丙申，春试报罢，余出居保定，适有小伶翠林，新自京师来，自言旧隶春台部，捧纨扇，乞填《柳梢青》词一阕。既而曜灵西匿，华灯继张，催花传筒，豪饮达旦。酒酣，相与纵论春明门内人物，乘醉捉笔，为《长安看花记》一册，授之。自序曰："仆今说现在法，故但据目前为断。"虽第一仙人、广大教化主，如梅鹤堂之韵香，亦不得阑入，体例然也。嗟夫！仆年三十矣，万里未归，二毛将及，每念陈同甫"华灯纵博，雕鞍驰射"之语，能不怦怦？唐人王之涣与高适、李益、王昌龄辈，旗亭画壁，至双鬟发声唱"黄河远上白云间"之句，抚掌曰："田舍奴，我岂妄哉！"诸伶官罗拜遮邀，尽醉乃罢，此千古美谈也。仆以负俗之累，久作寓公，日月逾迈，英雄儿女，一事无成，遂有燕市酒人之目。及时行乐，排日选欢，无过借彼柔情，销我豪气。而任性疏脱，惯无羁检，虽不至如翁铁庵遽遭怡园爆竹炙面，《藤阴杂记》：康熙朝，宛平相当国，元夕张灯，翁铁庵太史乘醉踏月，过青箱堂门外，适值怡园歌姬归院，避之不及。从者怪其平视，以爆竹炙面而归。然黄仲则粉墨淋漓，歌哭登场，乾隆间，武进才人黄仲则，名景仁。居京师，落落寡合，权贵人莫能招致之。日惟从伶人乞食，或竟粉墨淋漓，登场歌哭，如唐六如、张梦晋大雪中效乞儿唱《莲花落》故事。详余所为《小游仙诗》第一首注。秀师拈椎竖拂，见诃者屡矣。尝自署大门，曰："南国衣冠，西京轮盖；东山丝竹，北海壶觞。"寻复易之，曰："敢拟蓬莱夸白傅，聊将丝竹慰苍生。"又集宋人句为楹帖，曰："书卷五千谁入室陆放翁诗，酒徒一半取封侯刘龙州词。"又集慢词长句，云："仗酒祓清愁，花销英气姜白石《翠楼吟》；纵家传白璧，谁铸黄金张弈山《渡江云》"。英雄习气，豪杰初心，情见乎辞矣。中秋后，杖策卢龙塞上，边关风月，感慨尤多，《扶风豪士歌》，不堪更读。因自榜所居曰“梦侠情禅室”。九月三日，秋窗听雨，用吴谷人祭酒《高阳台》韵，曰：“一桁帘垂，一枝灯剪，如烟如梦光阴。又近重阳，秋痕易上秋襟。角巾已悔浮名误，甚传杯，还劝深深。奈秋声、不住如筝，弹破蕉心。　　客船换尽歌楼味，渐微寒斗帐，不耐罗衾。纵逼中年，谁曾惯听秋砧？樱桃记否开奁处，润琴弦、煮梦沉沉。剩今宵、笛里霖铃，自谱微吟。时方学歌《长生殿·闻铃》[武陵花]一出。”安定郡王《侯鲭录》载：魏城君谓东坡曰：“秋月色不如春月好。”王子霞则谓：“奴所不能歌者，是‘枝上柳绵吹又少，天涯何处无芳草’。”坡笑曰：“我方悲秋，汝又伤春。”案《毛诗传》：“秋，士悲；春，女悲。”理固宜然，惟是言者心声，与境推移。“长笛一声人倚楼”，断非谢镇西着紫罗袴褶，据胡床，临城楼北窗弹琵琶情态。倘使桓子野闻之，亦当但唤“奈何”而已。仆以辛卯六月离家园，今计当俟明年戊戌试后，乃得南归，偻指正合八年之数。回忆壬辰入都时，有“辛壬癸甲”之语，殆为之兆也。五载长安，四番矮屋，文章憎命，魑魅喜人。京洛缁尘，遽集衣袂，刘伶荷锸，毕卓盗瓮，阮籍眠炉，大抵有托而逃，古今伤心人岂独信陵君？醇酒美人，为不可说、不可思议哉！屠门酤肆中，酒食游戏相征逐，阅人多矣。物换星移，风流雨散，岐王宅里，崔九堂前，梨园菊部中老辈，存者寥落如曙星。昔乾隆年人，得吴太初郡丞撰《燕兰小谱》以传；嘉庆间虽有《莺花小谱》之作，今寂无闻焉。传不传，固有幸、有不幸耶？近年《听春新咏》《日下看花记》，及时品中人物，余已多不及识。以余所识诸人，今亦半成老物，傥不及今撰定，恐更十年后，无复有能道道光年太平盛事者矣。丁酉入春以来，同云酿雪，峭寒特甚，帘衣窣地，愁春未醒，西望帝城，好春如海，剪灯命酒，坐忆故人，各为撰小传，命之曰《辛壬癸甲录》，志缘始也。何平叔《景福殿赋》“辛壬癸甲，为之名秩”，断章取义，于文亦词，是为《长安看花记》之前集，其中所见异辞，所闻异辞，所传闻又异辞，善善从长，弗为溪刻。世之有心人，于寒夜重阁，玉帏四垂，毾㲪重叠，烧椽烛四五枝，参差列几案，设大小宣炉数事，选沉水结隔砂蒸之，温香静对，魂梦俱适，旁有知心青衣如紫云其人者，方且拨鼎中兽炭，暖越中陈冬酿，于梅花、水仙影中，按拍引曼声，度《赏花时》北曲，不觉欣然，为浮大白。又或清暑招凉于竹林深处，六扇文窗，茜纱尽拓，簟文如水，帘影如波，以大白瓷盂，贮新汲井华水，浸荔支三百颗，与调冰雪藕之人一同啖尽，已乃闻瓶笙声，水火相得，吟啸互答。当此之时，展此录、此记读之，此中有人，呼之欲出，如闻其声，如见其人。“夕阳一片桃花影，知是亭亭倩女魂”，是耶非耶？以视落花时节相逢，定何如耶？中和节后三日，春风加厉，阴霾竟日，日色皆黄，窗纸淅淅作秋声，百花生日近矣。“二月边城未见花”，今始信然。排闷折纸，自咏自写，遂已裒然成帙。昔余澹心之作《板桥杂记》也，援道君在五国城作《李师师传》为说，岂非以“佳人难再”，故作此情痴狡狯耶？余读《竹垞词集》自题《解佩令》曰：“十年磨剑，五陵结客，把平生涕泪都飘尽。老去填词，一半是空中传恨。几曾围燕钗蝉鬓。　不师秦七，不师黄九，倚新声、玉田差近。落拓江湖，且分付歌筵红粉。料封侯，白头无分。”抗节长吟，不觉唾壶击碎。呼童子起爇火，炙秫齐半罂，慨然釂三爵，起，奋笔题门，曰：“燕巢岂足乐，龙性谁能驯？”乌乎！我辈钟情，狂奴故态，一时呈见矣。书之，当佛前发露忏悔。梦侠情禅室主人蕊珠旧史记。

余读冯子犹所作《爱生传》，不禁痛哭流涕，长太息也。子犹之言曰：“天之纵生以慧者，适以祸生。而啬生以寿者，安知非所以怜生而脱之？”呜呼！千古伤心人，当万万无可奈何之时，往往故作达观，强为排遣，大都有此奇想矣。余自壬辰入春明门，日居月诸，岁不我与，郁郁无聊，颓然自放，所识第一仙人曰韵香。韵香者，林姓，吴人，来京师隶嵩祝部。于时京城歌楼擅名者，分为四部：曰春台，曰三庆，曰四喜，曰和春，各擅胜场，以争雄长。嵩祝部既寥落不能自存，部中人稍稍散去。其教师父老，乃复招集后生子弟别为一队，曰小嵩祝部。

其中皆雏莺乳燕，呢喃学语，当筵顾曲，聊资笑噱，但堪抚掌，不值缠头也。韵香新从姑苏来，居传经堂，名曰鸿宝。传经堂故多佳子弟，道光初年二“双”三“法”，皆出其门。自乾隆间，蜀伶魏长生在双庆部，其徒陈渼碧在宜庆部，相继作秦声以媚人，京腔以次销歇。寻又有侍御于酒座批小生颊，遽登白简，落职去。由是朋酒之宴相戒，无敢复听王府大班者。今日惟和春尚是王府班，然吹律不竞久矣。四喜为嘉庆间名部，乃道光以来，部中人又多转入春台、三庆部。《都门竹枝词》所云“新排一曲《桃花扇》，到处开传四喜班”者，今亦“歌板酒旗零落尽”矣。一时征歌者，必推春台、三庆，翕然无异词。辛卯，仪慎亲王生辰，征嵩祝部入府承值，鸿宝与上寿，捧红纸目录，乞赏戏。吾乡林大令星舫时为王子师，一见诧曰：“此子不似若辈中人，王夫人有林下风，庶几近之矣。”鸿宝学歌舞才两月，即出临红氍毹上，按节度扣，铢黍不爽，而其秾纤得中，修短合度，进止动静，妙出天然。楼上下万目、万口、万手，啧啧称叹“是好郎子”。嵩祝部一时声誉顿起，座上客常满，有隔日预约不得入座者。从此征歌舞者，首数嵩祝，不复顾春台、三庆矣。今距韵香之没逾三年，春台、三庆，名辈林立，且多后来之秀，望之如芝兰玉树，森列庭阶。而嵩祝座中人，不少减于畴昔者，韵香为之也。韵香既数奇，失身舞裙歌扇间，居恒郁郁不自得，虽在香天翠海中，往往如嵇中散，土木形骸，不假修饰，而何郎汤饼，弥见自然，知安仁羊车，良非虚语也。既工愁，复善病。日日来召者，纸片如山积。困于酒食，至夜漏将尽，犹不得已。每揽镜自语曰：“叔宝璧人，则吾岂敢？然看杀卫玠，是大可虑。”岁甲午，三年期满，将脱籍去。其师，黠人也，密遣人自吴召其父来，闭之别室，父子不相见，啖以八百金，再留三年。既成券，韵香始知之，慨然曰：“钱树子固在，顾不能少忍须臾耶？”乃广张华筵，集诸贵游子弟，筹出笼计。得三千金，尽举畀其师，乃得脱籍去。于是定居臧家桥玉皇庙侧，署所居室曰“梅鹤堂”。其父故庖人也，时自入厨下调度，以故韵香家肴馔清旨冠诸郎。于时，文酒之会、茶瓜清话，必在梅鹤堂。韵香周旋其间，或称水煮茶，或按拍倚竹，言笑宴宴，诚升平之乐国，欲界之仙都矣。而愁根久种，病境已深。居三月而疾作矣，疾不半载，竟死。死之日，扶病起，誓佛曰："泪痕洗面，此生已了，愿生生世世，勿再作有情之物矣。"呜呼哀哉！先是，香山郑舍人云巢廷检以韵香幽忧之疾不得疗，谋所以药之者，因授之以阿芙蓉膏，曰："此泰西隽品，嵇含《南方草木状》、刘恂《岭表录异记》所未及详者也。"夏之日，冬之夜，欢愉嫌短，寂寞怨长，当此之时，于画栏青琐、重房曲室中，设七宝九华帐，四角悬百结流苏，四垂花朵，中央爇长明九微灯，角枕烂然。茶前酒后，轻拢慢捻，珍珠一滴，甜香四喷，吐纳烟霞，呼吸沆瀣，风生腋，露在掌，无此味也。毕吏部自言"持螯把酒，便足了此一生"，惜尔时未解此味，可更名"软饱"曰"软醉"。余粤人也，饷子粤产，傥愿长醉不愿醒，以此物了此一生，胜作酒人多矣。大火西流，凉风始至，纸窗竹屋，静对一灯，室中常作风过伽楠，露沃蔷薇，热磨琥珀，酒倾犀斝之味。韵香于此欣然，意良得。其冬，有人自粤中携精品百两来，云巢以二百四十金售之。以是，日日在氤氲世界中，维摩病榻，热恼顿消，亦谓便足了此一生矣。无何，云巢以病死。三日，韵香亦死。时道光十四年十二月也，年才十八。呜呼哀哉！

昔刘孝绰第三妹令娴诔徐悱曰"雹碎春红，霜凋夏绿"，如听春鹃，如闻秋猿矣。近日徽班习气，好买十岁小儿，教之歌舞，黄口乳臭，强使登场，伊吾如背书，应弦赴节，尚不能解，何论传神写照矣？韵香以成童之年始来京师，从师学无几时，即以其色艺倾倒都人士。从此宾筵客座，招邀无虚日，油壁锦障，六街九陌，车如流水，马如游龙，招摇过市，日日如坐云雾中。夜分来归，则已绛蜡高照，红梁宿酝，茗谈瓜战，延伫已久，绝缨错舄，纸醉金迷，卜昼卜夜，欢乐未央。他人所叹羡企望不能得者，韵香当之，乃出亦愁，入亦愁，以故不得更竟其业，仅以《赏荷》《偷诗》《吞丹》三出擅名。每当广厦细旃，长笛一声，四座寂然，无敢哗者。目有视，视韵香；耳有听，听韵香；手有指，指韵香。一似只应天上，难得人间。觉此身在绛霄碧落间，所谓"玉殿吹笙第一仙，十四楼中第一声”。昔人论文，谓单词只字，自足以传，信知贵精不贵多矣。其人肉与骨称，态与体称，神湛湛如秋水，气温温若春兰，使宋玉、陈思见之，当恨不为作赋。吾师吴学博石华先生尝言：“癸未归舟过无锡，访清微道人比丘尼，王姓，名岳莲，韵香其字也。于福慧双修庵，命其女弟子定保出见，年才十三，能诵唐人诗数百首，修眉入鬓，清华如玉，生平所见女子，当以阿定为第一，真天人也。”余尝谓天地生人匪易，生美人更难，美妇人不多，美男子尤少。美妇人吾未见，所见美男子，惟韵香耳。陈其年《妇人集》述冒巢民语曰：“妇人以姿致为主，色次之。生平所见，惟圆圆可称绝色。”余壬辰春曾于朱大司农椒堂先生斋中见圆圆小像，丰融艳冶，不愧丽人，恨不得与韵香并世，使尹、邢觌面。今计阿定年犹未三十，他日放棹惠山，庶几见之。吾师生平不轻许可，其言必非苟然。陆象山门人杨简《鸳鸯楼记》曰：“自逊、抗、机、云之死，天地灵秀之气，不钟于男子而钟于妇人。”善谑而虐，吾当使见韵香，为侮其师者一雪斯言。韵香之为人，渊然静穆，不苟言笑，而来前者，莫不各得其意以去。太原公子裼裘而来，大家风度，故应尔尔。使为闺中秀，足当幽娴贞静之目。“藐姑射之山有神人焉，绰约若处子，肌肤若冰雪”，此之谓矣。每恨《红楼梦曲子》既唱遍旗亭，而般演宝玉者，率皆庸恶陋劣，金圣叹所谓“忤奴”，每见之，辄令人三日不快。若韵香者，使为怡红公子，春容大雅，动合自然，庶乎仿佛遇之矣。韵香曩日为人弟子，意思翛然，非必沾沾然以口不言钱自诩，而胸次潇洒自如，青天片月，无纤云渣滓太清。故无私蓄，不名一钱，羞涩如阮囊。既得脱籍，居室草创，未几遂病，不能出门户。惟二三知己，日来为之检点茶铛，料量药裹，犹力疾强起，谈谐甚乐。咳唾落九天，随风生珠玉，无烟火气，无尘土味，娓娓然，惓惓然，听者亦申旦忘疲。至于金夫、铜仙，大腹贾、长鬣奴，素少相识。偶尔对坐，亦格格凿枘不相入，以故无有过而问焉者。及其卒也，敛手足，形几不能备含襚，诸文人闻讣麇至，束刍沐椁，凡附身附棺，皆翰墨之香也。龙子犹言：“昔宋词人柳七郎中不得志于时，落魄以死，赖诸名伎醵钱而葬。今爱生不葬于伎家，而葬于吾党，所以报也。则吾乌知今之所谓爱生者，非即宋之名伎中人乎？"信斯言也！以只鸡絮酒酹韵香，韵香必含笑于九京，曰："虽死之日，犹生之年。"嵩祝部，寓玉皇庙传经堂刘，移居梅鹤堂。

高双林有女，许字韵香，将笄矣，忽欲夺以畀春山，杭州顾二西渔锐身争之，乃得复归林氏。韵香未娶而没，其兄改聘之矣。兄收弟妻，五溪习以为常，且若辈亦不足深责也。高氏女未成为妇，抑犹可恕。顾二在京师，居樱桃斜街，其斋中张《韵香小影》行看子于壁，亦稍稍征人题咏，惜貌不甚似。然帝城双阙，春树万家，除此一幅外，他无粉本。心乎爱矣，过而存之，亦乌容已矣。壬寅立夏后一日，掌生记。

韵香间亦画兰，工力不深，而落笔潇洒。星舫藏一纸甚佳，辛壬间作也。

江西刘奕山，武定太守公子也，尝为韵香作《少年行》，仿效元、白长庆体新乐府，洋洋数百言。将来当访得其稿，抄入此录中。

杨法龄，字薰卿，当日所称"三法司"之一也。早脱乐籍，买屋石头胡同，杜门却扫，不蓄弟子。曰："吾备尝种种苦趣，受无量恐怖烦恼，幸得解脱，登清凉界。彼呱呱小儿女何辜，奈何复忍遽令着炉火上耶？"壬辰春，予从友人访之，言论风采，如太阿出匣，色正芒寒，令人不可逼视。觉扶风豪士，在人目前，一洗金粉香泽习气。既而南枝兴思，一舸翩然竟归。人亦谓其此行作五湖长，不复出来矣。未几，复来京师，则所挟数千金，已尽散诸宗族亲戚闾党之贫者，慨然曰："吾十余岁，家贫，无所得食，父母卖我，孑身入京师，幸而载数千金以归。念吾宗族亲戚闾党之贫者，犹吾昔日也，不周之，吾昔日之事，保不复见于今日。今日孑身入京师，固十年前故我。吾舌尚存，何害？"乌乎！由前之说，佛也；由后之说，侠也。若法龄者，今之古人哉！梅禹金作《青泥莲花记》，记北里人，取周茂叔《爱莲说》"出淤泥而不染意"也。"亭亭净植，中通外直，不蔓不支"，所谓"太华峰头玉井莲，花开十丈藕如船”，惟斯人足以当之。吾尝谓含生之俦，是有六等：人也、鬼也、神也、仙也、佛也、侠也。六者性情举止，种种各异。《石头记》中人品格：宝钗，人也；黛玉，鬼也；探春，神也；湘云，仙也；尤三姐，侠也。惟佛至今思之，无可拟者。顺德胡赤石谓邢岫烟具有佛性，似近矣，然未敢定，附记于此，与世之有心人商之。四喜部，寓玉皇庙传经堂刘，移居石头胡同。

薰卿居京师，从士大夫，长揖不拜，伧父颇用相訾謷。惟龚定庵礼部议论与余合。此正汲长孺所谓“大将军有揖客，顾不重耶”。小蟾居春元堂，亦援薰卿例，见客长揖不拜。然薰卿既脱乐籍，终不畜弟子，超然蝉蜕，吸露吟风，其品格清高，岂凡流所能貌似？余又案：诸伶见客，皆屈膝请安，惟入诸王府承值，则必长跪。如尚书郎谒八座及藩邸，皆止请安，惟见阿哥则跪安。此亦梨园仪注小掌故也。因论法龄事，附记于此。《金瓶梅》西门庆与客品论小优儿曰：“如此色艺，若使为妇人，早令其入座，不使捧壶侍立矣。”是明时伶人侑觞，惟以竹肉供奉，赏心缠头，惟在歌喉，至于觞纠酒录，非其职也。今为侠邪游者，犹不得挟优入平康里，其必不得已携与偕往者，入门必先呼“乾阿嬷”云。

宋全宝，字碧云，太湖人。安次香诗画弟子，世所称籁声阁主人也。次香曰：“道光朝，桐仙称文人。”不知碧云在嘉庆间早擅清名，而胸次洒落过之。尹、邢相见，几于小巫见大巫矣。所居深山堂，主之者曰余老四。乾隆五十五年，三庆徽入都祝厘时，即主其班事，弟子颇多，惟碧云有翛然出尘之致。道光朝，四喜部渐不竞，三庆与春台代兴而竞爽。传经堂由四喜转入春台，如楚有材而晋用之。碧云在三庆部，乃如匡庐独秀。次香诒之楹帖曰“有铁石梅花意思，得美人香草风流”，品题殊当。弟子知名者二人：小云以温润，妙云以潇洒，并是可人，殊有青蓝之誉。顾延之言：“测得臣文，竣得臣笔。”具体而微，象形惟肖，每与坐对，犹觉虎贲，俨然中郎，故知斫梓染丝，非偶然也。二人皆能从文士游,入其室,无绮罗香泽习气。司空表圣品诗曰:“坐中佳士,左右修竹。”“落花无言,人淡如菊。”每咏杜老《咏怀古迹》诗“摇落空知宋玉悲,风流儒雅亦吾师”,辄令人想其标格不置。妙云、小云既皆相继自拔脱籍,碧云忽耽禅悦,欲游方以外。就长春寺斋僧九百五十余人,日日治衣钵蒲团,皇皇如不及。次香规之曰:“等闲休为出家忙。”每一诵之,令人失笑。既浩然思归,治移家船,为范少伯,为张志和。茗碗、香炉、笔床、茶灶,与所蓄法书、名画、钟鼎、彝鬲,杂然满载,携妻子飘然归五湖烟水间。赏萧子云有松石间意,望苏子瞻如神仙中人。“秋风江上,莼菜鲈鱼”,一赋遂初,便可浣京华尘土矣。于是,诸名士饮饯赠言,为四册子。征诗,安十二次香为之序,且赋七言六律。诗甚佳,今录之:“相逢日下正华年,一见心倾喜欲颠。子不读书真可惜,生能爱酒亦堪传。美人香草春如海,桦烛红妆月满天。撒手便归归正好,无愁衣食是神仙。”“日落金台此送行,夜凉何处不秋声。频看老大真狂客,又见人间太瘦生。上乘禅宜参大隐,如来心即是多情。长门丰调梅花赋,一样风流擅薄名。”“此去齐梁次第过,吴头楚尾泛烟波。沙平大野归鞍稳,枫落寒江得句多。一雁南飞冲碧汉,群山东界走黄河。来时记得题名处,不是当年旧客何。”“因前因后事茫茫,此日回头即故乡。无事便应成佛去,等闲休为出家忙。江南到处莲花界,湖上千秋水月场。我亦现身来说法,一心生灭自清凉。”“三十尘缘悟已迟,萧萧禅榻鬓如丝。花飞绮阁三生梦,雪压严装万首诗。游戏烟云添画本,神仙眷属载燕支。男儿此际无多让,百战功成退足时。”“画堂遥夜惜匆匆,骊唱苍凉听未终。月色依然千里共,天涯剩有一樽同。田园晚岁输陶令,丝竹中年感谢公。无限含情每南望,暮云春树大江东。”三庆部,寓韩家潭深山堂。

双桂,字韵兰,画兰款署“袁煊”者是也。道光初年,擅盛名者曰二“双”三“法”。三“法”者,杨法龄薰卿、胡法庆小云,余皆与之游;王法宝则识之迟暮之年,在传经堂中,如浔阳琵琶妇,憔悴江潭,四弦掩抑，殆不自胜。惟二“双”皆三生石上，无一笑缘。然于双桂，曾望见颜色，且最早，盖在道光七八年间，余尚未入都也。是时，粤中名部曰绮春，曰桂华。有松林者，已弱冠矣，负冠绝一时名，而珠儿珠女之隶福寿部者，若阿来双凤小名、若阿苏双宝小名，并能以昆山调鸣其伎，不徒颜色照人。元和陈观察厚甫，方应抚军成果亭先生聘，主越秀书院讲席，暇则召诸郎弹丝品竹，陶写哀乐，如谢傅蹑屐东山。时双桂新从京师来，声色既迥出辈流，出其余技，复足惊座人。于是，时望翕然归之，赤城霞起，光景万变，殆不足喻。而德化相国方由楚帅持使节移督两广军，颇眷双桂，遂入侍相公起居。侯门深如海，外间人真乃如海上望三神山，山在虚无缥缈间，但见云气往来，可望而不可即矣。壬辰，德化相戍新疆，闻双桂执鞭弭、属櫜鞬，从荷戈周旋万里。至赐环，乃复间关，从入玉门关。昔秋帆尚书谪西邮，李桂官杖策相随，论者谓桂官加人一等，不在前之具眼识英雄，而在后之患难不渝，所谓“岁寒知松柏”，贯四时而不改柯易叶。此在公门桃李，犹难言之，况杨花轻薄，顾安敢望其为冬青郁郁哉？呜呼，是诚不可及已！丁酉夏，翰林待诏武清杨四廷栋贻我韵兰画一幅，为双钩芝兰、水仙、盆石直幅，笔墨娟秀，想见其为人。款题“庚寅春日作”，则是在珠江时也。暇日闻桐仙言，桐仙始为韵兰弟子，韵兰出赴粤东，乃转而师小云。盖桐仙笔札之传，强半受之韵兰，其渊源固自可溯。

又记：吴中女子林秋娘，名双桂，石氏青衣也，有小青、柳儿之憾。芳姿团扇，乃同遗骆，仲容人种，未许骑驴。桃根击楫，留幻想于南部；枣花持脯，空著录于西河。有题壁诗流传。许兵部金桥属戴中允醇士为画《悲秋图》册子征诗，画作枯桂二株，在石栏干外，秋声秋色，顾影自怜，以云可悲，诚可悲矣。以视明人传奇所云“秋香亭得遇六如居士”者，同一侍儿也。而愉戚菀萃之间，相去岂可同年而语！戴中允复填《满庭芳》词二调，题于画册，作蝇头小楷，书之精妙，如文衡山，一时名流，咸有歌咏。其事亦在庚寅，又以其名与韵兰偶合，因附记于此。乙未春夏间，葛太史蓬山邀余同作和醇士韵词，适以杂事纠纷，未及命笔，孤此佳题，至今思之，犹呼“负，负”。

邱三林，字浣霞，皖人。初入西班，后乃归徽班，春和堂卢禄驭弟子也。禄驭弟子有三人：一曰三才，字秋棠，其甥也；一曰方三林，字竹春，其妻兄弟之子也，与胖双喜演《十全福》，般妙玉得名，今自居春晖堂，得小秀兰为弟子，晖光日新矣；其一则邱三林，亦禄驭内戚也。三三并有声歌楼，而浣霞尤色艺双绝，倾动都人士。维时敦素堂潘巧书之徒曰陈金彩、汪双林、孔德喜，皆擅时名，与春和堂诸人并入时品，各擅盛场。至今十余年后，谈之者尚觉津津然齿颊有余芬。当日风流，令人神往。此中人今惟陈金彩享盛名，拥厚赀，即今三庆部掌班、宝善堂主人，小名小元宝者是也。浣霞与安次香为莫逆交。禄驭与宋全宝辈尝戏言：“梨园中文献，近日当推次香。嘉庆以还旧闻轶事，能言之累累如贯珠。”浣霞与游久，耳目擩染，亦能多所记忆。部中诸父老谈往事，往往呼浣霞印证之，辄就所闻者条举以对，可拟之为“行秘书”。他日次香在乐部，俎豆不祧，则浣霞当分配享一瓣香矣。浣霞娶妇，名玉卿，容光四照，朗朗如玉山，使望见颜色者魂消心醉，北方佳人也。后来惟国香堂芙蓉女儿仿佛其艳丽，当年侪辈中殆无其匹。婉娈燕好，双宿双飞，鹣鹣比翼，禽名并命，群艳羡之。闻浣霞没后，玉卿抱琵琶过别船矣。癸甲之间，有劝我学西河聘曼殊者，或以玉卿为言，同人多来怂恿，余笑谢曰：“深山大泽，实产龙蛇，自维凉德薄福，殆不足以当尤物。”固知其非书生耦也，遂罢。三庆部，寓韩家潭春和堂。

陈金彩，曩在敦素堂，隶乐籍，名曰小元宝。既掌三庆班事，乃更今名。其门下亦颇有佳伶，虽未能遽称大家、世家，与敬义堂、光裕堂抗颜行，然亦往往援盾拔戟，足以自成一队矣。高三庭玉言：“春台班有王元宝者，手挥霍数十万金，好摴蒱六博，每入场辄散数百金。金缠臂跳脱数十双，但供投壶一笑。所谓刘真长一掷百万，有其豪举。其妻苦谏，不见听，乃固要还乡。京城所有舍宇店肆，贱价鬻之，尽室以行。元宝不获已，随之归。健妇持门，固犹不失为田舍郎。多牛为富，足谷称翁，亦足以豪也。归无何，不惯家食，复来京师，住旅店，裘马翩翩，甚丽都，好摴蒱六博如故。未几，博进负多，泻囊货骑，尽偿戏债，甲午、乙未间，竟展转为饿莩。其妇在南中，固犹未之知也。‘可怜无定河边骨，犹是春闺梦里人’，锦绣万花谷中，亦有此耶?”此高三目击其事，且曾以数缗钱赒之，故最得其详。盛衰荣悴，回首何堪！茵溷云泥，谁能遣此？因与宝善堂主人同小名，附记于此。

桂喜，居松秀堂，杨宝林螟蛉子也。宝林为三槐堂王福林女夫，与吴正田子为僚婿。既得桂喜为嗣，以色艺倾动都人士。一时游侠子弟竞饰厨传，积金钱愿纳交，惴惴然惟恐不得当。期年间，累四五万金。歌楼望桂喜如神仙中人，人人羡叹，桂喜亦风流自赏，顾不得于其继母。帅采林者，故其师也，有息女及笄矣，擎如掌上珠，琼林玉笋中相攸举，无足当意者，独许桂喜为可儿，以爱女归之。雀屏中目，鸿案齐眉，有时诩璧人之一双，无事偿聘钱之十万，其侪偶，诸郎少年相与羡极而妒。亦方谓良辰美景，赏心乐事，居然得兼，真天上人间第一美满事矣。漏三商而委禽，歌二章而弋雁，王雎之好伊始，爽鸠之乐未央。夫何方喜乘龙，遽闻赋鹏；子归刺耳，姑恶惊心。托庇松柏之阴，奈何部娄；岂识楸枰之乐，但有勃溪。奉倩不哭而伤神，申生无辞而即世。合卺共牢，式饮式食者，乃在阿芙蓉膏。汉庐江小吏焦仲卿夫妻，千古伤心第一事，乃今复见之矣。新郎才十六，新妇才十五，结缡才百日耳。哀哉！安次香改月老祠楹帖挽之，曰："愿天下有情人，都学他愚夫妇、烈夫妇；此前生注定事，不知是好因缘、恶因缘。"一时传诵，以为妙于语言。

帅采林在和春部居福泰堂，其徒玉凤，改福安堂；其子玉桂，又改安泰堂。玉凤，字瑞卿，以“小尼姑”得名，后入三庆，为福云堂畜弟子，颇有佳者。而安泰堂迄今门风不振，惟玉林妻兄弟清香字篆卿者，入春台，差强人意。后别居素安堂，即常桂玉皇庙旧居也。桂喜在四喜部，寓樱桃斜街松秀堂；清香在和春部，寓李铁拐斜街福泰堂，转入春台部，移居臧家桥玉皇庙素安堂；玉桂、玉林仍在和春部，寓李铁拐斜街安泰堂；玉凤在和春部，寓李铁拐斜街福安堂，转入三庆部，寓陕西巷福云堂。

吴金凤，更名今凤，字桐仙。聪颖特达，文而又儒，近日文人所称“吴下阿凤”是也。其师小云，名法庆，故四喜部名辈。桐仙既入春台部，遂有出蓝之誉。风格洒然，谈谐笔札，色色精妙，所与游多当世文士。性复苦溺于学，故朱蓝湛染，厥功甚深，又能出其余以教其弟子。弟子曰小桐，《长安看花记》所推为压卷牡丹花者也。所居曰“玉连环室”，又有“竹如意斋”。插架皆精册帙，几案间错列旧铜瓷器数事，咸苍润有古色。过其门者，或闻琴声泠泠出户外，皆曰：“此中有人。”诸名士以春秋佳日集其家，阄题分牌，桐仙必与参一席。墨痕淋漓襟袖间，与酒痕相间也。尤工绘事，师袁琴甫，学瓯香馆写生法，作没骨折枝花卉，殊有生趣。而酬应过繁，匆遽中往往金静川、安次香诸君为之捉刀，故外间兰亭颇多临本，然非曹洪倩人之比也。所作韵语，楚楚有致，暇复倚声学填长短句，亦自可诵。每于觥筹交错之时，偶出一语，指事类情，一坐尽倾。好从诸文士游，诸文士亦乐与之游也。以故年逾弱冠，而寻春车马犹烂其盈门云。先达中，乙丑一科人赏识桐仙者最多，往往以门生畜之。学作小楷，书殿试卷子，高积盈尺，我辈过夏举人且逊其勤苦。行草书亦皆秀润流利，不似时过然后学者。兹事虽关人工，殆亦由天授也。王子猷性爱竹，所居辄植之，曰：“何可一日无此君？”东坡居士诗：“宁可食无肉，不可居无竹。无肉令人瘦，无竹令人俗。”吴大帝言：“顾公在坐，使人不乐。”而晋人又言：“坐无车，公不乐。”人亦可以审所自处矣。若桐仙者，可封潇洒侯，菖蒲下拜，甘蕉许弹，坐对此君，自尔翛然意远。春台部，寓五道庙春泉堂，移居陕西巷延陵光裕堂。

桐仙先画《对菊图》，自题五绝句，和者甚众，后又画《三友图》征诗，自迭前韵为倡，诸题咏者尚多和其自题《对菊图》五诗韵云。周太史艾衫为作小品四六文序，工致秀韵，雅称才人吐属，以冷金笺书之，作《麻姑仙坛记》楷法，精妙绝伦。丁酉，桐仙乞题于余，未及命笔而难作。明年春，出戍湖南，友人为我料理行李者，遽收入箧衍，间关万里，相随来五溪，五溪人不识桐仙者，一展册，如见其人。此亦香火因缘也，影里画中，如何如何。

王常桂，字蕊仙。壬癸之间与韵香、冠卿鼎足而立，名在第二，目之曰蕊榜。是时韵香为广大教化主，是国香也，以韵胜；蕊仙，牡丹也，为艳品；冠卿，梅也，为清品。冠卿，清不知秋，无复人间烟火气，标格过蕊仙，而风度不及。然蕊仙所以逊韵香者，亦正以美而艳为累，不得不让上界仙人出一头地耳。蕊仙丰容盛鬋，严妆袨饰，往复进退，光动左右，求之凡女子，殆无其匹。想见当日王明君结束，提琵琶出汉宫，上殿辞别，光艳照人时。唐人呼太真为"解语花"，又曰"海棠睡未足"，而元微之《会真记》之状莺莺，则曰"娇羞融冶，力不能运肢体"。写美人浓艳凝香，千载下犹令人神往，不意蕊仙乃以一身备之。当日于锦绣万花谷中，如火如荼，压倒群芳，独占春光九十，使观者沉酣其中，目不给赏，岂浪得名哉！春台部，寓李铁拐斜街余庆堂，移居臧家桥玉皇庙槐庆堂。

庄福宝，字春山，三庆部郁大庆弟子也，后乃自居玉照堂。色艺不过中人，而语言妙天下。其为觞纠酒录也，座中无虑数十人，人各有性情，有面目，有技艺，有志趣，有喜忌，或动或静，或默或语，裙屐杂沓，觥斝横飞。春山从颂酬答，或迎其意以发之，或导其意以达之，或如其意以偿之，或助其意以足之，莫不欣然开口而笑，各得其意以去。信乎春山为如意珠，虽取诸其怀而予之，不是过也。有时名流宴集，洗砚磨墨，折笺蘸笔，选香而添，掷花而润。当之者往往如张长史见担夫与公主争道，忽悟草书意势，触处洞然，风发泉涌，汩汩其来，不可方物矣。又如说平话，斗险语，径路既绝，风云未通，诸名士方且摇玉柄麈尾，擎铁如意，瞪目哆口如木鸡。春山往往于辞理将屈之时，如谢道韫施青丝步障为小郎解围，或竟如玉环妃子见皇帝博道已失，径放玉色猧子乱局，一笑而罢。生平对客，不为危言激论，而对之者未尝不意也消。谈言微中，可以解纷，春山有焉。曩家居时，见父执叶教习星曹书赠六篷船中人集句，云："秋菊有佳色，春兰如美人。"今日国香服媚，非韵香莫足当之。至若东篱把酒，坐对南山，伴柴桑旧宰，独占秋光，翛然世外，绝无点尘，幽香逸韵，自足千古，春山庶几近之矣。文盛堂弟子在春山以前者，有萧玉林，字雪珊，后别居文林堂。予不及识其人，闻其色艺俱佳，当年与梅卿、浣霞、竹春、秋棠诸郎，皆诗品中人。老辈中论道光初年人物，必举及之。其得名在春山先，固不愧卢前王后也。尔来脸玉犹润，喉珠不圆，退处玉照堂中。日倾三蕉，自取酕醄。惟二三旧相识，招邀谈宴，筹花喝月，媵谑贡欢，相与倾倒。暇或与其侪偶中知己数人，沉李浮瓜，亲戚情话，如说开元天宝盛时，不复锦帕缠头，作曩日狡狯事。即或偶遇后生年少，兴高采烈，揎袖脱帽，汹汹拳拳，不过付之一笑。唐人咏班婕伃曰："总向春园里，花间笑语声。"其超然远引，不欲多上人，为不可及也。郑秋江尝谓《莺花小谱》有曰："反舌已声干，舞东风、兴未阑，筵前笑语司空惯。"刻毒哉斯言！闻之者能无痛哭？予识春山最迟，问其年，曰"二十"。呜呼！乾隆年间，魏长生年廿七，始自蜀来京师耳。比其入双清部享盛名，已当壮年。今日成功者退，乃在弱冠时，否者群起而姗笑之。乌知阿婆三五少年时，亦曾东涂西抹来哉？噫！三庆部，寓大外廊营文盛堂；郁福宝，出居王照堂，初在王广福斜街，后移居石头胡同；玉林出居文林堂。

张双庆，字莲舫，扬州人。初入京，在宝善堂，与小天禄、天寿、天然同居，隶嵩祝部，后入玉庆堂，亦隶嵩祝。其师吕胖子，故春台部小凤、小翠之师也。莲舫既聪颖异常儿，又得名师循循善诱，演《失约日月图》一出，声名即大噪。辛卯百花生日，即脱弟子籍，距客岁冬日长至登场，甫三月耳。后辈小蟾、小香，皆十五岁自立门户，梨园中拟之少年科第，弱冠衡文，令人艳说。如张柬之，跪奉千佛名经，顶礼膜拜，慨然有成佛生天之想。以视莲舫，乃又如李长源，以神童侍禁籞，总角婉娈，即厕身玉堂，读中秘书，恩遇无与为比，是真天仙化人，飞行绝迹，又非下界尘凡所敢望其肩背者矣。莲舫以道光十年二月来都下，期年而业成名立，家室完好。畜弟子三人，有齿长于其师者。师徒跳荡嬉戏，笑声日吃吃不休。是时莲舫年才十三耳。求之古名将中，如淮阴少年，一旦登坛拜将，将百万兵，指挥如意，一军皆惊。无论李广不侯、自叹数奇者，徘徊仰企，歆羡无已；即百战功成，图画凌烟，河山带砺，爰及苗裔，而劳逸难易，迥乎不侔。盖此事自有天授，殆非人力所能与矣。其居室在小安南营，曰“莲舫堂”，即长春旧室也。余识之稍迟，以阿芙蓉故，弢光敛采，几如李夫人转面向壁时，令人不禁有美人迟暮之感。然长身玉立，意思翛然，神采清澈，有蔬笋味，而无酒肉气，如铁梗海棠，虽届春深，终不与芍药肥浓，同争俗艳，固犹不失为清品也。初出师时，在三庆园演剧，方盛暑，部中人戏谓莲舫：“盍饷我辈西瓜消渴？”则笑而应曰：“诺。”百余人恣啖，顷刻尽卅余千。时甫自维扬逆其母至，大骇曰：“费金钱虽无几，然此儿如此豪举，吾恐其他日难为继也。”至今歌楼中犹能道其事。当日豪华跌荡，光辉四映，彼委琐龌龊儿，对之能无颜汗？嵩祝部，寓韩家潭宝善堂，转入小李纱帽胡同玉庆堂，出师后，自居小安南营莲舫堂。

天禄，檀姓，或云默斋教授之孙也。元时有歌伎真真，自言建宁人，西山后裔。姚牧庵为翰林学士承旨，于玉堂开宴日见之，为白丞相三宝奴，落其籍，以妻小史黄康。明德之后，门户靎替，遂乃往往有此，可为浩叹。今天禄与殷采芝、陈四同掌春台班事，闻人言给孤寺西夹道望江会馆亦天禄掌馆，则其部署固自可观。顺林者，字砚香或作艳香，天禄族人也。幼随其父入都，居国安堂，与天禄所居国香堂为辈行。二人皆名门，而后起殊无足数者。天禄有女曰芙蓉，明慧艳冶，有长安丽人之目，都人士闻声倾想，红襟小燕入幕窥帘，思窃比西家宋玉者，以千方百计得玉香为快婿。于归之夕，催妆却扇，喜可知也。于时日下，群公衮衮，识两家者咸会丰玉堂、国香堂两地，笙歌灯火，极一时之盛，花天月地，又添一段佳话矣。

先是，天禄畜一弟子，学唱武小生，颇秀慧。一日酒楼演剧，座中有入觐刺史，怪其神情不类优儿，有所枨触，亟还寓，召之来，细诘姓氏、里居及坠落之由，则从子八九岁时迷失道，为人略卖者也。刺史大恚恨，鸣之官，禄多方夤缘，乃得薄谴，论城旦春。岁满复归京城，依然傅粉登场，聚徒教歌舞，意气扬扬，甚自得也。余尝有诗云："茵溷无端堕落悲，幼芳狼藉有银儿。酒边更读王郎曲，天禄生还喜可知。"昔宋南渡时，伎薛幼芳为朱道学文公先生所窘，无服辞，但曰："不可以吾污士大夫。"乾隆间，陈渼碧被逮，荷校以徇，逐还四川。而国初苏州王紫稼重入都，谒龚太常，竟为汪南枝御史杖杀。薄命遭逢，又有幸不幸焉。顾黄公有《读梅村〈王郎曲〉》题杂感绝句，自注序述王郎事甚详。所云"广柳纷纷赴盛京"，又云"争拍冰轮上马行"，皆指顺治丁酉科场事，吴汉槎诸君东戍宁古塔者而言也。旧与天禄齐名者天寿，徐娘虽老，风韵犹存。今出临红氍毹，固犹在天禄之上也。顺林近日惟与旧相识数人往来，偶携弟子赴歌楼，亦不复酬应，盖已鬑鬑颇有须矣。天禄在春台部，寓朱家胡同国香堂；顺林在三庆部，寓百顺胡同国安堂。

长春，字纫香，春福堂主者，道光年所称"状元夫人"是也。乾隆初，毕秋帆先生春试报罢，留京师，李桂官一见倾倒，固要主其家。起居饮馔，供给精腆，昕夕追陪，激厉督课，如严师畏友。庚辰，秋帆尚书以第一人及第，时溧阳史文靖公重宴琼林，来京师，笑谓诸君曰："闻有状元夫人者，老夫愿得一见。"一时佳话，流传至今。随园诗所谓“合使夫人让诰封”者，正指此事也。皇都春色，百花争放，秋芙在群芳中，如紫微善笑，又如蔷薇多刺，品格固未是高，然尚不至如“颠狂柳絮随风舞，轻薄桃花逐水流”也。

北人呼长春花为“土抹丽”，其花见日则敛，向夜复开，四时不断，而托根滋蔓，生不择地，既少芬芳，又复旦暮变易。当万葩竞秀时，培植妙卉，寸土尺金。顾容此无足重轻之小草，蔓延庭阶，大是恨事。若长春者，其品格在百花中，乃适如其所自名耳。海盐朱九朵山，以癸酉拔萃，为户部郎，眷长春甚，几于非是食不饱、寝不安。英四相公管度支，朵山兼捐纳房。于时，长春长袖善舞，筑室畜弟子、教歌舞，赚游侠儿金，自娱乐。而朵山于乙酉、丙戌联捷，廷对魁天下，世遂以“状元夫人”目长春。无何，捐纳房书吏雕印假照事发，诸曹郎失察者获谴甚众，朵山亦以此事挂吏议，罢归。岁甲午，乃复出山，仍为户部郎，自此踪迹亦疏矣。方朵山官尚书郎日，令叔虹舫学士有侍儿曰多姑娘，美而艳，且慧警，朵山大有芳姿团扇之意，自书楹帖曰：“一心只念波罗密，三祝惟祈福寿男。”学士笑谓曰：“他日能得鼎甲者，当以此儿赐汝。”未几，朵山竟以第一人及第，多姑娘竟不愿为状元小妻，强之不得，遂罢。《板桥杂记》载：旧院伎刘元遇一过江名士，不为礼，恚曰：“若不知我为名士耶？”元笑曰：“名士是何物？能值几文钱？”雅俗之间，相去乃真不可以道里计。余尝以刘元二语填词，为《水调歌头》起句。朵山之于长春也，非长春能识朵山，朵山自爱长春耳，宜其重来而踪迹遂疏也。长春有弟子曰联桂，字小蟾。自别居春元堂，高视阔步，落落寡合，余目为伶侠，以尤三姐拟之。方其初脱籍时，一切草草，谒其师，有所假贷，乃德色谇语，不可向迩，且固一毛未尝拔也。阿蟾衔之甚，往来遂绝。嗟夫！“见金夫，不有躬”，长春则诚有之矣。若云“具眼识英雄”，则固逊其弟子百倍。此事本不足置齿颊，顾“状元夫人”得名已久，无识者或艳称之，恐致惑世诬民，不能不辨。长春肌肤不甚白皙，当时轻薄者有煤炭捏成一联，余载之《琐簿》。至所云“太仆仇人”，则或讳之，其详不可得闻也。春台部，寓李铁拐斜街春福堂。

庆龄，能弹琵琶，称“琵琶庆”，男子中夏姬也。嘉庆间即擅名，至今几三十年。年过不惑，而韶颜稚态，犹似婉娈。为男子装，视之才如弱冠。至若垂鬟拥髻，扑朔迷离，真乃如卢家少妇，春日凝妆，岂《楞严》十种仙中固有此一类耶？酒人中推为大户，巨觥到手，如骥奔泉，未尝见其有醉容。又吸阿芙蓉膏，日尽两许，世传此为罂粟液合诸药所制，能铄肌肤，损颜色，服之者容光锐减。庆龄吸此廿余年，而面目丰腴润泽，视畴昔少好时，容华不少衰，洵是奇事。或谓其得斟雉之术，理或然也。演《宛城》，作张绣叔姆，余未及见。见其《荡湖船》小曲，抱琵琶出临歌筵，且弹且歌，曼声娇态，四座尽倾。烛影摇红之下，钏响钗光，鬟丝鬓影，无不入媚。盖其平居，入夜辄卧对一灯，往往申旦。朝曦已上，始拥被酣睡，亭午犹息偃在床。酒楼指名坐索，必俟日晚始徐徐而来。故茶园征歌，久不与列，而酒后灯下看美人，适得其妙，几忘其为东涂西抹阿婆矣。三庆后来之秀，林立庭阶，若论彼中人名辈，大半皆其孙、曾行。当其轻拢慢拈、流盼送媚时，偷睨场后小儿辈，骈肩窥帘，喁喁私语，往往吃吃笑不能自禁。故其当场意态都无一定，随所感触，如风水相遭，自然成文，非他人所能及也。近日法林《荡湖船》亦擅时名，然颇似燕赵佳人，眉梢眼角，时露劲气，不称吴娘肢体。福林态度温柔，而碧玉破瓜之年，未省人事，虽云绰约，终少妩媚，故至今三庆演此剧，终无以易庆龄也。娶妻妾，畜弟子，而弟子苦无佳者，以至门风不振。至于大妇、小妻，分曹列艳，鸳鸯七十二，花叶自相当，庆龄处其中，如豹仙紫云销魂，春娘换马，习为常事。款款蜻蜓，深深蛱蝶，“秦宫一生花底活，不数金钗十二行”矣。所营菟裘曰“遇源堂”，其狡穴颇多，小妻居小椿树胡同者，为天人装，璎珞垂胸，绣袍窣地，见者惊犹鬼神。大妇旧住石头胡同，新移王广福斜街，南国佳人，风流自赏。吾曾见其小女，年才十岁余，娇鸟恋巢，慧丽柔媚，在枇杷花下扑蝴蝶、捉迷藏，殊有姿致。洛阳女儿，难得此宛转如意者。掌上夜光，珍重护惜，宜矣。大初山樵《燕兰小谱》以魏长生为殿，余作《长安看花记》，以小天喜为殿。今此录复以庆龄为殿，同一例也。三庆部。庆龄居遇源堂，一在小椿树胡同，一在石头胡同，移王广福斜街；法林寓韩家潭春和堂。

大五福，字畴先，皖人，保定佳伶也。上谷为直隶省会，距京城三百三十里。日下歌楼，淘汰簸扬，往往以余波润三辅。其间色艺稍可观、有声名者，又辄飏去入长安。惟畴先始终居保定，凡十五年。道光壬辰、癸巳间，表叔颜鲁舆制府为方伯，世兄阮小云观察摄廉访。余来迭主二公幕，时士大夫方以簿书期会勤职业。昔乾隆、嘉庆朝，合浦李海门太守，以县令起家，至郡将与吾乡涿州牧徐公用书，及余太岳祁州牧叶石亭先生，并有好士名。公车北来者，恃为东道主，供行李，无困乏，豪华跌宕，照映一时。今问诸父老，已鲜有能言前辈风流者。琦静庵通侯琦善方由蜀帅移节总督畿甸，风规峻烈，驭属吏严，戒诸长吏非檄召无得辄离职守。诸郡守、牧令惴惴然，几于非公事不敢至行省谒上台。商贾坐阛阓，无由近利市三倍。于是，会城客舍阒无人，乐部中人几口不言钱矣。尔时保定伶人分为二队：曰长庆部，曰三台部。长庆部既高自位置，不屑屑求悦庸俗人耳目；三台部则苟图足衣食，委曲婉转为容悦。以故长庆部益寥落不能自存，多入三台部。

畴先慨然谓部中诸父老曰："吹律不竞，吾不复能抱琵琶弹《郁轮袍》，为诸父老羞。"于是敛笙笛鼓板，不复与诸郎竞。畴先昔既以色艺倾倒都人士，又其行义高如鲁仲连，诸顾曲者心重之。所居曰金丝胡同，邻□叔先生祠堂。余以谒祠日从友人访之，温润如陈玉琴，潇洒如杨法龄。天半朱霞，云中白鹤，有超然出尘之致，亦不觉心重之也。又有小五福，字寿先，扬州人，隶三台部。自言小时与秋芙同舟北来，所演杂剧亦多与秋芙同。在保定诸伶中颇有声，亦庸中佼佼者。然其举动乃大似《红楼梦》中夏金桂。以视畴先，未免有名相如之谯。特以其名相同，如京师大小清香之例，故连类及之，附记于此，实则拟非其伦也。小五福闻秋芙出师事，意怦怦动。好事者复嗾之，承谳者又惘然以古押衙自任，遂开笼纵之出。然诸与相识者，咸心惕惕然，待之如京伶赵悬郎，相对有戒心焉。大五福在保定长庆部，寓金丝胡同；小五福在保定三台部，寓唐家胡同。

卷三 丁年玉笋志

桐仙以丁酉首夏为花君乞立传，一时诸郎，咸愿得厕名《看花记》中，争请余顾曲，乞品骘色艺，冀得一言为重，招邀者武相接也。于时传写《看花记》者，几有洛阳纸贵之叹。余笑曰："陈寿乞米，许报佳传。此事乃容请托，不几如魏伯起秽史乎？"秋六夕，修秋禊尺五庄，略与同人商榷体制。秋试期近，未几难作，遂尔阁笔。重九前一日，余就逮，既下吏，从诏狱中谒椒山先生祠，摩挲手植榆树，因用顾梁汾寄吴汉槎《宁古塔·贺新郎》韵填词二调。寒冬短晷，拥炉谋醉，醉则歌呜呜，乃命笔为《看花后记》。于是时，提牢主事桂林胡小初元博，随园外孙也，简斋先生与先光禄为戊巳同年生，故以年家子见，相得甚欢。戊戌元夕，以《咏萍·高阳台》慢词索和，且以录，别为依韵谱之，曰："梦渐随云，春都成水，飘零别换心情。如此浮名，可知悔煞寻春。杨花谁说情根薄，尽缠绵、未放愁醒。肯贪看、五万春华，误了浮生。　　衍波笺写回波曲，只约凭风片，护倩云根。似叶青衫，笛中怕听霖铃。遥怜花韵楼前柳，漾春波、竹水三分。忒匆匆，秋影依依，又换芦汀。"百花生日，荷戈就道，道中无事，篝灯对酒，复取草稿增删移改，命之曰《丁年玉笋志》。凡得传十二篇，其中如金麟、小秀兰，则先已有传，前略今详。吕子明所谓"士别三日，便当刮目相待"，吾知之不早，所以旌吾过也。翠香、福龄、爱龄，则直取本传移入，盖其年辈皆与后记中人相等，从其类也。人才不择地而生，岁时代谢，光景常新，跗鄂相衔，华实并茂。吾曩恨不及见乾隆、嘉庆间人，今所见后来诸郎，婉兮娈兮，总角丱者，未几突而弁。将来子子孙孙，继继承承，勿替引之，和凝范质，衣钵相传，吾知其方兴而未艾也。谢太傅有言:“佳子弟正如芝兰玉树,欲使其生于庭阶耳。”昔谓此中人不过五年为一世,吾居京师裁七八年,已及见其三世矣。因润色录之,都为一卷。道光二十有二年,太岁壬寅春三月三日,辰溪戍卒嘉应杨懋建掌生自叙于茧云精舍之仰屋。

戊戌夏到巴陵,住八十日,与徐三稚青定交,临别为我画《茧云精舍图》,且为之记。洋洋洒洒数百言,相属望意良厚。余亦书画中隙地,曰:“此掌生梦境也。蚕吐丝作茧,龙嘘气成云,所凭依乃所自为也,其缠绵亦其自取也。荷戈南戍,先写此图,留待他年筑室以实之。”秋九月,既到戍所,自署大门,曰:“圣代即今多雨露,谪居犹得住蓬莱。”又一联,曰:“仰屋著书,我用我法;杜门却扫,吾爱吾庐。”既而交刘大晓亭家光,辰溪佳士也。见稚青画,将为我更作,久未命笔。己亥冬夜,酒醒兴到,起援笔疾成之,为《四时图》凡四,亦为之记。洋洋洒洒数百言,相属望意良厚,如稚青也。不佞生平,良朋密友爱我者,既多且挚,每念知己,能不酸辛?因书《玉笋志》,附志于此。庶知阿掌为天下有情人也。

秀芸或作钧,殷姓,字竹君,小名金宝,苏州人。从桐仙兄冬友入都,居光裕堂,学昆山调小生曲廿余出。丁酉三月始登台,人未之奇也。面目性情,大似小霞,俊爽超脱,余一见许为隽品。是日演《红楼梦·栊翠庵折梅》,为宝玉,固未足尽其所长。是时,桐仙方张灯开宴,乞为花君补传,附入《看花记》中。群弟子咸侍,尊壶面鼻,各奏尔能。桐仙又与小桐合作黄荃、徐熙派兰竹盆石小幅,酬余曰:“此郑荣润笔金钱花也。”诸郎环立如玉笋,观者乃真朗朗如玉山上行,目不给赏,心为之醉。谢康乐所言“良辰美景,赏心乐事”,竟可兼而有之。后来之秀,辄私相计曰:“经平子未?”几如许子将兄弟在汝南商度月旦评时,人物之延颈跂足,待品题者心怦怦也。余独心许秀芸,为入目第一人,数数为小霞言之,颇不以吾言为河汉。秋八月,小霞既移居石头胡同内之羊毛胡同，秀芸乃定归咏霓堂。余力赞之，且为屏当部署一切，事乃得就，以重九前二日入门称弟子。是时，余以顺天科场事被逮，秋曹准牒摄，对簿停案以待，特以此事勾留二日。既蒇事，乃自诣吏，亦可谓痴如王济者矣。近日昆腔歌喉，盛推绮人、听香二人。绮人声大，然枯而不润；听香声高，然激而不和。以之起衰振靡则可，至于声音之道，则慨乎其未之有闻也。竹君发声，遒亮爽脆而又圆润清和，累累如贯珠，所谓"八音克谐，无相夺伦"，惟斯人足以当之，虽前辈中冠卿、鸾仙，不能过也。此中人有场上场下之别，往往声容兼擅，而酬应非所娴习，虽金麟犹不能免纪渻木鸡之诮。夫高文典册用相如，驰书羽檄用枚皋，陆士衡所谓"离之则双美，合之则两伤"，每念与人不求备之言，辄不禁"今日捉将官里去"之叹。二难具、四美备者，能有几人？若竹君者庶几兼之矣。戊戌百花生日，余荷戈南戍，竹君随小霞设饯"梦侠情禅室"。别后每寄声殷殷讯平安，顾近日得小霞书，述竹君近状，乃几有阳春白雪、曲高和寡之憾，岂知希我贵耶？冯唐有言："先帝好文而臣好武，陛下好少而臣又老。"李广第一，数奇不侯。俯仰身世，能不慨然？然咏霓堂已入四喜部，从此四喜部当增声价矣。跂予望之。春台部，寓陕西巷延陵光裕堂，转入四喜部，寓石头胡同内羊毛胡同咏霓堂。

秀芸在群芳中，异品也，初命之曰"绿牡丹"，继思明崇祯朝有作《绿牡丹》传奇以刺复社中人者，嫌其非佳名，乃更命之曰"绿萼梅"。当日上界仙人萼绿华降羊权家，留赠白玉条脱而去。天仙化人，游戏神通，目无下尘，故应尔尔。秀芸在光裕堂，不得于桐仙之妻，乃出之，桐仙意固未忍遽舍也。初归咏霓堂，余实为盟主。甫入门，小霞笑谓余："君于此子，犹子也。曩君颇眷雨初，今名秀芸，为秀芸字之曰'晴初'，可乎？"在坐者咸相视而笑。秀芸，或作秀筠，字竹君，从其朔也。然桐仙门下花君诸郎，名辈行皆以小相为主，字并从草。呼龙耕烟种瑶草，如此妙卉，夫岂易得？余乃定书作"秀芸"。秀芸事事肖小霞，而歌喉高过其师远甚，荀卿有言"青出于蓝""冰寒于水”，正所谓“当让此子出一头地”，不止沆瀣一气而已。毛初晴作教歌头，罗三行序曰：“罗三非歌人，乞毛生为作歌，庶人知罗三苦沉沦也。”故其诗援元白例，按度扚节为疏记，后有作者犹可寻绎，此天下第一有心人也。唐太宗文皇帝为元奘法师制《圣教序》曰：“松风水月，未足比其清华；仙露明珠，讵能方其朗润？”善哉！可为妙于形容。然余所品题秀芸，闻吾言者，固疑信半焉。此中人语，固云不足为外人道也。

翠香，陆姓，字玉仙，吴儿之极媚者也。隋炀帝目司花女袁宝儿曰憨态可掬，是儿仿佛遇之。如春烟笼芍药，秋水浸芙蓉，未是绝艳，要足令人心醉。目有曼光，双瞳剪水，执版当席，顾盼撩人。演《占花魁》“醉归”“独占”、《雷峰塔》“水斗”“断桥”及《荡湖船》小曲，无不以憨入妙。许太常留溪师尝言：“若辈中人，往往十指如悬槌，一握为笑，令人索然意尽。惟翠香面目如曼陀罗，指掌如兜罗绵，玉笋班中，可称第一手。”吾师雅人深致，有此绝妙品题，每念斯言，辄令人不忘相逢把臂时风趣。古乐府所谓“栏干十二曲，垂手人如玉”，又想见王夷甫执玉柄麈尾，与手同色，倾倒时流也。若置之梨香院女乐中，当是芳官品格。在群芳中，当命之曰“胡蝶花”，即凤仙也。《本草纲目》谓之“急性子”，子熟时，有触即握拳露爪，此儿性格似之。余尝榜其居室曰“翠海香天”，楹联曰“翠袖竹边怜小玉，香词茶后谱中仙”。榜额余自书，楹帖则蒋叔起所书也。当传经堂多宝病革时，玉仙代为演《金雀记·乔醋》，与小霞为偶，憨中流慧，尤觉可儿。惜无几时，即以才宝易之，此调不复弹矣。《西游记》女儿国王，娇痴之态，尤为擅场。日新堂昔演此剧者曰全龄，所谓“铜丝扭就国王头”者是也。一二年间，为其师赚四五万金，在春台十子中曰“黄带子”。玉仙近日有“少爷”之号，亦谓其任性自恣也。殷采芝门下，惯育趾高气扬之人，真不可解。又有宝龄，久已不蹈歌场，亦不甚见客，侍采芝起居饮食，入夜则一灯相对，喁喁申旦。闻当年色艺，亦是可观，今则反舌无声矣。

日升堂三元之弟曰三福，为女儿国相，意趣未能流动，而进止徘徊，眄睐自怜，亦后辈中可造就者。春台部，翠香、全宝龄俱寓朱家胡同日新堂，殷三福寓东皮条营日新堂。

金麟，字绮人，春台部胡小云弟子也。小云为桐仙之师，金麟既出名门，意态皆能不失大家风范，绰约秾郁，自然可亲，拟之南州香草，当在夜合、含笑之间。又如黄梅花，虽未是清品，要其风味，正自醲厚。丙申暮春，在燕喜堂肩随桐仙执壶，于时，光裕堂中翠霞、秀莲，皆捧觞随行，以次进酒。绮人乃如鹤立鸡群，置之诸郎中，固应翘然独秀。余初撰《看花记》在丙申夏五，叙金麟者止如此。越一岁，则金麟已声名洋溢。走马帝城者，几不欲作第二人位置矣。南海颜佩秋以书抵余曰："金麟歌喉独出冠时，作者何以记不及此，得无遗憾耶？"余笑而谢。既而见其演《絮阁》《赐珠》二出，乃信名下固无虚士。近日雏莺乳燕，呢喃学语，细声窈杳，裁如游丝，气息仅属，几似龙宾十二，回翔应对时，三弦不敢促柱，凄凄咽咽，惟闻笛笙声。虽有师旷之聪，不能辨其五音六律，周郎顾曲，但唤奈何而已。绮人出为师子吼，证声闻果，高视阔步，踔厉发扬，其意气固已足以陵铄一世，及其发声，遂乃如项王喑呜叱咤，千人皆废，真可充满天地。俯视余子，声呜呜，如泣如诉，如怨如慕，乃与蜩抱枝、蛬伏砌不可同年而语矣。同日又得观其师小云演《费宫人刺虎》，作家举止，固自不凡。是日适遇各庄分包，故茶楼杂剧，春泉堂师徒独占三出，几与堂会指名奏伎者同。春台部，寓虎坊桥口内五道头前春泉堂胡。

小天喜，字听香，扈姓，春福堂连喜胞弟，四喜部后来之秀也。近日昆腔歌喉，推金麟第一，听香出，遽掩其上。如洛钟之应铜山，蒲牢夜半鸣，足以发聋振聩。又如秋城画角，凄彻心脾，令人闻之，有"落日照大旗"之想。盖听香之为人，得秋气多，故其发之于声，亦为秋声。其神情极似冠卿幼年时，特风姿微不及耳。举动吐属，直截了当，又似小蟾，而雅驯过之，才艺亦居其上。昔章丘李中麓先生归田后，园林池榭，极一时声伎之盛，大治幸舍馆客。客有能以鹅管为笛者，吹之，清脆激越，有遏云裂石之音。当日“即事诗”所谓“鹅管吹笙明月夜”者是也。后数十年，犹有能传其法者。假使听香临歌筵，得如李謩者，其人掌鹅管笛和之，一片清商夷则，如夜静龙吟，天空海阔，以视韩娥三日绕梁之音，当何如耶？天下名山，黄山之外，惟雁荡为石山戴土，地僻境幽，虽有土气，亦不甚厚，故不竹不笋，但觉清刚之气满人怀抱。若听香者，学山而至于山，则雁荡矣。在群芳中，则玉兰品格为近。迎春献岁，凌寒先放。四喜部如名园就荒，庶草繁芜，得此一枝，翘然独秀，从此好春消息来矣。眉仙在部中，巍如鲁灵光殿，如韩陵一片石，如江左夷吾，雍容坐镇，而寥天一鹤，殊有独立苍茫之叹。得听香为之后劲，乃信曲高者和非寡矣。丁酉入春来，四喜部登场，座上客往往与春台相埒，每日不下七八百人。视前一二年，盖已倍之矣。天运循环，无往不复，善哉，司马季主之论卜也！四喜部屯极而亨，或者可复返嘉庆间旧观，则听香其先声乎？四喜部，寓朱家胡同云福堂甘。

福龄，字春波，郁大庆犹子也。自春山出居玉照堂后，文盛堂“门前冷落车马稀”矣。既得春波，门风复振。格局秀整，神采焕发，桃花颧面，光艳照人。尤不可及者，长眉入鬓，时露异彩，如春雨初霁，远山新沐，浓翠欲滴。昔隋殿脚女三十人，惟吴绛仙善画长眉，打浆踏歌者群相仿效。有司日给螺子黛五斛，绛仙独得波斯真品，炀帝目之曰“秀色可餐”。坐对春波，仿佛想其眉妩，曹子建《感甄赋》曰“修眉连娟”，《西厢记》北曲《惊艳》曰“宫样眉儿新月偃，侵入鬓云边”。若春波者，固天之生是使独。非京兆尹所能点染，更无事乞灵于颊上添毫手也。龚小玉尝谓春波之眉、鸾仙之目，使合为一人，当其秋波一转，能令天下铁石肝肠人一齐心荡。善哉！可为知言。史邦卿、瞿宗吉辈填《沁园春》词，连篇累牍，固犹未免在温柔乡中为门外汉也。顾梁汾《登雨花台词》"如此江山刚换得，才子几篇词赋"，可为片言居要。春波之为人，温克沉默，不苟言笑，其意穆然以深，不屑屑求人怜，亦未尝高自位置。自命不作第二流，而人亦自不能竟度外置之。钟夫人自是闺房之秀，斯之谓矣！三庆部近日玉笋环生，望之如瑶林琼树，要当以春波为翘楚。性情极似藕香榭中惜春，碧玉初年，身量未足，亦正如此。或言春波似藕官，亦近之。在群芳中，当是素馨花，皑皑如雪，皎皎如冰，又复清而能腴，洁而能隽，岂凡卉中所能有其色香味？

同人尝集福兴居之醉乡深处，坐中有秋芙绝缨错舄，语笑喧豗。秋芙自命酒人，欲矜大户，动以陈元龙湖海间豪气压人，淋漓酣嬉颠倒，如项王巨鹿之敌章邯，诸侯皆从壁上观；如光武昆阳之破寻邑，雷雨大作，屋瓦皆飞。意气之盛，几几乎有不可一世之概。一鼓作气，狂态尽露，莫可禁遏。不逾时，玉山自倒，非人推矣。春波微笑不言，而杯到不停。《三国志注》称"邴原饮至一石，容色逾庄""黄叔度汪汪如千顷陂，澄之不清，淆之不浊"，古人所难，今复见之，可谓善《易》者不言《易》矣。雨初饮亦甚豪，以出冠卿门下，称酒世家，倾翻北斗，吸尽西江，有此雄概。然"酒酣喝月使倒行"，以当春波，固犹是中驷耳。冠卿每叹曰："当让此子出一头地。"三庆部，寓大外廊营文盛堂郁。

爱龄，字小香，亦后来之秀也。演《邯郸梦》，为打番儿罕，绯缨绣袍，结束为急装，舞双枪如梨花因风而起，观者光摇银海，万目万口，啧啧称叹。公孙大娘舞剑器浑脱，浏漓顿挫，有此妙手。三庆部如意《打桃园》，掣大刀，旋转如风，擅一时技击名，不足敌小香也。吾在保定，尝见三台部双禄卖艺，拳棒刀枪，色色俱妙。最后舞流星，风驰电掣，乃如五色舍利，大放光明，普照世界，叹为绝伎。小香不及双禄之兼擅，双禄亦逊小香之专精也。使二人见面，各出所长，正当爽然自失耳。小香偶亦裹头作天魔舞，歌喉颇嘹亮，然究非所长。虽习武小生，而对人宛转如意，无介胄容，亦无脂粉态。大抵柔媚是吴儿本色，小香则别饶清致，秀外慧中。茶筵酒座，香泽微闻，其风味如佛手柑，清夜静对妙香，可以忘言。纱厨窣地，桃笙腻滑，执瓜瓠斝，品梅花雪水，但觉清气袭人，不知身在瑶台第几层矣。古称可人，又曰可儿，小香有焉。潇湘馆中紫鹃也。闻小蟾言：曾有伧父，以多金啖小香，屡逼之，小香如墨翟守宋，不穷于应，最后且恚且胁，不胜其嬲，痛哭而罢。后来之秀，守身如玉，岂寻常叠被铺床者所敢望其肩背哉？爱龄在三庆部，寓韩家潭敬义堂，移居香雪堂；如意在三庆部；双禄在保定三台部。

常州陈少逸《品花宝鉴》第二十三回，有"兰保御侮"一条，其智有足多者，然以视小香，固有上下床之别。宋人蔡友古词有《洞仙歌》一阕，有绘声绘影之手，其结句云"我只为相思，特来者度，更休推后回相见"。吾尝见友人慕秋芙者，如文园令病消渴，愿得金茎仙掌一滴露，网设鸿离，轨濡雉鷕，狐绥绥，虎耽耽，整冠昧李下之嫌，盗铃慰桑中之喜，然而鄂君未举夫翠被，神君犹隔夫绡帐，扑朔迷离，是耶非耶？虽自命"秦宫一生花里活"，其如"三生石上，无一笑缘"何？唐张籍乐府曰："还君明珠双泪垂，恨不相逢未嫁时。"夫乃叹有情人都成眷属之言，此愿固未易偿也。"觏闵既多，受侮不少"，鄙人从旁盱衡久之，不忍其诟，乃录友古词，书折叠扇子贻之，见者莫不绝倒。爱我者或箴我："奈何作此虐谑，毋乃绮语罪过？"虽然，区区之心，但祝回头，敢辞饶舌？"歌以谇之，谇予不顾"，吾末如之何也。已矣！

小香与小蟾交最契。丙申秋，小香出敬义堂，方绸缪居室，小蟾适于重阳前有西江之行，春源堂舍宇器用尽举畀小香。今雪香堂中一切位置，皆仍小蟾之旧也。小蟾落籍时，年十五，小香亦十五岁自立门户。小蟾不畜弟子，今小香有弟子二人矣。以齿则师徒固相若也，嬉戏跳荡，嚣呼喧呶，无家人礼，如魏叔子所传万安卖酒者郭节然。尝与友人论之，小蟾如蒋虎臣、梁山舟，早赋遂初；小香则如侯官老儒，食报隔世，弱冠巍科，出掌文衡，文福兼隆，殆由天授。能使老师、宿儒艳说其事，羡极泣下。梨园中又添一段佳话也。

小秀兰，胡姓，初字韫香，更名香吏，春晖堂方三林弟子也。以其与小桐同名，故称“小”以别之。儿遂乃已知名，俯仰身世，小桐能不怃然？柳五儿为芙蓉女儿后身，此儿仿佛遇之。其人有鸾仙之修整而不勍，有冠卿之秀澈而不冷，清而和，朗而厚，置之瑶林琪树中，风骨端凝，意态俊爽，可称东海秀影。予昔于《看花记》中品之曰：“其姿致如牵牛花，墙角篱根，娟娟一朵，点缀秋光，凉翠欲滴。秀色可餐，如当椎牛行炙之后，餍饫肥甘，忽进蔬笋一盘，入口脆美，清快无比。又如妃子酒后，啖荔枝过量，浆热体烦，得玉鱼含唇舌间，凉沁牙齿，顿觉举体清适。如苏易简月夜解酲，自称冰壶先生，不数金茎解渴。是时与香吏殊落落，但见其局度安详，不竞不絿，不吴不敖，谓其得清气多故。”其言如此，实未足以尽香吏也。宜黄符雪樵于香吏极所醉心，始予不谓然，久乃信非阿其所好者。香吏近学弄笔，作小楷，画兰蕙，并有可观，孳孳汲汲，如将不及。从诸文人问字，断断如也，可云有志之士。三庆部，寓韩家潭春晖堂。

秀莲，字花君，扬州人，桐仙得意弟子也。光裕堂先有天然、天秀，不久皆散去。后来者曰“三秀”。三秀者，秀兰、秀芸、秀莲也。秀莲入门最后，而最慧。意态爽闿，言笑举止并皆洒落，无委琐气。所般皆小生剧。先是，同师者有学《渔阳掺挝》，为祢正平骂阿瞒。伊吾久之，花君从旁窃听，则已尽得其节拍，扬袍振袂而出，神情态度，参以己意，妙合自然，虽素所习不啻也。有伧父挠之，不令般演而罢。桐仙乃竭一夜之力，篝灯按谱，摹仿为岳云骂秦桧剧，命名曰《快人心》，词曲、宾白、料诨、爨弄，悉与《渔阳掺挝》异，非依样胡卢也。桐仙以一夕成之，花君即以一夕习之。明日入戏园，登场般演，耳目一新。观者方啧啧叹新剧之妙，不知乃其师徒夜来灯下所为也。是时，小桐方久享盛名，而余独称许秀芸为后来第一人，固未知花君也。桐仙为觍缕述其事，且乞立传。是夕，张灯呼酒，命秀莲奏其伎，曰：“努力博周郎一顾，将以实吾言之非谬也。”有所誉必有试，桐仙盖非偶然,因即桐仙所书节略,为润色之如此。春台部,寓陕西巷延陵光裕堂;天然、天秀,俱寓春台部光裕堂。

天然,昔在光裕堂,未免恃宠而骄,桐仙亦无如之何。天然颇挥霍,所得金钱辄随手散尽,其师亦不得稽其出内也。桐仙惩往事,驭小桐辈颇严。又有阍人沈二司钱谷,钩会甚密,故诸小郎殊局蹐。惟待花君多所宽假,起居一切得自如,丈夫爱怜少子,今亦有然矣。桐仙举动洒脱,略似魏晋间人,大有王夷甫口不言钱之意。落拓殊不治家人生产,几几乎如绛侯问刑名不知,问钱谷不知。又极慕赵明诚之为人,欲学其居大学时典衣买书故事,每入琉璃厂肆,所见法书名画、钟鼎彝鬲,杂然满载以归。或货郎负骨董造其家门,意有所向,费辄不赀,不问度支能给与否,室中质帖常数十纸。肃霜告寒,光裕堂中诸郎始谋授衣,岁习以为常。曩年在春台部十子中,目之曰“书呆子”。京华尘土,涅而不缁。王茂宏无事举扇相障,以视逐金弹工数钱者,相去何可以由旬计?然小桐谋脱籍,桐仙居奇货,昂其直,索八千金,故事久弗就。而秀芸之归咏霓堂,小霞亦费千三百缗。余许为后来第一人,力赞之,且为屏当部署,乃得成交云。古之人有言曰:“惟俭可以养廉。”旨哉言乎!

鸿喜,字雨香,其师檀天禄,春台部掌班也。天禄少负盛名,缘事论城旦,归京师,复理旧业,得鸿喜,宛转如意,姿首清洒,而意趣秾郁,如茉莉花。每当夏夜,湘帘不卷,碧纱四垂,柳梢晴碧,捧出圆月,美人浴罢,携小蒲葵扇子,着西洋夏布衫,花影满身。纳凉已足,就曲栏花下,设麋鹿竹小榻,八尺红藤簟,开奁对镜,重理晚妆,以豆青瓷合装茉莉蕊,攒结大胡蝶二支,次第安戴,鬓旁补插鱼子兰一丛,乌云堆雪,微糁金粟,顷之媚香四溢,真乃竟体兰芳矣。坐对雨香,有此风味。天禄同族者曰顺林,居国安堂。有弟子小翠,字碧生;小凤,字次香,皆不及鸿喜。又保定有金福、银福,即顺林之徒小兰、小桂也。鸿喜在春台部,寓朱家胡同国香堂;小翠、小凤、小兰、小桂俱在三庆部,寓百顺胡同国安堂；小兰、小桂后出居保定，易名金福、银福，在三台部，寓唐家胡同。

小五福，曹石麟弟子也。演《瞎子捉奸》，弹琵琶丁丁然，旖旎融冶，"梨花一枝春带雨"，态殊似之。石麟本亦裹头人，今改唱小生，兼工技击，声容俱胜于畴昔。每日大轴子，《竹枝词》注："轴"音"纣"。石麟必与胖双秀两两登场，此三庆部持门生旦也。胖双秀不习昆腔，而发声遒亮，直可遏云，《祭塔》一出，尤擅盛场，每当酒绿灯红时听之，觉韩娥雍门之歌，今犹在耳。开元末许和子入宫，名永新，能变新声，高秋朗月，台殿清虚，喉转一声，响传九陌，此之谓矣。双秀与郁大庆居文盛堂，所教多佳弟子，而双秀、寿林俱尚分包银。人生遭际，菀萃不齐，大抵如斯矣。余昔所见《四进士》剧，般渔蚬姝者，次香悬揣是寿林，恐未必然。双秀昔与方竹春同演《十全福》，为妙玉，云极佳，惜吾未及见。或云演《十全福》扮妙玉者乃胖双喜，非双秀也。竹春即胡秀兰，香吏之师，今春晖堂主者也。三庆部，寓石头胡同春福堂。

汤鸿玉，徐桂林弟子也。桂林，字听香，皖人，得名在蕊仙、冠卿之前。既脱籍，向吴中娶妇，主安次香兄铁笛生家。妇翁黄姓，故吾嘉应人，寄居姑苏者也。既成礼，挈妇复来京师，不复与妇家通。余曾为一作寄书，邮问前讯，辄遇殷洪乔浮沉之。凡三四函，无一得达云。听香居韩家潭，以其昔年所居天馥堂，畀其徒为门榜，而自署所居室曰"云仍书屋"，意将以自别于乐籍中人。然人固当知天馥堂，无有知云仍书屋者。虽翘然自异，思比幽兰，不欲与众草凡卉伍，固未易得矣。鸿玉色艺，亦止中人，在后来诸郎中无大出色，特以其系出名门，故多刮目相待。乃颜佩秋直欲以《红楼梦》梨香院女乐中龄官拟之。屈到嗜芰，或亦别好所钟。与六朝人论州郡大中正之敝，"上品无寒门，下品无世族"，但以门地征辟，能有几人张目不答江东米价，如王掾之不痴者？然则庞士元拔十得五之说，殆亦未可尽信矣。三庆部，寓韩家潭；鸿玉居天馥堂；桂林居云仍书屋。

素玉，刘姓，字韫仙，福云堂玉凤弟子也。初作《看花记》时，附之《兰香传》中。既撰《玉笋志》，以其年辈皆与后记中人相等，乃别为立传，移入此卷，使各从其类焉。《易·系辞传》曰："方以类聚，物以群分。"许汶长《说文解字后叙》自明其例曰："分别部居，不相杂厕。"其是之谓矣。器局秀整，虽少爽致，而时露劲气，不甚似吴儿柔媚体段，而又无扶风豪士雄迈气概。昔目之曰丁香花，花不胜叶，而细香琐碎，亦饶别趣。粤人目山丹花为土牡丹，虽非玫瑰花红香多刺之比，要亦自是艳品，特辉光未能发越耳。置之南部烟花中，当是栀子花，品未必清，而味则殊秾。日新堂中藕仙，以拟此儿刚柔、轻重、迟速、异齐，要其风趣，正复相似。若以《汉书》人物表例之，其品第正不失为中上。又性好跳达，变动不居，击剑弄丸，皆其所习。平居汹汹拳拳，如将不及，余每戏呼为"无事忙"。偶然把笔学画兰蕙，风枝雨叶，纵横离披，亦殊有剑拔弩张之态。小霞邀画《九畹滋兰图》，韫仙与焉。太史公有言："士固有附骥尾而致青云者。"其是之谓欤？其同师者曰素兰，字琴仙，在瑞卿门下，未是秀出之品。然三桓七穆，论者未尝或遗之。传曰："松柏之下，其草不植。"诗又曰："茑与女萝，施于松柏。"子游所谓："夫子有为言之，非一端所可尽也。"若素兰者，虽非紫藤花浓香荫亩之俦，以视金雀、兔丝，托根得地，一朵嫣然。当夫春光明媚，邛有旨鹝，亦具香色。借其点缀，亦未始不足当胜日寻芳者停鞭一眄。三庆部，寓陕西巷福云堂。

文兰，字畹香，小元宝弟子也。三庆不少佳小生，文兰在后辈中亦可观者。宝善堂与敬义堂同掌三庆班事，其门下皆多佳伶，而小元宝在当日尤自擅盛名，至今其徒皆如王谢家子弟，未必尽佳，而举止落落大方，要自与白屋崛起者不同。文兰能弹琵琶，风神爽朗，谈吐清脆，眉目间亦时露英气，有似鸾仙，特微逊其修整耳。丁酉初秋六夕，同人修秋禊于尺五庄，归，夜集其家，觥筹交错，皆已半酣。余笑请文兰拨四弦为我解醒，则笑而应曰："诺。君如能更浮大白者，当奏

《将军令》为寿。”即起涤冰碗，满注陈酝，强予三釂，碗各受三升许，如刘景升三雅，同人鼓掌和之，促绝沥，哄然相视而笑，予玉山颓矣。比进檀槽，予不复能顾曲，遽起，命驾疾驱归，吐车茵狼藉。明日日加午，犹卧不能起，酒徒闻之，莫不大笑。其同师者曰清香，字兰生，幽秀温婉，恂恂如处子，无市井嚣陵习。暇复捉笔学作字，波磔殊有媚态，亦有志之士也。又有莲桂，字莲卿，于三人中齿最少，倜傥自喜，不拘拘规翔矩步，而风致翩翩，自觉动人。或为写《莲桂图》，书《圣教序》“桂生高岭，云路方得泫其华；莲出渌波，飞尘不能污其叶”四语赠之。韩四季卿极所赏心，屡乞为立传，余诺之，久未能属稿，乃附记于此。《长安看花记》以小天喜为殿，《辛壬癸甲录》以琵琶庆为殿，皆援《燕兰小谱》以魏长生为殿之例。此志独以宝善堂为殿者，盖小元宝师徒色艺并有可观，不愧沆瀣一气之誉。求之今日玉笋班中，虽未能遽如敬义堂称大家，光裕堂称世家，然望之蔚然而深秀，固知玉辉珠媚，此中有人。三卿为主，可谓众矣！文兰、清香、莲桂俱三庆部，寓韩家潭敬义堂。

卷四　梦华琐簿

史部有记载类，《三辅黄图》《西京杂记》之属是也；子部有小说家，《拾遗记》《世说新语》之属是也，体例各殊。唐宋以来，遥遥千载，代有作者。乾隆朝，命儒臣因朱检讨锡鬯所撰，广之为《日下旧闻考》。煌煌作述，征文考献，鸿裁巨典，非詹詹小言所敢拟矣。余制《长安看花记》，复为前、后集，既成，厘为三卷，为诸伶各立小传。以佛法“过去、现在、未来”命之。黄金台下，按图索骥；三生石上，似曾相识。一展卷间，如见其三世人矣。顾其旧闻轶事，旁见侧出，耳目所及，书缺有间焉。卢龙尉陈五湘舟，与予过从既习，每于午窗茶话，各举歌楼杂事，借资谈柄。湘舟长予十余岁，居京师卅余年，所述多嘉庆年事，余所不及见也。始余交成都安十二次香，其人风流倜傥，又多才艺，诸伶执贽学书画者盈其门。余从永平入都，访次香孔雀斜街四川会馆，日夕谈春明门内故事，如与湘舟纵谈时。而次香见闻尤广，且多身亲得其实。鄙性健忘，辄随事命笔录之。积日既久，袖然盈册。曩者顾曲，置簿大书曰：“及时行乐，排日选欢。”辛、壬、癸、甲以来，八年于外矣，回念走马看花，都如梦里。宋人有《东京梦华录》，记汴梁全盛时事；国朝孙北海少宰，亦有《春明梦余录》。余私淑诸人，愿窃比焉，因命之曰《梦华琐簿》。簿中以陈、安二君所述为主，而宾筵客坐，发难解嘲，故纸丛残，委巷琐屑，凡有关梨园掌故者，刍荛葑菲，杂沓采入。诸君子崇论闳议，莫不备书，而鄙人谀闻隙见，亦得疏记。随所得纂之，不复排比类次，凡得若干条件，系于左。荷戈南来，行道倭迟，复多笔削，所见异词，所闻异词，所传闻又异词。有修伶官传者，以是为长编而底簿焉，可矣。“少年听雨歌楼上”“中年听雨客船中”，前尘影事，殊难为情。他日者，或叱覆酱瓿焉，或拉杂摧烧焉，或一日三摩挲，珍重爱惜，以之为记事珠，以之为衣贫珠，以之为珍珠船焉。听之而已，非鄙人所及知也矣。道光壬寅春三月三日，仰屋生记于辰溪戍所之赁庑。

嘉庆朝，湖州戴光禄璐久官京师，撰《藤阴杂记》，大半取材《日下旧闻考》，于都城古迹考证特详，云“乾隆间查家楼、月明楼，皆国初旧迹也”。余道光壬辰北来，卸装即居永光寺西街八宝店年伯朱澧帅菽堂先生家，所见惟查楼尚存，即今前门外肉市广和楼也，对门有小巷通大街，尚榜曰“查楼口”，或讹呼“茶楼”矣。戏园招牌皆曰“茶楼”。余初访月明楼，无知者。戊戌夏，云梦道中，老仆杨升言：“月明楼即在永光寺西街，其地近枣林。”世俗相传有“康熙私访月明楼”之语，编为歌谣，演为杂剧，刻为画图，虽妇人孺子，皆能言其事，顾鲜有知其地者。

有戏庄，有戏园，有酒庄，有酒馆。戏庄曰某堂，曰某会馆，为衣冠揖逊、上寿娱宾之所，清歌妙舞，丝竹迭奏。戏园则曰某园，曰某楼，曰某轩，偶然茶话，人海杂沓，诸伶登场，各奏尔能，钲鼓喧阗，叫好之声往往如万鸦竞噪矣。寻常折柬召客者，必赴酒庄，庄多以堂名，陈馈八簋，羜肥酒薁，夏屋渠渠，静无哗者。同人招邀、率尔命酌者，多在酒馆，馆多以居名，亦以楼名，以馆名，皆壶觞清话，珍错毕陈，无歌舞也。间或赴酒庄小集，亦然。

戏庄演剧必徽班。戏园之大者，如广德楼、广和楼、三庆园、庆乐园，亦必以徽班为主。下此则徽班、小班、西班相杂适均矣。

今之戏庄宴客者，酒家为政。先期计开宴者凡几家，有客若而人，与乐部定要约。部署既定，乃告主人，署券为验。主人折柬以告客曰："某日集某所，乐演某部。"届期衣冠必庄，肴核必腆，一献之礼，宾主百拜。自朝至于日中昃，肃肃雍雍如也。戏园听歌、酒馆买醉则不然。屏车骑，易冠裳，轻裘缓带，笑傲自得，放浪形骸之外，不复有拘束矣。酒庄则公宴、小集，听从其便，是合戏庄、酒馆为一者，特无歌舞耳。乾隆间，金陵楼则与今戏庄异，而合戏园、酒馆为一者。雅座小卖，熊鱼兼美，任适口体，无愧醉乡。小屋垂帘，分曹而饮，曰雅座。肥甘蔬笋，选味而尝，曰小卖。酒庄、酒馆皆然，戏庄则无之。今戏园俱有茶点，无酒馔，故曰茶楼。金陵楼于五十一年丙午秋八月停市，今多不知其处。或以五和楼、东升楼当之，非也。广和楼盖即其地云。

广和楼柱，今皆欹斜南向，如金陵瓦官阁然。或言楼高，受朔风震荡，理或然欤？

《都门竹枝词》云："某日某园演某班，红黄条子贴通阛。"今日大书，榜通衢，名报条，曰"某月日某部在某园演某戏"，尚仍其旧俗。盖诸部赴各园皆有定期，大约四日或三日一易地，每月周而复始，有条不紊也。广州城则每日梨园会馆悬牌，云"某日某班在某处"。

春台、三庆、四喜、和春，为四大徽班。其在茶园演剧，观者人出钱百九十二，曰"座儿钱"。此散坐也，官座及桌子则有价。惟嵩祝座儿钱与四大班等。堂会必演此五部，日费百余缗，缠头之采不与焉。戏庄及第宅彩觞宴客皆曰堂会。下此则为小班，为西班。茶园座儿钱，各以次递减有差，堂会则非所与闻。西班诸伶，则捧觞侑酒，并所不习。近日亦有出学酬应者，然召之入酒家则可。茶园为众人属目之地，有相识者，亦止遣傔仆送茶，诸伶仍不登座周旋也。广州乐部分为二：曰外江班，曰本地班。外江班皆外来妙选，声色技艺，并皆佳妙，宾筵顾曲，倾耳赏心，录酒纠觞，各司其职，舞能垂手，锦每缠头。本地班但工技击，以人为戏，所演故事，类多不可究诘，言既无文，事尤不经。又每日爆竹烟火，埃尘涨天。城市比屋，回禄可虞，贤宰官视民如伤，久申厉禁，故仅许赴乡村般演。鸣金吹角，目眩耳聋，然其服饰豪侈，每登场，金翠迷离，如七宝楼台，令人不可逼视。虽京师歌楼，无其华靡，又其向例，生旦皆不任侑酒。其中不少可儿，然望之俨然如纪渻木鸡，令人意兴索然，有自崖而返之想。间有强致之使来前者，其师辄以不习礼节为辞，靳勿遣。故人亦不强召之，召之亦不易致也。大抵外江班近徽班，本地班近西班，其情形局面判然迥殊。本地班非无美才，但托根非地，屈抑终身，如夷光不遇范大夫，三熏三沐，教之歌舞，则亦苎萝山下，终老浣纱，虽有东施，并乃无颦可效，不亦惜哉？

前门外戏园多在中城，故巡城口号有“中城珠玉锦绣”之语。中部尉所治地，或且因缘为利。“东城布帛菽粟，西城牛马柴炭，南城禽鱼花鸟，北城衣冠盗贼，中城珠玉锦绣。”此五城口号也，各举重者为言。

宣武门外大街南行近菜市口，有财神会馆；少东，铁门有文昌会馆，皆为宴集之所。西城命酒征歌者，多在此，皆戏园也。内城禁开设戏园，止有杂耍馆。外城小戏园，徽班所不到者，分日演西班、小班，又不足，则以杂耍补之，故外城亦多杂耍馆。西城果子巷内街西，旧有戏园曰太和轩，西草厂胡同有吉阳楼，皆杂耍馆，一年中演戏无几日。或云朝阳门外另有戏园，非东岳庙西之芳草园，余不知也。

城外小园凡五，在南城者二，崇文门外，曰广兴；宣武门外，曰庆顺。东城一，在齐化门外，曰芳草。西城一，在平则门外，曰阜成。北城一，在德胜门外，曰德胜。皆徽班所不到，惟嵩祝偶一莅之，亦但分下包而已。

旧时档子班打采，多在正阳门外鲜鱼口内天乐园，今为小戏园矣。

《都门竹枝词》云："谨詹帖子印千张，浙绍乡祠禄寿堂。"谓酒庄也。禄寿堂在打磨厂，今尚存浙绍乡祠。未尝日日宴会，特堂会偶然借用，其地在虎坊桥之东。《藤阴杂记》言："向不知众乐园何在，后见李自实笔帖，云在虎坊桥众乐园口，乃知之。"今道光年，李自实笔店乃在珠宝市，而虎坊桥则固无有知众乐园之名者。

《竹枝词》又云："每味上来夸不绝，那知依旧庆云堂。"又云"恒德堂中尚可赊。"今日酒庄、酒馆，俱无此二家矣。往日银官为李海门召客于宜庆堂，今观音寺前有承庆堂，大栅栏有衍庆堂，然皆酒庄，非戏庄也。湘舟云："小李纱帽胡同口庆云堂犹及见之，今承庆堂即其地。"

今日三庆园，乾隆年间宴乐居也。其地昔甚广大，今当铺亦从此析出。又其旁有六合居，亦其地也。

乐部各有总寓，俗称"大下处"。春台寓百顺胡同，三庆寓韩家潭，四喜寓陕西巷，和春寓李铁拐斜街，嵩祝寓石头胡同。诸伶聚处其中者曰"公中人"；聘歌师、食月俸者曰"拿包银"；司事者曰"管班"。管班职掌分为三：曰掌银钱，曰掌行头衣箱为行头，曰掌派戏；生旦别立下处，自称曰"堂名中人"。堂名中人初入班，必纳千缗或数百缗有差，曰班底。班底有整股，有半股。整股者四日得登场演剧一出；半股者八日，曰转子。诸部周流赴戏园，大园四日、小园三日一易地，亦曰轮转子。堂名中人有班底者，许偿其值相授受。其堂名多承袭前人旧号，彼往此来，鹊巢鸠居。虽系以姓氏，不嫌张冠李戴也。间有自立门户，别命堂名者，曰新堂名，必其人能自树立，到处知名者矣。然自纳班底外，宴部中父老，及诸钟、磬、笙、笛师，所费不赀，不如顶堂名者，有班底及一切屋宇器用，俱坐享其成，可免劳民伤财也。间亦有裹头居大下处者，俗呼旦曰包头。大抵老夫耄矣。然吾尝见三庆部演《四进士》大轴子，其般渔家蚬妹者乃艳如芍药，光采动人，约其年当才二十许人耳。雨初云："此大下处中人。"并以其名告，余忘之矣。后问安次香，言其人即李寿林，计其年齿不相当，恐未必然。

四徽班各擅胜场。四喜曰"曲子"。先辈风流，饩羊尚存，不为淫哇，春牍应雅。世有周郎，能无三顾？古称清歌妙舞，又曰："丝不如竹，竹不如肉。"为其渐近自然，故至今堂会终无以易之也。三庆曰"轴子"。每日撤帘以后，公中人各奏尔能，所演皆新排近事。连日接演，博人叫好，全在乎此。所谓巴人下里，举国和之，未能免俗，聊复尔尔，乐乐其所自生，亦乌可少？和春曰"把子"。每日亭午，必演《三国》《水浒》诸小说，名中轴子。工技击者各出其技，痀瘘丈人承蜩弄丸，公孙大娘舞剑器浑脱，浏漓顿挫，发扬蹈厉，总干山立，亦何可一日无此？春台曰"孩子"。云里帝城，如锦绣万花谷，春日迟迟，万紫千红，都非凡艳，而春台则诸郎之夭夭少好咸萃焉。奇花初胎，有心人固当以十万金铃护惜之。嵩祝在当日，以韵香一人照映一时。石韫玉而山辉，水含珠而川媚。"日午当天塔影圆"，几令人有夔一足之思。今虽少佳品，犹能与四徽班抗颜行，非第一仙人一点灵光所照，不及此。

乾隆间，魏长生在双庆部，陈渼碧在宜庆部，同时又有萃庆部，或曰今之三庆班，殆合双庆、宜庆、萃庆为一者也。余按：四喜在四徽班中得名最先，《都门竹枝词》云："新排一曲《桃花扇》，到处哄传四喜班。"此嘉庆朝事也。而三庆又在四喜之先，乾隆五十五年庚戌，高宗八旬万寿，入都祝厘，时称"三庆徽"，是为徽班鼻祖。今乃省徽字样，称"三庆班"，与双庆、宜庆、萃庆部不相涉也。

陈银儿盛时，召侑酒者，非金陵楼不赴。其地在肉市，今为广和楼，即昔查家楼也。今日肉市，酒楼最多，而味最恶劣，无谙水火之齐者。余尝谓携美人赴肉市饮食,亦焚琴煮鹤之一事。其南则晋元楼在焉,皆西商所集,其中不设雅座,诸伶足迹所不到。园中问"今夜宴集何所",答曰"晋元楼",则摇首径去矣。

戏园客座,分楼上楼下。楼上最后近临戏台者,左右各以屏风隔为三四间,曰"官座",豪客所集也。官座以下场门第二座为最贵,以其搴帘将入时,便于掷心卖眼。《竹枝词》"楼头飞上迷离眼,订下今宵晚饭来",正如白乐天《长恨歌》所云"回头一笑百媚生",梁武帝《晋白苎舞歌》所云"含笑一转私自怜",汤惠休《白苎歌》所云"流目送笑不敢言"者是矣。官座而前,短几鳞次,曰"桌子",渐远戏台,价亦递杀。惟正楼不横桌,盖旧例也。楼下周回设长案,观者比肩环坐,曰"散座"。其后亦设高座,倚墙矫足,可以俯视中庭。设案如楼下而坐者率皆市井驵侩,仆隶舆儓,名之曰"池子"。余尝谓此万人海,真乃"众维鱼矣"。从楼上凭栏俯临下界,长几列如方罫,大似白袍鹄立。橐笔试有司时,特不能衔枚静无哗耳。夹台基曰"钓鱼台",亦以下场门为贵。至于上场门鸣钲喤聒,目眩耳聋,客不愿坐也。

《竹枝词》云:"园中官座列西东,坐褥平铺一片红。"案:红色为一二品官坐褥,今园中惟用蓝布坐具。庆乐园新葺,最华眩,亦止用回回锦。士大夫惟戏庄公宴,尊卑咸集。至于茶园嬉戏,说平等法,贵官例得用红坐褥者,亦当持体不便,降尊从诸侠少冶游矣。即如长安酒家速客者,在酒庄则达官贵人鸣驺张盖来会。若酒馆小集,从无公卿效袁尹屏车骑看竹者,盖脱巾独步,买醉数钱,情之所钟,正在我辈。大僚顾惜官箴,动以恒舞酣歌、沉湎冒色为戒。"长安市上酒家眠",不得不让谪仙人矣!豪客车中,皆自携坐具,官座倚阑干前,设短榻,后列高几,各施锦褥,别于客坐。后设高座,以坐仆从,撤园中蓝布坐具施之。其散座,则坐儿钱外,加坐褥、茶壶钱百二十。又《竹枝词》云:"三寸红笺窄戏单。"案:今戏园无戏单,诸伶或书片纸置怀袖，备相识者顾问。惟堂会仍用红纸戏目。堂会，谓戏庄公宴及第宅家宴、会馆团拜也。堂会点戏放赏，仍用短足炕几舁钱陈筵前。戏园亦偶有点戏者，但以一纸钱帖畀之而已。

《竹枝词》云："双表对时刚未正，到来恰已过三通。"此嘉庆年事也。余案：红豆村樵《红楼梦传奇》凡例云："丝竹之声哀，不可无金鼓以震荡之。"此言殊近理。今梨园登场日，例有三轴子。《竹枝词》注云："轴"音"纣"。早轴子客皆未集，草草开场。继则三出散套，皆佳伶也。中轴子后一出曰压轴子，以最佳者一人当之。后此则大轴子矣。大轴子皆全本新戏，分日接演，旬日乃毕。每日将开大轴子，则鬼门换帘，豪客多于此时起身径去。此时散套已毕，诸伶无事，各归家梳掠熏衣，或假寐片时，以待豪客之召。故每至开大轴子时，车骑蹴蹋，人语腾沸，所谓"轴子刚开便套车，车中载得几枝花"者是也。贵游来者，皆在中轴子之前，听三出散套，以中轴子片刻为应酬之候，有相识者，彼此互入座周旋。至压轴子毕，鲜有留者。其徘徊不忍去者，大半市井贩夫走卒，然全本首尾，惟若辈最能详之，盖往往转徙随入三四戏园，乐此不疲，必求知其始讫，亦殊不可少此种人也。今日开戏甚早，日中即中轴子，不待未正。无为李小泉言："嘉庆初年，开戏甚迟，散戏甚早，大轴子散后，别有清音小队，曰'档子班'，登楼卖笑。浮梁子弟，迷离若狂，金钱乱飞，所费不赀。今日虽有档子班，但赴第宅清唱，如打软包之例，不复赴园般演矣。京城旧日顿子房皆打软包赴人家，保定则班中诸伶亦打软包。"又近来诸部大轴子，恒至日昳乃罢。惟四喜部日未高舂即散，犹是前辈风格。内城无戏园，但设茶社，名曰杂耍馆，唱清音小曲，打八角鼓、十不闲，以为笑乐。南城外小戏园，或暇日无聊，亦有档子赴园，然自是杂耍馆之例，非复当年大戏散相继登场意思也。

京城极重马头调，游侠子弟必习之。硁硁然，断断然，几与南北曲同其传授。其调以三弦为主，琵琶佐之，呼韵曰辙，谓换韵曰换头，所用韵即元人周德清《中原音韵》。南中歌伎唱马头调，皆小曲，北道邮亭，抱琵琶入店，小女子唱九连环，带都鲁，每卸装，酤村酿解乏，听之亦资笑乐，皆与京城马头调不同也。孔东塘《桃花扇·听稗》一出，演说太师挚适齐一章云："是贾凫西刑部所制鼓儿词也。"京城马头调即此意。伶人序长幼，前辈后辈各以其师为次，兄叔祖师，称谓秩然，无敢紊者，如沙门法嗣然。堂名中人主家为事者，其傔仆呼之曰"当家的"，或曰"老板"，对之肃肃然如主人翁。檀天禄尝于酒座遇秋芙沉醉，侧戴花边小毡帽，蟠大发辫于顶，披衣趿鞋作软棚装，称娖而前，笑曰："檀师爷，看我竟当何如？"天禄噤不能言。良久，但期期曰："我长汝师傅一辈，奈何取笑！"彼中人长幼之别盖如此。

堂名中人，其徒皆称之曰"师傅"。师傅有内行、外行之别，如翰林诸公之分内班、外班也。翰林以起家不由庶吉士官编检，径由别衙门转入者为外班，后辈待之，但视庶常前辈，用红侍生帖。乐部中师傅，如秋芙之师李三，故竹香仆，是外行也，即檀顺林之父，本非京城歌楼中人，自南中携其子北来，纳班底钱入三庆部，如是者亦外行也。

乙未冬夜，过日新堂，值其前厅事大会，从窗隙窥之，广筵肆设，一中年白皙人据上座。部中父老，如李六儿、范四宝及国香堂主人檀天禄、遇源堂主人琵琶庆、日新堂主人殷采芝、敬义堂主人董秀蓉、宝善堂主人陈金彩、耕斋主人吴震田，八九人皆与焉。翠香、三元、宝龄宝龄久不登场，但侍采芝起居饮食而已及名下后生凡十二人，环侍左右。问玉仙，答曰："此吾师爷辈，落藉后，去为长芦盐商，今来京师，从故人饮耳。"

俗呼旦脚曰"包头"，盖昔年俱戴网子，故曰"包头"。今则俱梳水头，与妇人无异，乃犹袭包头之名，"觚不觚矣"。闻老辈言："歌楼梳水头、踹高跷二事，皆魏三作俑，前此无之。”故一登场，观者叹为得未曾有，倾倒一时。今日习为故常，几于数典而忘其祖矣。

伶人中如卢浦嬖易内而饮酒者，最初惟五柳堂陶月仙一人。曩时最为奇货，今则相窃妻妾，已成风俗。入其家，群雌粥粥，动曰师娘、师姊妹矣。然若辈中稍自顾惜者，犹屏弗与齿，故其徒仅窜名小班中。今则浸淫入和春、嵩祝矣。琵琶庆豁达大度，如杨越公不问红拂伎行踪，开阁遣去骆马杨枝之流，以数十计，独不许冯子都当垆调笑，亦一奇也。其尤阴贼险很者，莫如赵悬郎，即玉喜也。广设罟擭陷阱、雉媒鱼饵，日日含沙，伺射人影，中伤者踵相接也。今过其门者，犹惴惴有戒心。

目前南城酒馆，以观音寺前福兴居、如松馆为最。裕兴居在杨梅竹斜街浪得名耳。福兴居即昔日义兴居，庖人能识美人嗜好，奔走者又能伺主人喜怒。某馔为某郎设，作何烹治，无弗当意者。东偏有小院，许金桥兵部目为“醉乡深处”，梁翰屏太史书榜揭楣端。余往来既熟，以“寻常行处”四字易之，又书太白酒楼集唐一联曰：“劝君更尽一杯酒，与尔同销万古愁。”凡我同人卧瓮头、眠垆侧者见之，莫不大笑。丁酉夏、秋间，又辟后院，葺屋五间，规模闳敞，酒人益多来者。如松馆厨中殽品不逮福兴居，而西北隅别有一院，重房复室，境极幽邃，促膝谈心，无恩乃公事者，游人多乐之也。打磨厂西口东胜居，有窟室，后临护城河，入其中，如伯有饮酒，亦是别趣。但恨膳夫不佳，且东城无美酿，是缺典耳。东城多沽涌金楼酒，绝少陈酝，逊全城远甚。

近日酒人登座，必先属曰“全城带票”。盖全城风记在观音寺前陈酝最佳，来酤者以一纸署酒价，幂壶口，俾持归为验，故曰“带票”。余戏谓东坡有调水符，此调酒符也。

京师歌楼楹帖多佳者，虎坊桥浙绍乡祠一联云："地居韦杜城南，日下衣冠，共听讴歌来上国；人在枌榆社里，风流裙屐，恍携丝竹到山阴。"吴学博师最赏心，亟述之，谓无一字虚设。元本"上国衣冠，共听讴歌来日下"，余稍为移易之。庆乐园一联云："大千秋色在眉头，看遍翠暖珠香，重游赡部；十万春华如梦里，记得丁歌甲舞，曾醉昆仑。"相传为吴梅村祭酒手笔，芬芳悱恻，感均顽艳矣。或云朱竹垞检讨作，此未必然。朱十入本朝，总角婉娈，涵泳圣涯，与阅历沧桑、俯仰身世、凄切心脾者不同。即云作在己未未举鸿博以前，然言为心声，有何逼迫、大不得已，而为此哀以思之音也？丙申，园主人修饰栏楯，并此联新之，以退光漆填金字，俗劣令人不可向迩。曩见商丘陈氏家藏旧拓法帖《乐毅论》《枯树赋》《文皇哀册》《廿种兰亭》，《廿种兰亭》今归常熟翁廷尉师二，督学广东日，以百六十金得之。其中最精者定武淡墨本、天字不全本、唐神龙绢本、贾秋壑本，皆希世之珍也。并是纸墨精妙，古香盎然，而装褫皆殊庸下，雅不相称，大是减色，可惜也。广和楼长联起二句云："广乐奏钧天，和声鸣盛世。"下文不佳，出自俗手，亦不复记忆矣。

和春班大下处，在朱太傅旧宅对门。门前春帖子云："和声鸣盛世，春色满皇都。"典丽庄雅，不知谁氏手笔。

闻姑苏戏馆有集南北曲一联云："把往事，今朝重提起；破工夫，明日早些来。"清词丽句，运古如自己出，望而知其为才人之笔。又全浙新馆在下斜街，严介溪听雨楼旧宅也，中有楹帖云："墙头过酒闻乡语，花底移床梦故山。"古人谓佳文字，惟在言人所不能言，而又适如人人意中所欲言，如此，乃不愧天地间真文字。

集南北曲之最佳者，月老祠楹帖，云："愿天下有情人，都成了眷属；此前生注定事，莫错过姻缘。"次香挽松秀堂桂喜，即用此为粉本。

陈荔峰少宗伯少年典福建乡试，留题江山船云："此地有崇山峻岭，茂林修竹；只为你如花美眷，似水流年。"余留香小阁一联云："有情皆眷属，无事小神仙。"此二语，癸巳春，余客清河道官舍仪征师家，孙南畺为予仿曼生法刻小印，甚佳。虽止得半，亦自可诵。凌仲子在扬州曲局修局谱，又定《金元明人南北曲论定别裁》，于本朝独推洪昉思《长生殿》为第一，而明曲雅不喜玉茗堂。且谓"四梦"中以《牡丹亭》为最下，其中北曲尚有疏快之作，南曲多不入格，至于《惊梦》《寻梦》诸出，世人所瓣香顶礼者，乃几如跃冶之金矣。余于曲学未涉藩篱，固未敢奉一先生之说遽定指归也。癸未岁，白小山尚书督学广东，试嘉应诸生古学《桃杏嫁东风赋》，以"嘶骑渐遥，征尘不断"为韵。表叔李湘宾，才人也，一篇之中，尽用南北曲，熏香摘艳，纸醉金迷，如有明盛时珠江竞渡，豪家争以孔翠珠贝饰船篷，璀璨陆离，令人不可逼视。其押"渐"字韵曰"过眼之絮飞渐渐"，用东坡词"枝上柳绵吹又少"语，融化入妙。然其中如"新绣袜都涴泥，侬真命薄；小金铃怪疼煞，花也魂销"，橐笔试有司，乃放笔为逾阈之言，乐也而淫，谑兮已虐，歌诗不类，跃冶斯讥。责备贤者，夫亦安逃？昔庚辰顾耕石侍讲岁试嘉应，赋题为《江上琵琶》。湘宾作有曰："烟波老汝，谁怜香梦如尘；罗绮输人，不管流年似水。"上句侍讲所易也。《玉簪记》对《牡丹亭》，庶几丽则不淫，无愧词人耳。壬辰九秋，余由宁河赴保定，填《金缕曲》一调，题沙河店壁，新城令章邱李二戟门名廷棨行部见之，大有"手叠花笺抄稿去，天涯沿路访斯人"之意。甲午夏，过新城，乃定交，留为平原十日饮，尽出其生平撰著盈尺许相质，濒行馈贶殊厚，翰墨缘、香火缘，夫岂苟然？然词殊不佳，大似曲子。宋人词皆付歌喉，故得尽情言之。金元以降，北曲既兴，重以南曲，而词之界限遂窄。高一分为诗，低一分为曲。朱子曰："文章千古事，得失寸心知。"呜呼微矣！词附录于此，曰："酒碧灯红夜。判今宵，艳竹哀丝，借他陶写。不耐天寒双袖薄，小胆空房生怕。忍料理，十千酒价。莫再琵琶轻易抱，我何曾，惯听伤心话？约略似，桓子野。　　年来走遍章台马，有个人、扫花风帚，寄香鲛帕。听说秋窗风雨夕，挑尽相思灯下。珍重托，瑶天鹤驾。过夏剩留书剑在，咒东风敢怨婴哥骂。明年约，准归也。

又：余壬辰冬填《喜迁莺》一调，其起句云："软红帘隙，甚夜来酿就，欺人寒色。翠袖兜香，青衫拚醉，梦也何曾稳得？""照井论情，回波顾曲，况是婆娑趁拍。为谁浮大白，自检点梦痕襟窄。"此亦大似曲子。然每与同人论及兹事，顾鲜有以吾为知言者。惟仁和葛四太史蓬山许为知言耳。蓬山词学，受之妇翁谢观察椒石，笃信万红友四声之说，始与余同客阮小云世兄幕，闻余为学海堂经生，意是冬烘学究，相遇殊落落也。后谬闻黄陂邱五采臣言余好填词，乃以《蕉梦图》索题，为谱梦窗自度腔《梦芙蓉》一调归之，则大喜过望，因填《月底修箫谱》一调，为余题《春灯问字图》以相报，从此定交。然余《梦芙蓉》词用梦窗题赵昌所画芙蓉词，亦近曲子，殊不佳。蓬山守词律极细极严，余往往不能范我驰驱，蓬山引绳削墨，无所假借，一字之师，韦弦佩焉。吾两人剪烛对床，有所商榷，或他友至，辄以他语乱之，此中人语云，固不足为外人道也。

晃州通守南陵何芰亭先分守浦市，获盗贼，赃中有竹筒一，磨治莹腻，刻画精致，上作行楷极秀媚，书七言律诗曰："琅玕消息近来闻，玉冷空山堕小云。沧海西头裙自浣，翠微深处被亲熏。人来月殿分鸾守，草满芝田付鹤芸。香篆若能通御座，万枝真降一齐焚。"极似玉溪生集中《锦瑟》《碧城》之作，不知所谓，不敢强解也。款题二行，云："《乩仙诗》缥缈可爱，芝润作楷，蕊沚镌字，瑞芝阁主人清玩。竹映山庄。"下有颠倒鸳鸯印，色色可爱。惟小字、别号无可稽考，大是恨事。所谓"瑞芝阁主人"者，不知何许人，或者如意馆中人耶？闻盗赃大半湘阴质库物，独此物不似金穴铜山中来者。其所从来，不可究诘矣。惜于时无好事者讯之盗口，为得其实也。

《竹枝词》云："干支冠首换年年。"案：近日春帖子儿同拆白灯谜，歌楼伎馆，投赠联句，动以名字分隶对偶，已成俗套，牵强凑合，几至不成文理。惟幼时闻六篷船有细新者，吾州百花洲名伎也。嘉应之水曰梅江，达潮州以入海，往来皆乘六篷船，如浙之江山船。随园来岭南，以未得赏识六篷船为恨。潮州太守万子舆有集句一联，云“细推物理须行乐，新得佳人字莫愁”，真乃如玉合子，盖奇妙不可思议，所谓“好语本天成，妙手偶得之”。

每新岁及乡、会试场后，团拜公宴，日不暇给。则诸部分包，或遇传差亦分包。传差者，官府公会征诸郎承直也。大抵堂会或分二三包不等。其茶园开戏自若也。有时茶楼门首标红曰“传差不开戏”，则必御史台传差，不敢分包者矣。

乡、会试场后，各园及堂会，必演《王名芳连升三级》，花面演《说题解》，以为笑乐，未免侮圣人之言。案：此体自汉魏六朝人已有之，假借同音，用资谈柄，玉茗堂尤擅此长，其最佳者《牡丹亭·闺塾》出杜丽娘上场宾白云：“酒是先生馔，女为君子儒。”匡鼎解颐，可称无上妙品。

嘉庆二十五年，京师春台班忽无故散去，七月睿庙宫车晏驾。道光十三年癸巳，和春班散去，四月孝慎皇后升遐。盖普天率土，遏密八音，运会所值，气机先兆，莫知其然而然。

曲家“务头”二字，余向不解所谓。舞勺时读《桃花扇·教歌》一出，李香君唱《牡丹亭·惊梦》[皂罗袍]“原来姹紫嫣红开遍”一曲至“雨丝风片”，苏昆生曰：“误矣，‘丝’字是务头。”于时窃讶之。案：此曲工尺“丝”字谱，止“尺上”二字，非板并非眼，不识昆生所为误者安在。凡遇曲师即举此质之，莫能言其所以然。后阅《水浒传》朱仝入歌院听笑乐院本，至务头，停声乞缠头。是务头又似关目，不关曲中节拍矣。《金瓶梅》亦屡言“笑乐院本”。是自元及明皆有“笑乐院本”，似通俗常演者，究不知是何院本，又不知务头毕竟如何，虽老歌师，无知之者。余舌强喉直，自愧不能学歌，于此事，尤深抱陶隐居“一事不知”之耻。

万柳堂，益都相国冯文毅公所筑舍也，国初为清游胜地。坐论退食，蹑屐东山，门生追陪杖履，来游来歌。己未制科，诸公集中，莫不矢《卷阿》之音。今荒烟蔓草，断井颓垣，几不能指其地矣。余住京七年，不知万柳堂何在，暇日问车夫醉王，乃知在沙窝畺察二门内。可谓“礼失而求诸野”。今日拈花寺，阮太傅辛未、壬申在都常游，又与朱野云补种柳事，详《揅经室诗集》。同治戊辰九月九日掌生注。

丰台芍药，在昔为胜游。今则二三月间，南西门外三官庙海棠开时，来赏者车马极盛。城内龙爪槐，城外极乐寺，皆游春地也，游人皆自携行厨。惟陶然亭、小有余芳二处有酒家。陶然亭，暮春即挂帘卖酒；小有余芳，则迟至入夏乃开园。其地为尚书郎三君三宝尺五庄别苑。尺五庄有马鬣封三君爪发藏焉。过小桥出园，即为小有余芳。清暑招凉，调冰雪藕，大有江乡虾菜之思。“西风斜日鲈鱼香”，不止“水村山郭酒旗风”也。每岁例以修秋禊为期，买醉者日不暇给，至中秋则尽偿酒债，“十叩柴扉九不开”矣。南横街圆通观大殿后垂花门外，牡丹左右各一本，浓艳凝香，迥非凡品。特其地近市，湫隘嚣尘，无过而问焉者。每岁暮，挟诸伶出丰宜门，入花局，观窨中唐花、牡丹、碧桃、玉兰、迎春之属，先春争放，美人名花，香光照映，归则各乞数种载去。陈迦陵《邵山人潜夫传》述林山人古度言：“乾嘉时，戚南塘开府镇海上，诸文人依之者如鱼赴壑，每醉后，樗蒱之会积钱。”隐人余澹心《板桥杂记》则言：“诸名士会猎旧京，多集李十娘家，文酒之宴，费必百金，真可谓销金窝。”今京师冬月出南西门看花一行，亦中人十家产云。

三官庙中有花之寺，壬辰初入京，龚定庵招余会公车诸名士，宋于庭、包慎伯、魏默深、端木鹤田诸公十四五人于其中。余初不知其地所在，年伯御史中丞朱公闻之，笑谓徐少司空师曰："此必君同年生所为。"既而戾止，则绮疏尽拓，湘帘四垂，"花之寺"绰楔在焉。前后皆铁梗海棠，境地清华，颇惬幽赏。余诘定庵虬户铣溪徐彦伯："涩体，阿掌雅所不喜，君奈何亦堕此恶趣？"答曰："此曾宾谷訾言也，罗两峰梦前身为花之寺僧，故宾谷先生为署此榜额。"后二年，余阅宋牧仲《筠廊偶笔》，则花之寺实有其地，在青州。开卷有益，信然。培按：王渔洋《分甘余话》：沂水县有花之寺，不解其义，张杞园问之土人，云："以寺门多花卉，而径路窈折如'之'字形，故以为名。"周侍郎栎园诗："月明萧寺梦花之。"其长子在浚有《花之词》一卷，与宋商邱所载地名不符。是一是二，恨不起宋、王而共质之也。壬寅四月十五日铁痴记。

后门外李广桥一带，明湖滉漾，大似江南水国。每过其地，辄令人起秋风莼鲈之思。有庆龙堂，水槛回廊，轩窗四敞，盛夏入其中，一望芰荷芦荻间，与凫鹥鸥鹭上下浮沉，熏风媵凉，心清香妙，恍如置身海上三神山。明时金鳌玉蛛，深闭禁御，诸臣得承恩直西苑赏花钓鱼者，诩为希世之荣。圣朝与民同乐，西海子许游人来往，紫宸美富，咸得瞻仰。庆龙堂近依禁城，水木明瑟，别有林泉野趣，亦必不可少此境界也。嘉庆间有小有天园，今无之矣。

"如意馆中花万树，一时都让郑樱桃。"今京城有樱桃斜街，惜无佳伶居之，负此雅名。

高庆林有女，年及笄矣，许字韵香，既而悔之，将夺以畀春山。时杭州顾二西渔闻之，锐身以黄衫押衙自命，乃得复归林氏。惜韵香未娶而没也。

韩四季卿言："有常州人，杨姓，善写真，凡诸伶之色艺擅名者，必为写照，装为巨册，凡百六十余人矣。其中以蕊仙为首，近日名下十得八九。杜诗所谓'必逢佳士亦写真'，可谓世之有心人。"余闻之喜跃不寐，将假得临摹，匆遽未能也。惜其中独无韵香小像，可云第一缺憾事。顾西渔家有韵香横看子，名流题咏已满，然神情殊不肖，姗姗来迟，是耶非耶？宋人诗："意态由来画不成，当时枉杀毛延寿。"正此之谓矣。

韵香没后，柩权厝义园，既不能归，且未得葬。咏霓堂司阍者，河间人刘二，故韵香仆也。午夜无事，每与余言及韵香生时事，往往欷歔不能自已。丁酉秋中元节，余约小霞以一盂麦饭、一陌纸钱，同酹韵香。先一夕，余忽有河鱼之疾，竟负约不能从，为之悒怏累日。昔桥太尉谓曹公："他日不以斗酒只鸡上冢者，车过三步，腹痛勿怪。"吾于韵香，能不拊心呼"负，负"？

传经堂刘天桂，三法之师也。有弟曰刘老二，家政出内皆主之。韵香、小霞之师曰刘正祥，天桂子也。既没，其弟刘二主家事，有钱癖，其徒脱籍者，溪壑不易盈。正祥之妻心弗善也，然亦无如之何。正祥有女曰阿瑛，寡母珍惜如掌上珠，许字小霞。己亥二月，得阿霞书，言去岁自南中迎其父母来京，秋间阿瑛于归。嘉耦曰妃，善时为婚，家室完好矣。为之一快。

传经堂弟子，余所及见凡三辈。辈三人，其名皆以"鸿""宝"二字为之枢纽。当日三法：法龄、法庆、法宝也；次则三鸿：鸿宝、鸿喜、鸿翠也；后则三宝：福宝、多宝、才宝也。韵香为广大教化主。即此亦其一端。

京师有"春台十子"之称：金凤曰书呆子，常桂曰软棚子，长春曰煤黑子，金龄曰黄带子，其六人，余忘之矣。纫香面目黧黑，有墨牡丹之诮。金龄则高视阔步，纵恣不羁。十子者，或论其性情，或肖其容貌，或品其行事，象形惟肖，如见其人。韵香尝笑谓："尚有乾杂子一人，何不厕其间？"闻者莫不大笑，或集为偶语云："司狱情人，太仆仇人，朱状元夫人，煤炭捏成庄子妇；纫仙师弟，韵香兄弟，殷采芝徒弟，铜丝扭就国王头。"《蝴蝶梦·劈棺》为煤黑子所演剧。黄带子演《西游记》女儿国王，其行步首自动摇，颤颤巍巍如也，故以为笑。

桐仙本名金凤，以其字不雅驯，且以严东楼家优同名为嫌，乃易之为今凤。或疑二字于文不类。余按：明嘉靖时，冒伯麐所集秦淮四美人，有赵今燕，与马湘兰齐名。今桐仙有佳弟子曰秀兰，演《马湘兰画兰》剧，是亦佳话也。又，春晖堂弟子小秀兰，既与小桐同名，字韫香，又嫌与鸿宝字韵香同音，乃更曰香吏，电白潘石樵所定也。

金鱼池在昔盛时，几如唐之杏园、曲江池。今则已无酒肆，但有嫣舍，人皆掩鼻而过之，能无今昔盛衰之感？惟市人鬻生鱼者寄畜池中耳。京师最重白鳝，一头直数缗，潞河鲤鱼、滦河鲫鱼价亦不赀。何曾日食万钱犹嫌无下箸处，非虚语也。市中日过午，即以白鳝及诸生鱼寄金鱼池，笱而畜之，早起复贮以盆盎，担入市。过酒家者，必清晨先谕留之，乃得供晚餐，否则鱼已入池，不可复出，未免弹铗而叹矣。

入伎馆闲游者曰"打茶围"，赴诸伶家闲话者亦曰"打茶围"。有改"一去二三里"诗者曰："一去二三里，堂名四五家。灯笼六七个，八九十碗茶。"伶人家备小纸灯数百，客有徒步来者，临去则各予一灯，囊火以行。中北城所属胡同，入夜一望，荧荧如列星，皆是物也。余戊戌春灯谜有俗语一条，隐《四弦秋》曲子一句曰："到相公下处空坐，不摆酒。"隐《茶别》出："这村夫不过是茶客。"谑也而虐矣！

有歌楼一字诀：曰瞧，叶音“悄”。翔而后集也；曰好，叶去声，谓叫好。兼所爱也；曰要，定于一也；曰叫，来何暮也；此有二义：一则恨相见晚，所谓一日三秋也；一则翩何来迟，所谓千呼万唤也。曰闹，情所钟也；曰溺，音“鸟”，去声，京师谓任性曰“溺”。怜生畏也；又即不是冤家不聚头之意。曰戳，音“慥”。及于乱也；曰跳，得新弃旧名为跳槽。异思迁也；曰漂，去声，京师谓逋债弗偿曰漂，《竹枝词》所谓“一回漂惯两三回，包管从今叫不来”是也。难为继也。斯事始终，八字尽之。事有相因，势有必至，此欲觉晨钟也。

有《茶园三字经》，凡十句，余但记其最后三句，皆殷仲堪所谓咄咄逼人者，曰“舀茶来”。有客例，先献茶。此复重言以申明之者，逐客令也。既醉翁之意不在斯，君子之交淡如。挹彼注兹，瓶之罄矣。鼹鼠饮河，已盈其腹。大如五石瓠，岂仅卢仝七碗仅为消渴解嘲？所谓“日旰君勤，大夫夙退，侍坐者请出”矣。曰“点灯笼”。郎近夜来，千金一刻。清风细雨杂沓来，土上出金火照台。不引看剑之杯，空烧检书之烛。骊驹在门，麻蒸见跋，束缊以请，王不留行。斯乃古文《大誓》所谓“前歌后舞，师乃掏矣”。曰“明儿会”。当归既赠，芍药将离，薄送我祁，瞥然而逝。翩若惊鸿，矫若游龙。宾不顾矣，是耶非耶？“黯然销魂者，惟别而已”。尔道是河中开府相公家，我道是南海水月观音院。“侯门一入深如海，从此萧郎是路人”矣。活画一语言无谓，面目可憎，无可奈何应酬情状。翻手为云覆手雨，岂独阮嗣宗能为青白眼哉！“何所闻而来，何所见而去”，可为知进而不知退者戒。又入门一语曰“那儿来”，已隐然有“适从何来？遽集于此”之意。

杭州吴氏撰《燕兰小谱》、天津张氏撰《秋坪新语》，皆在乾隆庚戌、辛亥间，备载魏长生、陈渼碧盛时事。张君则及见银儿之败，故其书载李载园令满城时周旋银儿事甚悉，曰：“君子以为难。”至所记银儿被盗事，则以告者过，不如是之甚也。老仆杨升年七十余，随余赴成，道中无事，茶前酒后辄呼使说京城旧日琐事，以余所闻印证之，或合或不合。纪文达公出塞，往往从老校退卒谈论，采入笔记中。不特东坡好强闲人说鬼，姑妄言之、妄听之，作无可奈何消遣也。杨升言："魏三年六十余，复入京师理旧业，发鬑鬑有须矣。日携其十余岁孙赴歌楼，众人属目，谓老成人尚有典型也。登场一出，声价十倍。夏月般《表大嫂背娃子》，下场即气绝。魏三为野狐教主，以《蒲萄架》《销金帐》二出。"杨升所云云，我未之前闻也。

魏三有弟子二人，长曰金官，今人但知银官而已。金官白皙，银官微有雀麻。兄弟同买屋孙公园，别宅而居。今相传直隶总督温公承惠宅即其地，非也。银官宅在后孙公园，当日呼亢家花园，闻其中有茔地在焉。园既归银官，复赂亢氏子孙，使迁葬，大兴土木，穷极侈丽。不三月而祸作，门外筑马墙犹未竟也。先是，有游僧坐关银官门外，募千金施，靳弗与，未几，遂及于难，僧亦不知所往。此与西门庆施五百金营梵刹事相类而相反。

梁家园在虎坊桥，或云"故真定相园也"。其南则下洼子在焉，是为先农坛。后梁园亭榭树石无存者，有僧营佛宇其中，曰寿佛寺，募诸善男子、善女人日费八金为糜粥，以食饿者。五城惟冬春之际设饭厂，独寿佛寺粥厂无间寒暑。其西又有义学，大门春帖子曰："为善最乐，读书便佳。"近年京城有东西悦生堂，皆寿佛寺倡之，可谓无量功德。相传众乐园在虎坊桥，究不知其地，必非梁家园也。

朱九胖子，太傅文正公从孙，畸人也。日遨游歌馆中，人见之，呼曰："九哥，请坐。"即便就座。问以"今日某部在某园，某人演某剧"，言之累累如贯珠。一曲未终，翩然又去矣，大有晋人风度。唐太宗呼虞永兴为"行秘书"，九胖子可当其目。

京城拜客，用三寸红纸拓木刻姓名，而备载住宅、街巷于纸背，以便阍人登记门簿，名曰“小片子”。惟翰林诸公谒前辈，概用白帖子，其余师生衙门内阁、国子监、都察院官，前后辈衙门吏、礼二部及科道官俱用红纸大片子，以代全柬。老辈书札，必用副启，有名正具、名另具之别。外省拜客用单片，必注曰“附全”，盖单片止载姓名、里居，其称谓仍具全柬中也。今一切趋简易，副启久废不用，而片后亦删“附全”二字，循名责实，俭，吾从众，亦无不可。《藤阴杂记》载曾于斜街庙地摊买得“客氏拜”三字名纸。毛西河《曼殊别志》书砖言“寒冬晨起，呵冻书刺”，是康熙初年名纸，仍必亲笔书也。小片子用木刻印拓，不知始于何时。今友朋交际往来书帖款式，已不复用居中一行。惟乡间则虽平常通问，仍遵曩规，书中行下半截曰“某人拜”，无论馈遗、候问皆然，此所谓“礼失而求诸野”矣。独京师诸伶人谒士大夫，或治酒馔邀乞过临，其柬必曰“门下某人拜”，其字书居中下半行，虽王正登门贺新岁亦然，但俱用小片子耳。士大夫自谒前辈外，门刺止用小片子。惟喜庆事以货财为礼者，速客用大片子，名曰“请分子”。伶人则请分子亦小片子也。八旗职官拜谒，用单帖裁为三条，书衔名于下半行，曰职名。部院官坐班公会用职名，亦同此式。

王渔洋早朝口占《嘲南海程周量》云：“轿中端坐吃槟榔。”国初京城前三门为新修石路，不许行车，京朝官并坐轿，今惟一二三品大员乘轿，四品惟顺天府丞得乘三人轿，下此皆乘车矣。乾隆初年，尚以骡车为市侩代步，京官尚乘驴车，大约如六朝人贵犊车之意。今日内城间有佳驴车，外间驴车直是寒乞相，惟以骡车为通用。但官车用大鞍，市车用小鞍，以是为差别耳。嘉庆年，官车率用毡帷、飞檐、后档。道光年，大半从俭，坐布帷圆篷四六档车，而引马则多于往日，此亦一时风气也。闻昔年伶人出入，皆轩车骏马，襜帷穴晶，引马前导，几与京官车骑无辨。今日此风已变，舆马虽华泽，不复敢用大鞍，且其傔仆皆跨辕，并无骑而从者矣，即部院经承、书吏亦然。其小鞍车有顶马、跟马者，惟提督府有翎顶番子头目耳。《都门竹枝词》云：“止有貂裘不敢当，优伶一样好衣裳。诸君两件须除却，狐腿翻穿草上霜。”按：诸伶虽服饰僭拟，小帽俱用红腿，独大帽仍用矮梁，外褂仍用元青，至行褂则大半石青矣。各衙门惟供事入署当直，衣石青外套，此外，凡部寺经承、书吏、库丁及番子头目，概用元青外褂。至皂隶、禁卒，则袍褂并穿青色，此亦饩羊仅存矣。伶人仆从，外服俱用元青，又例不着靴，大道中车声辚辚，躐行而过，可一望而知之也。

诸五寿原述其尊甫怡亭先生言：“嘉庆间，严查亏帑，直隶一县令坐挪移，逮系诏狱，将论死。令，蜀人也，有蜀伶慨然曰：‘蜀人居京师者不少，何无一援手者？’乃锐身自任，出五百金为倡，沿门拓钵，旬日得万余金，为偿官，令乃得脱。惜忘其名。”乾隆朝擅名者，魏三、陈银皆蜀人。今乐部，皖人最多，吴人亚之，维扬又亚之，蜀人绝无知名者矣。

伶人早起，必大声习六字，先为合口呼三字，曰：咿音“伊”、哑音“亚”、呜音“婀”。后为开口呼三字，曰：嘻、哈、呵。《软红竹枝词》所谓“鸡鸭鹅”是也。

国书十二乌珠□□□□□□，对汉音“阿、额、伊、鄂、乌、谔”，至□□□□□□□（整理者按：□为蒙古文字，见插图）二句，则皆对汉音“傲、欧、优”。西域三十六字母，统于十二摄，以迦结始，以钩歌终。中国古音无“六麻”一韵，自婆罗门翻切之学流传内入，始有之。其字半从“歌戈”，半从“虞模”韵转入。然天地元音，实从“阿麻韵”字为始。试验小儿初生啼声，开口必先曰“哑哑”，此人声自然，不可诬也。

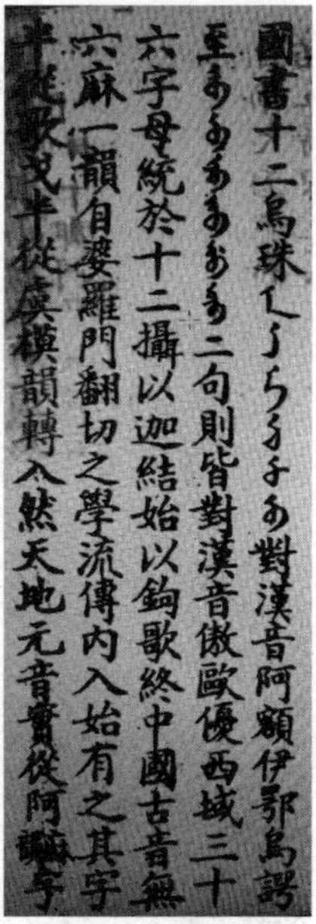
國書十二烏珠……對漢音阿額伊鄂烏諤至……二句則皆對漢音傲歐優西域三十六字母統於十二攝以迦結始以鉤歌終中國古音無六麻一韻自婆羅門翻切之學流傳內入始有之其字半從歌戈半從虞模韻轉入然天地元音實從阿麻字

蒙古文字原图

国书出于蒙古，蒙古书出于华严梵夹。夫有所受之，非武断臆说。《汉书·儒林传·东方朔》曰："伊优亚者，词未定也。"然则西京已有此语。乐府"妃呼豨""羊伊吾"之类，亦即此理。特自古在昔，未有笔之于书者，故无从传习耳。天文、算法之最精者，中法皆不如西法。然"地员"出于曾子，"九重"见于《楚词》，而泰西人谓借根方为"东来法"。宋人《测圆海镜》已有立天元一法，是中西合法、殊途同归也。等韵之学，梵语谓字母曰悉昙，"迦袪"至"劣藹"是也；谓切韵曰毗袪罗，"冈康"至"玃荦"是也。《玉篇》用二十四字母，多所兼并。至《正字通》，乃欲尽改。用音和，则于通广侷狭之理，概乎其未之闻矣。智创巧述，范围不过，民可使由，不可使知。师师相传，委蛇，行可从迹焉。圣人复起，因而重之，识大识小，亦何常师？故曰"礼失而求诸野"，则韵理与天文、算法二者，其尤彰彰也。

辽人制契丹大小字，金人初无文字，太祖命完颜希尹制女直字，依仿汉人楷字，用契丹字制度为之。熙宗别制女直小字，以希尹所制者为女直大字。

国朝天命六年三月，命巴克什达海加国书圈点。布在方策，至今遵守。余自恨未得读《钦定同文韵统》，不识五十二母，故于三合翻切之理，未得观其会通，思之，心辄怦怦。

明人作《九宫谱》，强为分析，如理棼丝，令人恨不起高氏子于九原，使抽刀断之。凌教授仲子廷堪曰："此特燕乐商调之太簇一韵耳，多立名目，徒自苦也。"丙申夏四月浴佛日，谒阮仪征师，乞假凌君《燕乐考原》六卷读之。师笑曰："明日放榜矣，尚有此闲情逸致耶？"因言金元北曲未兴以前，唐宋人所填词，皆以合乐。曩抚浙日，检宋人词数十调，授尚衣，命伶官谱工尺歌之，不能谐婉悦听，且多不能作谱者。予于是为备陈："古乐与今乐，中间尚隔燕乐一关，古雅乐以琴，燕乐以琵琶，今俗乐以三弦。琴之幺弦，即琵琶之大弦；三弦，又即琵琶四弦而去其第一弦。由古及今，弦递小，声亦递高，其间盖递隔二韵。如琵琶用工字调，三弦用上字调，斯无不合矣。毛西河不明此理，以唐宁王宫中玉笛谱工尺推雅乐，是以今乐强合古乐，无怪其捍格不通。唐宋人填词合乐，皆以合燕乐、叶琵琶。今歌师所习南北曲，叶以三弦，即求与金元人合琵琶之北曲，尚难强合，况上合燕乐，能不参差？此其故，固非梨园子弟所能明也。”师大称赏，详具余《上师书》中。

常州陈少逸撰《品花宝鉴》，用小说演义体，凡六十回。此体自元人《水浒传》《西游记》始，继之以《三国志演义》，至今家弦户诵，盖以其通俗易晓，市井细人多乐之。又得金圣叹诸人为野狐教主，以之论禅说、论文法，张皇扬诩，耳食者几奉为金科玉律矣。《红楼梦石头记》出，尽脱窠臼，别辟蹊径，以小李将军金碧山水、楼台、树石、人物之笔，描写闺房小儿女喁喁私语，绘影绘声，如见其人，如闻其语。《竹枝词》所云：“开谈不说《红楼梦》，纵读诗书也枉然。”记一时风气，非真有所不足于此书也。余自幼酷嗜《红楼梦》，寝馈以之。十六七岁时，每有所见，记于别纸，积日既久，遂得二千余签，拟汰而存之，更为补苴掇拾，葺成《〈红楼梦〉注》。凡朝章国典之外，一切鄙言琐事与是书关涉者，悉汇而记之。不贤者识其小者，似不无小补焉。其禅悦、文法，托诸空言，概在所屏，似与耳食者不同。今匆匆十余年，未能脱稿，殊自惭也。嘉庆间，新出《镜花缘》一书，《韵鹤轩笔谈》亟称之，推许过当，余独窃不谓然。作者自命为博物君子，不惜獭祭填写，是何不径作类书，而必为小说耶？即如放榜谒师之日，百人群饮，行令纠酒，乃至累三四卷不能毕其一日之事，阅者昏昏欲睡矣，作者犹津津有味，何其不惮烦也！《红楼梦》叙述儿女子事，真天地间不可无一、不可有二之作。陈君乃师其意而变其体，为诸伶人写照，吾每谓文人以择题为第一义，正谓此也。正如《金瓶梅》极力摹绘市井小人，

《红楼梦》反其意而师之，极力摹绘阀阅大家，如积薪然，后来居上矣。顾余有私见，欲献而商之者。《宝鉴》中所称士大夫，我辈为尊亲贤者讳，礼固宜之。至其中小人，如奚老土之类，夫也不良，歌以谇之，不忍斥言，亦忠厚之至。独至杜琴言等十伶官，亦别立名目，此大不必。若辈方幸得附骥尾而名益显，奈何忍使湮没弗彰乎？桐仙为余言杜琴言即桐仙也，书中推为第一，未知信否。其十人者曰杜琴言、袁宝珠、苏蕙芳、陆素兰、金漱芳、林春喜、李玉林、王兰保、桂保、秦琪官。十人者，皆不知所指，不能求其人以实之。素兰、春喜、玉林，虽有其人，皆与此书所述不称，必别有所谓也。余丁酉夏从严州友吴立臣达案头见之，迫欲借抄，未得其便。闻季卿言少逸馆内城一尚书郎家，咫尺天涯，未能一握手为笑，殊恨无缘。暇日作尺一书，致少逸，述鄙见质之。方把笔而难作，书未及达也。立臣亦缘事论城旦，所谓《品花宝鉴》者，不知落谁何人之手，或者如欧公文，有蛟龙妒且护之耶？《宝鉴》是年仅成前三十回，及己酉少逸游广西归京，乃足成六十卷，余壬子乃见其刊本。戊辰九月，掌生记。

吴中旧有集秀班，其中皆梨园父老，切究南北曲，字字精审。识者叹其声容之妙，以为魏良辅、梁伯龙之传未坠，不屑与后生子弟争朝华夕秀，而过集秀班之门者，但觉夭桃郁李，斗妍竞艳，蒹葭倚玉，惟惭形秽矣。道光初，京师有仿此例者，合诸名辈为一部，曰集芳班，皆一时教师故老，大半四喜部中旧人，约“非南北曲不得登场般演”，庶几力返雅声，复追正始。先期遍张帖子告都人士，都人士亦莫不延颈翘首，争先听睹为快。登场之日，座上客常以千计，听者凝神摄虑，虽池中育育群鱼，寂然无敢哗者，盖有订约，四五日不得与坐者矣。于时名誉声价，无过集芳班。不半载，集芳班子弟散尽，张乐于洞庭，鸟高翔，鱼深藏，又曰“西子骇麋”，岂诳语哉！《燕兰小谱》记有伶人自京师归，谋入集秀班，纳重贿，始收之。论者或谓有志之士，或谓是监生捐孔目，居然翰林老先生矣。集秀班名重一时，即此可见。闻常熟蒋听松言“吴中集秀班，道光年间亦已散去”云。

伶人所祀之神,《笠翁十种曲·比目鱼》传奇但称为二郎神,而不知其名。《比目鱼·入班》出宾白:“凡有一教,就有一教的宗主,二郎神是我做戏的祖宗,就像儒家的孔夫子、释家的如来佛、道家的李老君。我们这位老师极是灵显,又极是操切,不像儒释道的教主都有涵养,不记人的小过。凡是同班里面有些暗昧不明之事,他就会觉察出来,大则降灾祸,小则生病生疮。你们都要紧记在心,切不可犯他的忌。”纪文达公《滦阳消夏录》曰:“伶人祀唐明皇,以梨园子弟也。”余案:灌口二郎神为天帝贵戚,元人作《西游记》,盛称二郎神灵异,非伶人所祀也,伶人所祀乃老郎神。粤东省城梨园会馆,世俗呼为老郎庙。安次香曰:“伶人所祀神,乃后唐庄宗,非明皇也。”次香盖闻之宋碧筠,然亦但以《新五代史》有《伶官传》,故臆度当然,实亦未有确据。余每入伶人家,谛视其所祀老郎神像,皆高仅尺许,作白皙小儿状貌,黄袍被体,祀之最虔,其拈香必以丑脚,云昔庄宗与诸伶官串戏,自为丑脚,故至今丑脚最贵。今入班访诸伶者,如指名访丑脚,则诸伶奔走列侍;其但与生旦善者,诸伶不为礼也。令召伶人侑酒者,间呼丑脚入座凑趣,斯为行家。每演剧,必丑脚至,乃敢启箱,俟其调粉、墨笔涂抹已,诸花面始次第傅面。广州佛山镇琼花会馆,为伶人报赛之所,香火极盛。每岁祀神时,各班中共推生脚一人生平演剧未充厮役下贱者,捧神像出龛,入彩亭。数十年来,惟武小生阿华一人捧神像,至今无以易之。阿华声容技击,并皆佳妙,在部中,岁俸盖千余金云。然老郎神为何人,卒无定论。余尝见伶人家堂有书“祖师九天翼宿星君神位”者,问之,不能言其故。小霞为余言:“闻诸父老,老郎神耿姓,名梦。昔诸童子从教师学歌舞,每见一小郎极秀慧,为诸郎导,固非同学中人也。每肄业时必至,或集诸郎,按名索之,则无其人。诸郎既与之习,乐与游,见之则智慧顿生,由是相惊以神,后乃肖像祀之。”说颇不经,然吴人晨起禁言梦,诸伶尤甚,不解其故。如小霞言是,禁言“梦”者,讳其神名也。此事载籍无可考,所传闻又多不尽可信,姑附记,以俟博物君子。

区心庐言："梨园会馆有碑，载老郎神事甚悉，惜不记其文。"梨园会馆在广州城归德门内魁巷。心庐此言在岳州，时戊戌中秋也，异日当寓书家弟蕴生，使就其地拓文，但恐秉笔者言之无文，未免令人有枫落吴江之慨耳。壬寅立夏日记。

湘舟言：曩在都时，观阳春班后改盛春班，今无之矣小伶演《铁冠图》费宫人刺虎，正当饮刃时，摇头散发，假髻遽堕落，宫装结束，上垂大发辫，令人绝倒。又见演《闯山》，幼伶登场，结束不严，趋走急遽，忽失去假足一只，倚丑肩彳亍不能行。丑笑曰："我固谓黄口小儿，勿令登场，今果然，我今日兼作乳母矣。"遂抱之入。余忆昔闻有演桓侯者，揭帘出，遽堕其须，同伴遽问："来者为谁？"答曰："我张公子也。"笑曰："小子无用，可去唤乃父有须者来。"机警捷给，往往足以解颐。又有演《琵琶记·卖发》者，方对镜，两缠臂金条脱，艴然呈露，忽闻人呼曰："可先将金钏卖去。"此后观画《陶母剪发图》，指摘其误画金钏故事脱化来。天下往往有眼前事，思之不值一笑者，大都类此。黄教习子超尝谓："日下习气，以雏莺乳燕，强使歌舞。充其弊之所极，不至于襁褓登场不止。"不料竟有此一段笑柄，述之，与湘舟皆大笑。余又案：陈银儿年十七，始自蜀来，从魏三儿学歌舞。魏则初入都时，年已二十七，若使生近今，当何以为情耶！

湘舟又言："友人丁四，与米伶交最密，从之学度曲，声容毕肖。米伶知医，人称米先生，以正生擅一时名，刻意求精，家设等身大镜，日夕对影徘徊，自习容止，积劳成疾，往往呕血。丁日日周旋茶铛药碗间。米伶般关帝不傅赤面，但略扑水粉，扎包巾出，居然凤目蚕眉，神威照人，对之者肃然起敬。今京师歌楼演剧，不敢复般关帝。固由凡有血气莫不尊亲，声灵赫濯，不敢亵侮，亦缘米伶之后，难为继也。一日，歌馆指名索米，米病不能往，飞骑迫促再三，不获已，丁往代之。登场扬袍振袂，须眉意气，笑语动止，宛然米伶，客仓卒不能辨也。"余谓我辈伊抑无俚，逢场作戏，借此一写狂奴故态。昔乾隆间，黄仲则居京师，落落寡合，每有虞仲翔青蝇之感，权贵人莫能招致之。日惟从伶人乞食，时或竟于红氍毹上，现种种身说法。粉墨淋漓，登场歌哭，谑浪笑傲，旁若无人。如杨升庵在滇南，醉后胡粉傅面，插花满头，门生诸妓舆以过市。唐六如与张梦晋大雪中游虎阜，效乞儿唱《莲花落》。才人失意，遂至逾闲荡检，此亦幸际圣朝，容其傲兀耳。道光初，有中书舍人于酒筵沉酣，登楼歌舞，为御史所纠，落职。去年又有大理丞以往来伶人家，为廷尉刺得，劾论如律。其外吏获谴者：山东盐运同以狎优纵酒挂弹章。又开酌增常例时，有郡守入都纳粟，擢观察使，以歌童沉醉不醒事，几临不测，其季父郡丞竟论西戍，坊官亦缘此累罢官。同生盛世，而遭逢亦有幸不幸矣，可不慎欤！康熙朝，洪昉思、赵秋谷、潘稼堂、朱竹垞诸公以国忌日听歌，同挂吏议，所谓“可怜一曲《长生殿》，断送功名到白头”者是也。闻其事，实由一郡守入京朝觐，应酬不周，致图报复。盖中宿归装，蒲葵五万，亦能累人。戴光禄官给事中时，曾于刑科本库检得当日弹章，云凡十余人，详载《藤荫杂记》中。

打茶围者，京城谓之串门子。世有一种人，徒辄数十，黩以再三，又顾之他，惟日不足。虽征于色、发于声，摽诸大门之外，而有腼面目，恬不知耻。粤人直名之打水围，盖仆仆不惮烦，虽水亦将不给也。六篷船遇此辈来，不胜其嬲，则日积败叶，煎汁盈瓮，如牛溲然，来则酌以巨盎，直是《红楼梦》所讥饮驴之不如。冯贽《云仙杂记》载：宣城伎史凤待客有等差，其最下者曰闭门羮，啜毕即令去，不与晤言，犹未至若斯之甚也。昔元魏人耻言饮茶，命之曰水厄。今之不自爱惜者，比之匪人，呼朋引类，动曰“打茶围”，若此者，真可谓之水厄。

余尝以盛夏赴广德楼听春台，热甚。葛蓬山、李蔼如、金云卿、张吟航先在焉。赤日行天，四阿无纤云，马喘如吴牛。适有酬应，必不可已，强往投数刺，以故最后至，至则汗出如浆，烦闷不复可耐。凭栏下瞰，万人海中，殷殷阗阗，笑语所蒸如釜中气，腾腾上触。秋芙方于场头演《卖胭支》，媟狎无度，弥觉闷腻。遽解带搭栏干，尽弛暑服，袒裼摇扇，啖西瓜，尽一枚，良久，乃得清凉。楼上下万目瞪视，识与不识，皆曰"此狂生"。明日都下盛传有肉袒入戏园者，爱我者以为言且箴我谓："名教中自有乐地也。"余笑曰："虽非羸国，本是倮虫，何妨裸游？我非狂生，人贵适志耳。"癸巳春，余曾为张海门学博刻"我非狂生"小印。

余系诏狱时，提牢主事胡小初，风流儒雅人也。戊戌元夕，放灯五日，同人为春灯谜之戏，钩心斗角，各极巧思。余以六角白纱灯画着色折枝花十余种，皆《看花记》中佳卉也，题之曰"梦痕花影"。所编廋词隐语，皆日下佳伶一人名。如"凡鸟"，今凤也；"齐眉"，双寿也；"董贤少年为大司马"，冠卿也；"蔡伯喈骨肉团圆"，琵琶庆也，皆佳。郑九主事筱岩所撰，亦多佳谜，记其一条云"都是小生的不是"，隐《四书》一句，曰"则平旦之气"，甚妙。

余量不胜三雅，而好从酒人游。"长安市上酒家眠"，淋漓酣嬉颠倒，习以为常。汪钝翁《说铃》载："竹垞举鸿博，与高念祖偕入都，日暮泊舟，辄失朱所在。及高往求之，已阑入酒肆中，醉卧垆下矣。"狂态可想。余所见三庆部最多大户，琵琶庆如百战宿将，功成归第，奉祠、奉朝请，不复出，与余子相驰逐，所谓"二十四考中书令，万八千户冠军侯"，此"太师尚父中书令汾阳忠武王"也。近日冠卿据首座，假如设酒一石，我与余子未必能尽一斗，冠卿乃不啻如陈王独占八斗。淮阴将兵，多多益善，固天授也。春波好整以暇，史称"曹公如不欲战"，信然。余目之为郦曼容复生。雨初平居温温，独至对酒当歌，豪情郁勃，往往如"颍考叔拔郑伯之旗，蝥弧以先登""褒公鄂公毛发动，英姿飒爽来酣战”。然不能如临淮旌旗，条侯壁垒也。春台部中人瑶卿，不欲以高阳酒徒自见，每如曳柴伪遁，而以逸待劳，屡称后劲。秋芙则意气凌云，如蒙马以虎皮，如燧象十荡十决，再接再厉，前歌后舞，师乃掏，“会须一饮三百杯”矣。然淳于髡一斗亦醉，一石亦醉，但强颜为薛王解嘲耳。余每目之曰“虎痴”，不可有二，不可无一也。五人者，性情意态，种种不同，每于旗鼓相当时，从壁上观之，亦一乐也。又或轻骑小队，致师摩垒，投石超距，拔戟成队，自为偏师，亦一乐也。又或如妙手空空儿之于聂隐娘，一击不中，翩然遂逝，神龙在云中，首尾鳞爪，偶然一露，亦一乐也。如松馆北小院，曲径通幽，乃真醉乡深处，余为署曰“酒痕花韵之居”。飞鸿踏雪，回首怅然。

戊戌，余论戍湖南，百花生日，荷戈就道。小霞既邀《记》中有传者十七人为余设饯，复集能画者九人，合画兰蕙帐额贻余，录别题曰《九畹滋兰图》，或作水墨，或作双钩，或作着色没骨体，各有意趣。九人者：吴今凤桐仙、陈凤翎鸾仙、扈连喜梅仙、刘素玉韫仙、陆翠香玉仙、张兰香纫仙、胡秀兰香吏、范秀兰小桐、俞雯小霞也。阿霞复赋二绝云：“迢迢湘水腻于脂，云树苍茫系梦思。写出幽花空谷恨，赠君权当柳丝丝。”“可怜天与好才华，沦落偏遭失路嗟。大抵词人多历劫，生生谪伴贾长沙。”

镇平邱东麓应戊戌春官试，携六如居士砚，云得之吴门市上。昔子畏以科场事放废，吾子遭际相同，故以赠别。砚，端石也，广二寸，修三寸，厚四分弱，背为椭圆，刻小篆“六如居士”四字，其旁行书六字：左曰“弘治三年”，右曰“子畏”，面刻八分书，铭于上方，不题名，但有小印曰“华白”，下方参差横列行书，云：“此砚得于涂林废井中。”砚侧镌‘赋山珍藏’四字，不知何许人也。先是，劳谔士为余简料行李，见都无长物，语人曰：“是真康对山，止存大小鼓三百面矣。”友生爱我，动称前贤，未免拟非其伦，令人皇恐无地。然二公与吾家用修先后同朝，并皆沦落不偶。而升庵戍金齿时，黄夫人远在蜀中，仅传“其雨其雨”“曰归曰归”之诗。虽诸伎纸裓乞书，固不能如王子霞为学士一圆春梦也。梁四声谷为其友索题《琵琶美人图》，余醉后援笔，书二绝句，云：“天涯沦落试回头，红袖青衫一样愁。莫为美人轻写照，有人怕听《四弦秋》。”“才人惭拟对山豪，内阁家兄不目逃。大小鼓存三百面，琵琶肯谱《郁轮袍》！”内子瑶华女士亦赋一诗题其后，云：“丰貂玉佩俨神仙，阿子居然我见怜。尚有知音司马在，春明门外莫凄然。”

吴太初司马撰《燕兰小谱》，颇以谱中所载无杭州人为憾。后乃得张柯亭一人，其行事亦有足多者。随园采其诗，并载其事入《诗话》，盖“钱唐苏小是乡亲”“维桑与梓”，未免有情。钱武肃王之归杭州也，夙昔钓游之地，山石树木，尽被锦衣观过，知仁忠厚之至，君子有取焉。幼时闻故老有言：魏三儿，故吾嘉应所属之长乐人徙居四川者。魏于长乐为大族，徙蜀者固多，然此事文献无征，所谓未经平子，未敢信也。乙未春，岳州通守黄石泉之仆赤五为余言：“吾州有贾于姑苏者，罗姓，有子二人，皆入京，隶乐部。”余闻之，心怦怦动，谋所以拔出之，乃三四年中，踪迹杳然。管子言：“五方之民，山川风气，囿于其地，不相为谋。”西河检讨罗三行，于昆山调水磨腔源流节度，言之颇详。其曰：“松常舌钝浙齿顽。”盖当时耳目所验，实有其事，必非臆说也。京师诸伶，盛衰消长，各有其时，有莫为莫致者。

戊戌夏，余到岳阳，小住八十日，得识徐三稚青庶咸，佳士也。诗文字画，并皆佳妙，复工度曲，与余交莫逆。一日，得长沙彭实庵书示余，读之，云：“瓣香负气去长沙，适常德，有连元者随之行。”余亟询瓣香何如人，曰：“是名猗兰，长沙普庆部佳伶也，有侠气，其举止不似此中人。实庵之眷眷瓣香，犹子之眷眷小霞也。”余亟属稚青致实庵，幸具瓣香行事告我，将为立传，附之入《看花记》。稚青则曰："诺。"未几，实庵书来，道瓣香事甚悉，且曰："瓣香之得齿于南州高士，幸也。然实庵闻掌生如此至性，如此迍邅，窃自危也。失意人惯作得意事，岂独杨君哉？实庵将以此一段背面因缘，缄致瓣香，使其地北天南，必当力图一面，以酬知己。"盖瓣香胸次落落，视河间姹女工数钱者，蔑如也，故无私蓄。其部中人有殁不能具含敛者，同人遍呼将伯，莫之应。时秋风渐厉，将授衣矣，瓣香仅一絮袍赀，尽举畀之，乃得沐梓藏狸首，此亦不可及之一端。其去长沙也，有长鬣者迫之，色举翔集，岂鹑鷃所能知哉！若连元者，又幸而附骥尾而致青云者矣。秋九月朔，余过长沙，得识实庵，即以曩所为与阿霞交者书扇诒之。于时独无一语探瓣香行止者，盖余自分此行必经武陵，当得一面也。比月半，泊常德舣舟，即步行五六里访之，始得元秀班居处，则方演剧，复趋赴歌楼。召问其掌班，则中秋后已复归长沙矣。计余晤实庵时，猗兰当已归长沙。设尔时一语相问，何难一见？乃中心写之者，卒交臂失之，三生石上无一笑缘。随园老人生平最信我佛因缘之说，能不谓然耶？其冬，实庵备以此事告瓣香，书来，颇代致拳拳，兼缄封瓣香所画水墨折枝梅花一幅寄余，又题一绝句云云。瓣香姓曾，名超，昔在洪江，桐城朱啸厓在摄会同令朱抱荷幕中，颇眷之，后乃随□星桥来长沙，其画梅，所教也。谭铁痴言："普庆部寓所与铁痴家为邻，朝夕过从，知其行事甚悉。瓣香学南北曲最多，长沙诸郎中殆无其偶，吐属尤风雅。"铁痴尝谓之曰："子名猗兰，何独取瓣香为字？"笑曰："此吾家物也。"典雅潇洒，颇似京师桐仙，而行义过之。余撰《长安看花记》，所记皆辇下诸伶，猗兰远在湖南，例不得羼入，因忆纪文达公《滦阳消夏录》作书在居盛京日，而所载有归京师后事，自序明其例曰："陆放翁诗，洋洋洒洒，平生万篇，不尽作于剑南，而总题之曰《剑南集》，兹录盖用其例也。"余因窃比斯例，收猗兰入《琐簿》中，暇日因并天津、保定诸伶，及八年前家居时所闻见粤中佳伶，咸为补传，附载记中。其例实自瓣香始也。壬寅三月二十四日。

右笔记四种，盖亡友杨掌生孝廉之碎金也。芬芳悱恻，才实可传。藏余行箧三十余年，兹检付同文局主人刊行于世。掌生有知，定当含笑于九原也。光绪丙戌百花生日，桂林倪鸿识于沪上之诗卷光阴楼。

帝城花样

《雏芳小谱》序[1]

盖闻五行之秀，钟于人者为多；百年之中，当其少也最美。况乎国色天香之品，惟牡称丹；鸳文凤藻之义[2]，得雄者艳。昳丽之誉，端有归矣。则有吴会名花，皖江秀品。以南朝之金粉，作北地之胭肢。备子弟数登场，宿谙六引；现妇人身说法，即是三摩。宜乎燕姬赵女，粉黛为之不光；袖子施孙，珠玉所由专美也。然而爱河虽溢，亦当辨别淄渑；花市频经，讵未周知香色。以绮情之深浅，分湘管之等差。厥有数端，所堪缕述。若夫公子多情，玉郎初嫁。春风省[3]面，恍记三生；夏日相思，难消一昼。我固非伯牙之琴不听，卿亦惟之涣之曲方歌。搴帘则阿堵撩人，入席则醉乡庇我。小腰一捻，三眠软玉之枝；大体双呈，五夜销金之帐。斯固兰因絮果，自有前根；腻粉酥红，亲于凡艳矣。亦有以爱及爱，无情有情。以我客之结欢，幸彼姝之常聚。酒楼寄兴，曾吟媚子之诗[4]；歌馆闻声，已识念奴之曲[5]。兰蕙原视为清友，蒹葭亦倚于玉人。若此之类，盖亦繁矣。至于逢场作戏，携榼听莺。我无一面之缘，卿有十分之色。惟众好之必察，亦有技而皆庸。鄂君自美，本无关翠被之情；小玉堪怜，原未识黄衫之客。苟其人可取，亦于我无遗焉。仆长安作客，梦说春婆；短景怀人，愁深秋士。簪缨未继，怜痴同纨袴之儿；文字无灵，卖赋作金台之序。风怀所寄，月旦斯评。言择其尤，廿四花之品格；遍书合部，一千佛之名经。盖远之仿《画舫录》之遗规，而近以继《燕兰谱》之

---

① 稿抄本题作《帝城花样序》。
② 义，稿抄本作“华”。
③ 省，稿抄本作“识”。
④ 诗，稿抄本作“篇”。
⑤ 曲，稿抄本作“阕”。

坠绪也。噫！世非无目者，请观曲部班头；我亦个中人，自笑名场傀儡。①

《帝城花样》自序

昔神女魏夫人，隶春工，凡天下草木花片，数之多寡，色之青白红紫，莫不于此赋形焉。王丹麓《看花述异记》述夫人之语曰："美人是花真身，花是美人小影。以汝惜花，故得见此，缘殊不浅。"余作《辛壬癸甲录》，录五人；《长安看花前记》，记七人；《长安看花记》，记八人；《长安看花后记》，记七人。百花齐放，皇州春色，尽属春官矣。既各为之小传，乃考其大凡，为目录，曰《帝城花样》。他日走马长安者，可以依样求之矣。

《帝城花样》后序

余作寓公五六年，遂有燕市酒人之目。案头置一簿，日赴歌楼听曲，夜归则书之②曰：某日某部在某园，某人演某剧，大题卷端。及时③行乐，排日选之④，一时妙选，可按籍而稽。古人有楼罗历、月旦评，殆合而为一焉。既于丙申夏为《长安看花记》⑤，今丁酉二月后，

---

①　稿抄本在序下有4列《姓名录》，且各伶人传亦以此名录为序。"《长安看花记》姓名录：小桐：姓范，名秀兰（按：'姓范，名秀兰'五字为紫色笔迹，其他均为黑色墨迹），小霞、眉仙、琯霞、粟香、绮人、瑶卿、秋芙；《长安看花前记》姓名录：韵香、蕊仙、春珊、冠卿、小蟾、小云、鸾仙；《长安看花后记》姓名录：倚云、玉仙、香吏、春波、小香、纫仙、雨仙；《辛壬癸甲记》姓名录：檀兰卿、杨法龄、吴桐仙、长春花、琵琶庆。"

②　之，底本作"歌"，据稿抄本改。

③　稿抄本"及时"上有"曰"，当从补。

④　之，稿抄本作"欢"，当从。

⑤　稿抄本"记"下有"记八人，小桐、小霞、眉仙、琯霞、粟香、绮人、瑶卿、秋芙是也"。

补撰《看花》前、后记[①]，及《辛壬癸甲录》成[②]，合装为一帙。即以此八字冠其首，不忘初志也：痴人说梦，一何可笑！绮语罪过，知难免法秀之诃。然飞鸿踏雪，留此一重爪痕，日下旧闻，正不容阙此外编耳。

书《长安看花前后记》《辛壬癸甲录》后[③]

道光丙申，春试报罢，余出居保阳。有小伶翠翎，新自京师来，眉目楚楚如画。问其齿，曰十五，字曰韵琴，旧隶春台部。曩余在都时，固未之识也。酒半，捧纨扇乞填[④]词。为[⑤]书《柳梢青》一曲付之，曰："记否相逢，春山画里，春水波中。系马楼台，藏鸦门巷，归燕帘栊。

好春生怕忽忽，歌扇底、芳心自同。蓝尾杯深，红牙拍紧，沉醉东风。"[⑥]既而曜灵西匿，华灯遍[⑦]张，催花传筒，豪饮达旦。酒酣，相与纵论春明门内人物，乘醉捉笔，为《长安看花记》一册，授之。嗟夫！仆年三十矣，万里未归，二毛将及。每念陈同甫"华灯纵博，雕鞍驰射"之语，能不怦怦？唐人王之涣与高适、王昌龄，旗亭画壁，至双鬟发声，唱"黄河远上白云间"之句，拊掌曰："田舍奴，我岂妄哉！"诸伶罗拜，尽醉乃罢。此千古美谈也。仆以负俗之累，久作寓公。走马燕台，无过借彼柔情，销我豪气。而任性疏脱，不自羁检。虽不至如翁

---

① 前、后记，稿抄本作"前记，记七人，韵香居首，鸾仙为殿。《看花》后记，记七人，倚云作先声，雨仙为后劲"。

② 成，稿抄本作"录五人，则兰卿、法龄、桐仙、纫香、琵琶庆也"。

③ 该文亦见于《京尘杂录》卷二《辛壬癸甲录》首，作于杨氏完成《长安看花记》前后记即《丁年玉笋志》《辛壬癸甲录》之后，《京尘杂录》卷二《辛壬癸甲录》首篇当为该文润色后之定稿。稿抄本题作《跋》。

④ 填，稿抄本作"题"。

⑤ 为，底本无，据稿抄本补。

⑥ 该词亦见于《留香小阁词》，题作《柳梢长》，上片前三句为"依约惺忪，留云痕碧，旧梦香红"，下片"蓝尾杯深"之"杯"作"林"，其他均同。

⑦ 遍，稿抄本作"几"。

叔元，遽遭怡园爆竹炙面，而黄仲则粉墨淋漓，歌哭登场，秀师拈槌竖拂，见诃者屡矣。尝自署大门，曰："南国衣冠，西京轮盖；东山丝竹，北海壶觞。"寻复易之，曰："敢拟蓬莱夸白傅，聊将丝竹慰苍生[1]。"又集宋人句为楹帖，云[2]："书卷五千谁入室陆放翁诗，酒徒一半取封侯刘龙洲词。"又集慢词长句，云："仗酒祓清愁，花销英气姜白石《翠楼吟》；纵家传白壁，谁铸黄金张奕山《渡江云》。"英雄习气，豪杰初心，情见乎词矣。中秋后，杖策卢龙塞上。边关风月，感慨尤多，《扶风豪士歌》不堪更读，因自榜所居，曰"梦侠室"。九月三日，秋窗听雨，用吴毂人学士《高阳台》韵曰："一桁帘垂，一枝灯翦，如烟如梦光阴。又近重阳，秋痕易上秋襟。角巾已悔浮名误，甚传杯、还劝深深。奈秋声不住如筝，弹破蕉心。　　客船换尽歌楼味，渐微寒斗帐，不耐罗衾。纵逼中年，谁曾惯听秋砧？樱桃记否开奁处，润琴弦、煮梦沉沉。剩今宵笛里霖铃，自谱微吟。时才学《长生殿·闻铃》一曲。"安定郡王《侯鲭录》载，魏城君谓东坡曰："秋月色不如春月色好。"王子霞则谓："奴所不能歌者，是'枝上柳绵吹又少，天涯何处无芳草。'坡笑曰：'我方悲秋，汝又伤春。'"案：《毛诗》传曰[3]："秋，士悲；春，女怨。"理固宜然，惟是言者心之声，与境推移。长笛一声人倚楼，断非谢镇西着紫罗绔褶，据胡床，临城楼北窗，弹琵琶情态。倘使桓子野闻之，亦当但唤"奈何"而已。仆以辛卯六月离家园，今计当俟明春试后，乃得南归。偻指正合八年之数，忆壬辰初入都时，有"辛壬癸甲"之语，殆为之兆也。文章憎命，魑魅喜人。京洛缁尘，遽集衣袂。刘伶荷锸，毕卓盗瓮，阮籍眠炉，大抵有托而逃。古今伤心人，岂独信陵君哉？屠门酤肆中，酒食游戏相征逐，阅人多矣。物换星移，风流云散。岐王

① 苍生，稿抄本作"东山"。

② 云，稿抄本作"曰"。

③ 传曰，底本无，据稿抄本补。

宅里，崔九堂前，梨园菊部中老辈[1]，存者蓼落[2]如曙星。当乾隆年间，得吴太初撰《燕兰小谱》以传。嘉庆年间，虽有《莺花小谱》之作，今寂无闻焉。传不传，固有幸有不幸也耶？以余所及见诸人，今皆半成父老。倘不及今撰定，恐十年后，无复有人能道道光年太平盛事者矣。丁酉入春以来，同云酿雪，春寒特甚。帘衣窣地，剪灯命酒，坐忆故人，各撰小传，是为《长安看花》前、后记。既复补撰《辛壬癸甲录》，志缘始也。其间所见异词，所闻异词，所传闻又异词，善善从长，弗为溪刻。世之有心人，于寒夜重阁，曲[3]帏四垂，氍毹重叠，烧椽烛四五枝，参差列几案，设大小宣炉数事，选沉水结隔砂蒸之，温香静对，魂梦俱适。旁有知心青衣，如紫云其人者，方且拨鼎中兽炭，暖越中陈冬酿，于梅花水仙影中，按拍引曼声，度《赏花时》北曲，不觉欣然，为浮大白。又或清暑招凉于竹林深处，六扇文窗，茜纱尽拓，簟纹如水，帘影若波，以大白瓷盂，贮新汲井华水，浸荔支三百颗，与调冰雪藕之人，一同啖尽。已乃竹炉候火，闻瓶笙声，水火相得，吟啸互答。当此之时，展此录、此记读之，"夕阳一片桃花影，知是亭亭倩女魂"，如闻其声，如见其人。以视落花时节相逢，定当何如耶？中和节后三日，春风如[4]厉，阴霾竟日。日色皆黄，窗纸淅淅作秋声。百花生日近矣！"二月边城未见花"，今始信然。排闷折纸，自诼自写，遂已袖然成帙。昔余澹心之作《板桥杂记》也，援道君在五国城作《李师师传》为说，岂非以"佳人难再"，故作此情痴狡狯耶？余读竹垞词集自题《解佩令》曰[5]："十年磨剑，五陵结客，把平生涕泪都飘尽。老去填词，一半是空中传恨。几曾围燕钗蝉鬓。　不师秦七，不师黄九，

---

① 辈，稿抄本作"手"。

② 落，稿抄本作"寥"。

③ 曲，稿抄本作"玉"。

④ 如，稿抄本作"加"。

⑤ 曰，稿抄本作"一阕"，且下无原词。

倚新声玉田差近。落拓江湖，且分付歌筵红粉。料封侯、白头无分。”抗节长吟，不觉唾壶击[1]碎。呼童[2]爇火，炙秫齐半瓮，慨然釂三爵。起，奋笔题门，曰：“燕巢岂可乐，龙性谁能驯？”呜呼！我辈钟情，狂奴故态，一时呈露。书之，以当佛前发露忏悔云耳。

《长安看花后记》序[3]

我生也晚，不及见乾隆、嘉庆间人。辛、壬、癸、甲以来，淹留京师。洛阳名园，日涉成趣，青衫尘满，翠袖寒多。回首前尘，但唤奈何。丙申夏五，适遇韵琴，新来保定，皇州春色，尚能言之，然所识已大半道光十六年内所生人矣。嗟夫！此中不过五年为一世耳。仆北来，曾几何时，已不胜风景不殊之感。金樽檀板，翠海香天，坐享盛名，消受艳福，爽鸠之乐，果未渠央也耶？旬日后，仍将入春明门，辄篝灯记此，以授韵琴。他时良辰美景，赏心乐事，能念及软红十丈中，尚有人低徊慨叹，如桓大司马者在否也？佛说因果，曰“去、来、今”。仆说现在法，以目前为断，虽第一仙人，如梅鹤堂之韵香，亦不得阑入，仅于传经堂中一及之，体例然也。暇日当别为立传，以甲午以前人物足之，继《燕兰小谱》《莺花小谱》之后焉。此别行。

檀兰卿传[4]

檀兰卿，名天禄，或云默斋之裔也。元时有歌妓真真，自云西山后人。姚牧庵为翰林承旨，于西玉堂开宴日见之。白丞相三宝奴，为落籍，以妻小史黄康。明德之后，门户零替，往往有之[5]，可为浩叹。

---

① 击，稿抄本作“敲”。

② 稿抄本“童”下有“子”。

③ 该文亦见于《京尘杂录》卷一《长安看花记》首篇，然字句稍异。

④ 稿抄本题作“檀兰卿”。

⑤ 之，稿抄本作“此”。

先是，天禄蓄一弟子，学[1]武小生，颇秀慧。一日，歌楼演剧，坐中有人觐刺史，怪其神情不似优儿，有所枨触，亟还寓，召之来。细诘姓氏、里居，及堕落之由，则其从子八九岁时迷失道，为人掠卖者也。刺史恚恨，鸣之官。天禄多方夤缘，乃得薄谴，论城旦舂。岁满，复归京师，依然傅粉登场，聚徒教歌舞。余尝有诗云："一曲琶琶万古悲[2]，幼芳狼藉海棠枝。酒边更读王郎曲，天禄生还喜可知。"昔宋南渡时，薛幼芳为朱[3]文公所窘，无服辞，但曰："不可以吾污士大夫。"乾隆间，陈银儿被逮，荷校以徇，逐还四川。而国初苏州王紫稼重入都，谒龚太常，竟为江南御史杖杀。薄命遭逢，又有幸有不幸焉。有女曰芙蓉，明慧艳冶，有长安丽人之目。都人士闻声倾想，红襟小燕，入幕窥帘，思窃比西家宋玉者，以千百计。既得玉香为快婿，于归之夕，催妆却扇，喜可知已。于时日下群公，恋恋识两家者，咸会丰玉、国香两地，笙歌灯火，极一时之盛。花天月地，又添一段佳话矣。旧与天禄齐名者，曰天寿，徐娘虽老，风韵犹存，今固犹在天禄之上也。

杨法龄传[4]

法龄姓杨，当年所称"三法司"之一也。早脱乐籍，买屋石头胡同，杜门却扫，不畜弟子。曰："吾备[5]尝种种苦趣，受诸无量恐怖烦恼，幸得解脱。彼呱呱小儿女何辜，奈何遽令着炉火上耶？"壬辰春，余从友人访之，言论风[6]采，如太阿出匣，色正芒寒，令人不可逼视。觉扶风豪士，在人目前，一洗金粉香泽习气。既而南枝兴思，一舸翩

① 稿抄本"学"后有"唱"。
② 悲，稿抄本作"愁"。
③ 稿抄本"朱"下有"道学"。
④ 稿抄本题作"杨法龄"。
⑤ 备，底本作"辈"，据稿抄本改。
⑥ 风，稿抄本作"丰"。

然竟归。人亦谓其此行作五湖长，不复出矣。未几，复来京师，则所挟数千金，已尽散诸宗族、乡党之贫者，慨然曰："吾十余岁，家贫，无所得食，父母鬻我，孑身入京都，幸而载[①]数千金以归。念吾宗族乡党之贫者，犹吾昔日也，不周之，吾昔日之事，保不复见于今日。今日孑身入[②]都，固十年前故我也。吾舌尚存，何害？"乌乎！由前之说，佛也；由后之说，侠也。若法龄者，今之古人哉！

吴桐仙传[③]

吴金凤，字桐仙。聪颖特达，文而又[④]儒，近日文人所称"吴下阿凤"是也。其师啸云，名法庆，故四喜部名辈。桐仙既入春台部，遂有出蓝之誉。风格洒然，谈谐笔札，色色精妙，所与游多当世文士。性复苦溺于学，故朱蓝湛然，厥功甚深。所居曰"玉连环室"，又有"竹平安馆"。插架皆精帙，几案间错列旧铜瓷器数事，皆苍润有古色。过其门者，或闻琴声泠泠出户外，佥曰："此中有人。"诸名士以春秋佳日集其家，阄题分牌，桐仙必参一席。墨痕淋漓，襟袖与[⑤]酒痕相间也。书法松雪老人，尤工绘事，学瓯香馆写生，作没骨折枝花卉，殊有生[⑥]趣。所作韵语，楚楚有致，暇复倚声，学填长短句，亦自可诵，指事类情，一座倾倒。以故文人学士，亦乐与之游。年逾三十，而寻春车马犹烂其盈门云。昔王子猷性爱竹，所居辄指之曰："何可一日无此君？"而晋人又言："坐无车，公不乐。"亦可以审所自处矣。若桐仙者，可封潇洒侯。菖蒲下拜，甘蕉许弹，坐对此君，自

---

① 载，稿抄本作"数年得"。

② 稿抄本"入"后有"京"。

③ 稿抄本题作"吴桐仙"。

④ 又，稿抄本作"近"。

⑤ 襟袖与，底本作"与襟袖"，据稿抄本改。

⑥ 生，稿抄本作"深"。

尔萧然意远。

纫香传[①]

长春，字纫香，春福堂主者，道光年所称“状元夫人”是也。乾隆初[②]，毕秋帆先生春试报罢，留京师，桂官一见倾倒，固要主其家，课读课书，如严师畏友。庚辰，秋帆尚书第一人及第，时史文靖公重宴琼林，来京师，谓诸君曰：“闻有状元夫人者，老夫愿得一见。”一时佳话，流传至今。随园所谓“合使夫人让诰封”者，正指此事也。皇州春色，百花争放，秋芙在群芳中，如紫薇善笑，又如蔷薇多刺，品格固未足高，然尚不至如“颠狂柳絮随风舞，轻薄桃花逐水流”也。北人呼长春花为“土抹丽”，其花见日则敛，向夜复开，四时不断，而托根流蔓，生不择地，既少芬芳，又复旦暮变易。当万葩竞秀时，培植妙卉，寸土尺金。顾令此无足重轻之小草，蔓延庭阶，大是恨事。若长春者，其品格在万花[③]中，乃适如其所自名耳。海盐朱九朵山，以癸酉拔萃，为户部郎，见长春爱之，甚几无一[④]日不浃洽。无何，朵山以乙酉、丙戌联捷，廷对魁天下，世遂以“状元夫人”目长春。而要其识见，则逊桂官远甚矣。

琵琶庆传[⑤]

庆龄，能弹琵琶，故称“琵琶庆”，男子中夏姬也。嘉庆间即擅名，至今三十年矣。年过不惑，而韶颜稚态，犹似婉娈。为男子装，视之才如弱冠。若垂鬟拥髻，扑朔迷离，真乃如卢家少妇，春日凝妆，岂

---

① 稿抄本题作“长春花”。

② 稿抄本“初”下有“年”。

③ 花，稿抄本作“卉”。

④ 一，稿抄本作“三”。

⑤ 稿抄本题作“琵琶庆”。

《楞严》十种仙中固有此一类耶？酒人中推为大户，巨觥到手，如骥奔泉，未尝见其有醉容。又吸阿芙蓉膏，日尽两许，世传此为婴粟液合诸药所制，能铄肌肤，损颜色，服之容光锐减。庆龄服此廿余年，而面目丰腴润泽，视畴昔少好时，容华不少衰，洵是奇事。或谓其得斟雉之术，理或然也。演《宛城》，作张绣叔姆，余未及见。见其《荡湖船》小曲，抱琵琶出临歌筵，且弹且歌[1]，曼声娇态，四座尽倾。烛影摇红之下，钏响钗光，鬟丝鬓影，无不入媚。盖其平居，入夜辄卧对一灯，往往申旦。朝曦已上，始拥被酣睡，亭午犹息偃在床。酒楼指名坐索，必俟日昳始徐徐来。故茶园征歌，久不与列，而酒后灯下看美人，始适得其妙，几忘为东涂西抹阿婆矣。三庆后来之秀，林立庭阶，若论彼中人名辈，大半皆其孙、曾行。当其轻拢慢拈、流盼送媚时，偷睨场后小儿辈，骈肩窥帘，喁喁私语，往往吃吃笑不能自禁。故其当场意态，都无一定，随所感触，如风水相遭，自然成文，非他人所能及也。聚妻妾，蓄弟子，而弟子苦无佳者，以故门风不振。至大妇、小妻，分曹列艳，鸳鸯七十二，花叶自相当，庆龄处其中，如豹仙紫云销魂，春娘换马，习为常事。款款蜻蜓，深深蛱蝶，"秦宫一生花底活，不数金钗十二行"矣。余曾见其小女，年才十岁余，娇鸟恋巢，慧丽柔媚。在枇杷花下扑蝴蝶、捉迷藏，殊有姿致。洛阳女儿，难得此宛转如意者。掌中夜光，珍重护惜，宜矣。太初山樵《燕兰小谱》以魏长生为殿，余作《长安看花前记》，以凤翎为殿；《长安看花记》，以天喜为殿。今此录以庆龄为殿，同一例也。

长安看花记

蕊珠旧史掌生氏著　管领群芳使者删定

---

① 歌，稿抄本作"唱"。

韵香传[1]

余读冯子犹所作《爱生传》，不禁痛哭流涕，长太息也。子犹之言曰："天之纵生以慧者，适以祸生。而啬生以寿者，安知非所以怜生而脱之？"呜呼！千古伤心人，当万万无可奈何之时，往往故作达观，强为排遣，大都有此奇想矣。余自壬辰春入春明门，所识第一仙人曰韵香。韵香者，林姓，名鸿宝，吴人，来京师入传经堂，隶嵩祝部。学歌舞才两月，即出临红氍毹上，按节入奏，铢黍不爽，而其秾纤合度，修短得中，进止动静，妙出天然。楼上下万目、万手、万口，啧啧称叹"是好郎子"。嵩祝部一时声誉顿起，座中客常满，有隔日豫约不得入坐者。从此征歌舞者，首称嵩祝，不复顾春台、三庆矣。今去韵香之没已三年，春台、三庆，名辈林立，且多后来之秀，望之如芝兰玉树，森列庭阶。而嵩祝座中人[2]，不少减于畴昔者，韵香为之也。韵香既数奇，失身舞裙歌扇间，居恒郁郁不自得，虽在香天翠海中，常如嵇中散[3]土木形骸，不假修饰，而何郎汤饼，弥见自然，知安仁羊车，良非虚语。既工愁，复善病。日日来召者，纸片如山积。困于饮食，至夜漏将尽，犹不得已。每揽镜自语曰："叔宝璧人，则吾岂敢？然看煞卫玠，是大可虑。"岁甲午，三年期满，将脱籍去。其师，黠人也，密遣人召其父来，啖以八百金，再留一年。韵香慨然曰："钱树子在，顾不能少忍须臾耶？"乃广张华筵，集诸贵游子弟，筹出笼计。得三千金，尽举畀其师，乃得脱籍去。徙居樱桃北垞，署其室曰"梅[4]鹤堂"。于时，文酒之会、茶瓜清话，咸集焉。韵香周旋其间，或称水煮茶，或按拍倚竹，言笑晏晏，诚升平之乐国，亦欲界之仙都也。而愁根久种，病

---

① 稿抄本题作"韵香"。

② 人，稿抄本无，衍。

③ 嵇中散，底本作于"不假修饰"前，据稿抄本改。

④ 梅，底本作"解"，据稿抄本改。

境已深。居三月而疾作，疾不半载，竟死。死之日，扶病起，誓佛曰："泪痕洗面，此生已了。愿生生世世，勿再作有情之物矣。"时道光十四年十二月也，年才十八。嗟乎！韵香以成童之年始入都，从师学无几日，即以其色艺倾都人士。从此宾筵客座，招邀无虚日，油壁锦幛，六街九陌，车如流水，马如游龙，招摇过市，如坐云雾中。夜分来归，则已绛蜡高照，红梁宿温，茗谈瓜战，延伫已久，绝缨错舄，纸醉金迷，卜昼卜夜，欢乐未央。他人所叹羡企望不能得者，韵香当之，乃出亦愁，入亦愁，以故不得更竟其业，仅以《偷诗》《赏荷》《吞舟》[①]三出擅名。每当广厦细旃，长笛一声，四座寂然，无敢议[②]者。目有视，视韵香；耳有听，听韵香；手有指，指韵香。一似只应天上，难得人间。但觉此身在绛霄碧落间，所谓"玉殿吹笙第一仙""十四楼中第一声"。是耶非耶？昔人论文，谓单词[③]只字，自足以[④]传，信知贵精不贵多矣。其人肉与骨称，态与体称，神湛湛如秋水，气温温若春兰，使宋玉、陈思见之，当恨不为作赋。余尝谓天地生人匪易，美妇人不多，美男子尤少。美妇人吾未见，所见美男子，惟韵香耳。韵香之为人，沉静寡言，而来前者，莫不各得其意以去。太原公子裼裘而来，大家风度，故应尔尔。使为闺中秀，足当幽娴贞静之目。藐姑射仙子之山有神人焉，绰约若处子，肌肤若冰雪，此之谓矣。惜其为弟子时，无私蓄。既得落籍，居室草创，未几遂病，不能出门户。惟二三知己，日来为之检点茶铛，料量药裹，犹力疾强起，谈谐甚乐。至于金夫、铜仙，大腹贾、长鬣奴，素少相识，无过而问焉者，以故窭甚。及其卒也，敛手足，形几不能备含燧，诸文人闻赴麢[⑤]至，束刍沐椁，凡附身附棺

① 《偷诗》《赏荷》《吞舟》，稿抄本作"《赏荷》《藏舟》《偷诗》"。

② 议，稿抄本作"哗"。

③ 词，稿抄本作"句"。

④ 以，稿抄本作"流"。

⑤ 麢，底本作"麜"，据稿抄本改。

者,皆翰墨香也。子犹又言:“昔宋词人柳七郎不得志于时,落魄以死,赖诸名妓醵钱而葬。今爱生不葬于妓家,而葬于吾党,所以报也。则吾安知今日之所谓爱生者,非即宋之名妓中人乎?”信斯言也!以只鸡絮[①]酒酬韵香,韵香必含笑于九京[②],曰:“虽死之日,犹生之年。”

蕊仙传[③]

王长桂,字蕊仙。辛壬间与韵香、春珊鼎足而立,名在第二,目之曰蕊榜。是时韵香为第一仙人,国香也,以韵胜;蕊仙,牡丹也,为艳品。然蕊仙所以逊韵香者,亦正以美而艳为累,不得不让上界仙人出一头地耳。蕊仙丰容盛发[④],严妆衿[⑤]饰,往复进退,光动左右。求之凡女子中,殆无其匹。唐人当日呼太真为“解语花”,又曰“海棠睡未足”,而元微之《会真记》之状莺莺,则曰“娇羞融冶,力不能运肢体”,不意蕊仙乃以一身备之。当日于锦绣万花谷中,如火如荼,压倒群芳,独占春光九十,使观者沉酣其中,目不给赏,岂浪得名哉?

春珊传[⑥]

庄福宝[⑦],字春珊,三庆部郁大庆弟子也,后乃自居玉照堂。色艺既迈人,而言语又妙天下。其为觞纠[⑧]酒录也,座中无虑数十人。人各有性情,有面目,有技艺,有志趣,有喜忌,或动或静,或默或语,裙屐沓集,觥筹交错。春珊从容酬答,或迎其意以发之,或导其意以

---

① 絮,稿抄本作“黍”。
② 京,稿抄本作“原”。
③ 稿抄本题作“蕊仙”。
④ 发,稿抄本作“鬋”。
⑤ 衿,底本无,据稿抄本补。
⑥ 稿抄本题作“春珊”。
⑦ 庄福宝,稿抄本作“馥葆”。
⑧ 纠,底本作“政”,据稿抄本改。

达之，或如其意以偿之，或助其意以足之，莫不听其开口而笑，各得其意以去。信乎春珊为如意珠，虽取怀而予，不是过也。有时名流燕集，洗砚磨墨，折笺醮笔，选香而添，掷花而润。当之者往往如怀素草书，僧繇画壁，触处洞然，风发泉涌，汩汩其来，不可方物矣。又如说平话，斗险语，径路既绝，风云未通，诸名士方且摇玉柄麈尾，擎[①]铁如意，瞪目哆口如木鸡。春珊每于辞理将屈之时，施青丝[②]步障，为小郎解围，或竞如玉环，放玉色猧子，乱局而罢。生平对客，不为危言激词[③]，而对之者未尝不意也消。谈言微中，可以解纷，春珊有焉。曩家居时，曾于六蓬船中见父执叶星曹所书集句，云："秋菊有佳色，春兰如美人。"今日国香服媚，非韵香莫足当之。至若东篱把酒，坐对南山，伴柴桑旧宰，独占秋光，春珊庶几近之。年来脸玉犹润，喉珠不圆，退处玉照堂中。日倾三蕉，自取酕醄，不复锦帕缠头，作昔日狡狯事矣。予识春珊最迟，问其年，曰"二十"。乌呼！乾隆年间，魏长生年二十七，始自蜀来京师耳。今日成功者退，乃在弱冠时，否者群起而姗笑之。乌知阿婆三五少年时，亦曾东涂西抹来哉！

冠卿传（翠翎附）[④]

玉香，字冠卿，后起中前辈也。亭亭玉立，秋水为神。顾梁汾《咏梅·浣溪沙》曰："一片冷香惟有梦，十分清瘦更无诗，小楼风月独醒时。"空山流水，冰弦一抚，清清泠泠，令人萧然意远。目为槛外人妙玉，可谓神情毕肖。暗香疏影，固应在孤山伴逋仙偕老矣。然其《掬月》一出，为韩国大姨，以瑶池之品，写金屋之姿，天上风光，迥非凡

① 擎，稿抄本作"击"。
② 丝，稿抄本作"纱"。
③ 词，稿抄本作"论"。
④ 稿抄本题作"冠卿"。

比[1]。而举体皆媚，柔若无骨，回翔旋折，飘飘欲仙，观者几欲持衣裾，恐其因风而去，固应瑶台独步也。娶妇名芙蓉，为国香堂爱女，璧人一双，一时称快。丙申四月十三日，花烛之夕，余赋《贺新郎》。昔康熙间，汪蛟门舍人纳姬，徐方虎、王西樵、周雪客、陈纬云诸公斗险韵，同用此调，余[2]辄依其韵谱之，不和[3]迦陵云郎新婚之作者，嫌太熟也。词云："一桁帘衣卷。藕花中、并蒂移花，羊车初遣。莫笑一生花底活，未许露华轻泫。况红药、留春如茧。一笑并肩人镜里，问近来、眉样今深浅？紫云曲，谱亲展。　　国香服媚名逾显。记索郎、瑶台飞白，亲题禁扁。为检河魁翻秘笈，不吠琅环白犬。许平视、磨砖幸免。不碍二分春似水，算长安、添数看花典。圆月照，华灯剪。"其弟子曰翠翎，字雨初。风骨未骞，而宛转如意。赵秋谷《海讴小谱》中所称[4]"飞[5]鸟依人"，意态近之。如山茶花，秾而不俗，大家人儿女，固应尔尔。演《茶叙》《供花》二出，俱有可观。尝尊前捧砚，乞留题，为署居室曰"听春楼"，楹帖曰："半榻茶烟[6]圆梦夜，一帘花气酿愁天。"飞鸿踏雪，动留爪痕。他时杜牧寻春，又添一番惆怅矣。书至此，为之怃然。

小蟾传[7]

联桂，字小蟾，黄姓，皖之太湖人。世俗所称"状元夫人"，长春弟子也。为人疏节阔目，如小人家儿女，而意量自远。性伉爽，笑语甚豪，每以伶侠自处。所不当意者，往往如灌夫骂座，冷若冰雪，余尝戏

---

① 比，稿抄本作"艳"。

② 余，稿抄本作"今"。

③ 和，底本作"知"，据稿抄本改。

④ 称，稿抄本作"谓"。

⑤ 飞，稿抄本作"花"。

⑥ 烟，稿抄本作"禅"。

⑦ 稿抄本题作"小蟾"。

呼为“尤三姐”。爱之者阿其所好，乃直欲以枕霞旧友拟之。小蟾欣然谓“掌生品评不谬”，足见其胸抱，亦可谓有自知之明者矣。见客长揖不拜，高谈雄辨，惊其座人。顾好讦直，以招人过，人多不能堪，若辈咸嫉之。我辈如丘东麓、温伊初诸君，尤恨小蟾甚。小蟾生于嘉庆二十五年，道光十四年出春福堂。自居春元堂时，年才十五，同辈中落籍之早，无过之者。

小云传(妙云附)[①]

玉琴，字小云。此碧桃花也，拟之《石头记》中人，极似宝琴。眉目肌理，意态言笑，无一不媚，而安雅闲逸，温润缜密。有时神明焕发，光照四座，对之如坐春风，如饮醇醪。古人称温柔，惟小云足当此二字。比德于玉，无愧璧人。好从文士游，讲论申旦，娓娓不倦，风韵固自不凡。与妙云同居一室[②]。妙云名桂香，亦碧云弟子。色艺未是佳品，而举止殊有大方家数。盖碧云当日，温文尔雅，妙擅清誉。二人同师，家法固在也。小云之为人，癯不露骨，丰不余肉，香而不腻，圆而不甜，风流蕴藉，无纤毫俗韵。将来此中人[③]福泽，当以小云为最，他人恐不及也。

鸾仙传[④]

凤翎，字鸾仙，陈姓，菊部中推弦索好[⑤]手。尝演[⑥]《别妻》一出南

---

① 稿抄本题作“小云”。
② 一室，底本无，据稿抄本补。
③ 此中人，稿抄本作“此辈”。
④ 稿抄本题作“鸾仙”。
⑤ 好，稿抄本作“老”。
⑥ 演，稿抄本作“般”。

曲[1]，弹四条弦子，唱《五更转》曲[2]，歌喉[3]与琵琶声相答。琵琶在金元时，本用弹北曲。鸾仙齿牙喉舌，妙出天然，媚而不纤，脆而不激，圆转浏亮，真觉绕梁遏云之音，今犹未歇，非他人所能及也。丰仪修朗，笑语俊爽，双瞳湛湛如秋水[4]。余尝戏呼为玫瑰花，以其英气逼人，大似探春也。仲云涧填《红楼梦》传奇，《葬花》合《警曲[5]》为一出。南曲抑扬抗坠，所贵谐婉，非鸾仙所宜。然听其《越调·斗鹌鹑》一曲，哀感顽艳，凄迷掩抑。虽少缠绵之致，殊有悲凉之慨。使当日竟填北曲，鸾仙歌之，当更可观耳。丙申中和[6]节，移居藕香堂，联升旧居也。余为作小篆题榜，曰"紫桐花馆"。

长安看花记

蕊珠旧史掌生氏著　管领群芳使者删定

小桐传（翠霞附）[7]

秀兰，字小桐，范姓。此今日之[8]牡丹花也。美艳绰约，如当年蕊仙，而品格过之。风仪修整，神气闲雅，金粉场中，艳而能静。拟之《石头记》中人，大似蘅芜君，天香国色，艳冠群芳，故应一时无两。尝演《马湘兰画兰》于红氍毹上，染翰如飞，烟条雨叶，淋漓绢素，或作水墨，或作着色没骨体，娟秀婀娜，并皆妙佳。顿觉旗亭壁间，生香四

---

① 南曲，底本无，据稿抄本补。
② 曲，稿抄本作"阕"。
③ 喉，稿抄本作"声"。
④ 稿抄本"水"下有"温温而不厉"。
⑤ 曲，底本作"玉"，据稿抄本改。
⑥ 和，稿抄本作"秋"。
⑦ 稿抄本题作"小桐"。
⑧ 之，稿抄本脱。

溢，洵佳话也。所演[1]杂剧，如《葬花》《折梅[2]》《题曲》《瑶台》《秋江》，皆有可观。动止蕴藉，妙于语言。当日呼玉妃太真为解语花，其态度宛然在人心目中也。丙申春暮，小桐于燕喜堂张筵召客，一时窦霍豪家、五陵游侠、荐绅贵介、过夏郎君，莫不骏奔[3]糜至，来会者六七百人，车如流水，马如游龙。盖光裕堂既以三世擅盛名，小桐又以和气汤醉天下人心，复妙选春台、三庆、四喜、和春、嵩祝五部佳伶合为一班，试云想之衣裳，奏锦城之丝竹[4]，褰裳投辖，卜昼卜夜，笙歌灯火，极一时之盛。酒半，啸云、桐仙、小桐以次奉觞为客寿，客莫不欣然釂三爵。太平盛事，数年来所未有也。吾友赵友竹，尝贻我纨扇，命曰"国香秀影"，其神情态度，乃无一不相肖者，画中人自足千古矣。其弟曰翠霞，字青友。壬癸之间，娟娟楚楚，大似杜鹃花。乙未冬始入光裕堂。张绪当年，亦是佳品也。

小霞传[5]

鸿翠，字小霞。与韵香同师，故其举止都无俗韵，标格如水仙一朵，在清泉白石间。余尝以初夏，偕友人访之。芍药已过，樱桃初熟，文窗四拓，帘波如水，柳丝竹影，微飏茶烟一缕。径造其室，则小霞方独酌一壶，手黄唐堂《香屑集》，曼声讽咏，令人想见谢镇西夜泊牛渚，闻袁临汝郎隔舫咏史情事。见客，初不甚酬对，而谈言微中，使人之意也消，洵佳士也。昔韵香以第一仙人居传经堂，望之如藐姑射神人。尔时虽有鸿喜、蟾桂、多宝同居，无能为役也。韵香既没，传经堂

① 演，稿抄本作"般"。
② 梅，稿抄本作"柳"。
③ 骏奔，底本无，据稿抄本补。
④ 竹，稿抄本作"管"。
⑤ 稿抄本题作"小霞"。

转入春台部，得小霞，乃殊有太原公子裼裘而来之概[1]。昔郗公谓门生："王氏诸郎，羲之最佳。"正谓其不自束缚耳。后来之秀，位置第二者，乃拜虎贲，非认颜标也。玉溪生诗云："月没教星替。"若小霞者，神明玉映，可谓长庚伴月，又非三心五噣比矣。

眉仙传[2]

双寿，字眉仙，吴人。嘉庆以还，梨园子弟多皖人，吴儿渐[3]少。岂灵秀所钟，有时歇绝[4]耶？眉仙如初日芙蓉，韶秀[5]天然，想见王谢家子弟，执玉柄麈尾，倾倒四座。时论者拟之以邢岫烟，神情态度，幽闲典雅，庶乎近焉。嘉庆二十年后所生人，道光十年后擅一时名，韵香、春珊、蕊仙、蕊香、冠卿、鸾仙、小蟾、小云次第脱身去。秋芙最后亦于丙申夏初自立门户。惟眉仙、琯霞，犹作笼中鹦鹉。二人皆居韩家潭，琯霞居极西道北，曰春和堂；眉仙居极东道南，曰三和堂。相去数十弓，两恨人望衡对宇，亦恨事也。眉仙既郁郁不得志，眉间常有怨恨之色，幽微掩抑，不能自胜。每诵"瘦影自临春水照，卿须怜我我怜卿""人间亦有痴于我，岂独伤心是小青"之句，清泪如铅水，往往以之洗面矣。尝演《葬花》，为潇湘妃子，珠笠云肩，荷花锄，亭亭而出，曼声应节，幽咽缠绵。至"这些时拾翠精神，都变作了伤春证候"之语，如闻春鹃，如听夜猿，不殊"一声河满"矣。余目之曰"幽艳"。尝谓《红楼梦》曲子，盛传于世，而琐琐余子，无堪称作潇湘主人者，虽有佳品，非过于秾，即失之劲。不得已，姑以眉仙充之。瑶草琼花，固自与夭桃郁李异耳。

---

① 概，底本作"慨"，据稿抄本改。

② 稿抄本题作"眉仙"。

③ 渐，稿抄本作"绝"。

④ 歇绝，稿抄本作"销歇"。

⑤ 秀，稿抄本作"令"。

琯霞传[①]

法林，字琯霞，虽无晴雯之艳，而性格近之，极似怡红院中林家小红。玉仙演《占花魁》，以憨见妙，琯霞则正以慧见妙，各擅胜场，使邢、尹觌面，能不爽然自失？冠卿亦以此出擅名，然冠卿亦遭际顺境，事事如意，所谓"强笑不欢，效颦不愁"。琯霞则此身[②]玉立，自顾头颅如许，幽忧怨愤，时积于怀。当夫檀板一声，亭亭扶影，眼光一注，茫茫大千，托足无地。此情此景[③]，怅触心伤，幽愁暗恨，触绪纷来。故其低徊幽咽，慷慨淋漓，有心人一种深情，和盘托出。借他人酒杯，浇自己磊块，不自知其然而然也。"木末芙蓉花，山中发红萼。"每咏王右丞《辋川杂诗》，能无慨然！《燕兰小谱》有句云："若教嫁作曹交妇，纵不齐眉也及肩。"趣语解颐，随园亟赏之。折腰龋齿，颇费周旋，文人无赖，遂有此口头罪过，冠卿年来亦有凫胫鹤膝之诮。菖蒲拜竹，举头天外，琯霞乃如春笋出林，渐欲过母，故观场矮人，往往有元龙百尺之憾矣。性既疏脱，又惯无拘检，不顾忌讳，遂致口角招尤，殊费调人。虽然，长安人海，红尘缁尘，阅人多矣！六街蹀躞，马尽如龙；九陌遨游，士多于鲫。黄衫谁是，翠袖寒多。一击未能，九州自大。天荆地棘行路难，又何怪伤心人触处皆非也！君子哀其遇而原其心焉，可矣。

粟香传[④]

金桂，字粟香，曩以众人遇之。丙申天中节，始见其演《凤仪亭·掷戟》，为温侯，珠冠绣襦，挟画戟而上，英雄儿女，刚健婀娜，兼擅其

---

① 稿抄本题作"琯霞"。

② 此身，稿抄本作"身长"。

③ 景，稿抄本作"境"。

④ 稿抄本题作"粟香"。

妙。“欲采芙蓉花，可怜隔秋水”，能传此一片心事。惊谓镜生曰：“士别三日，便当刮目相待，今日非复吴下阿蒙矣！”镜生笑曰：“曩固用违其材耳。”粟香此后勿复为[1]裹头装，庶不失本来面目也。

绮人传（巧林附）[2]

福[3]林，字绮人，眉仙同怀弟。近日推大有堂桂云为嵩祝首座，实非绮人比也。绮人娟娟如秋海棠，置之珠箔银屏中，迥非凡艳。《金陵十二钗正册》之末，大书曰“情天情海幻情身”，可卿兼美，如优钵昙花，偶现色身，遂使绛洞花主于怡红快绿中，心醉欲死。自韵香去后，嵩祝部如“野树花争发，春塘水乱飞”，一枝翘秀，实难其选。绮人如隔水桃花，自然明媚。柳阴竹外，寻春裙屐，不觉成蹊矣。其同门生曰[4]巧林，字秋仙。闻已南归，余未及见。曾于韩季卿《题壁图》上一见之，丰姿娟秀，飘飘欲仙，名称其实矣。眉仙在四喜部，虽擅一时名，而居恒对影，郁伊善感，日念绮人不去怀。同在花天月地中，固不能对床款洽，每见客，必探绮人近状。有过观音寺前者，必寄声问讯，割一味之甘，睹五纹之佩。至情至性，感动旁人。呜呼！读《棠棣》之诗，孝弟之心可以[5]油然生矣。

瑶卿传[6]

大玉林，字瑶卿，称大者，所以别于敬义[7]堂字佩珊之玉林也。其师故日新堂殷采芝弟子，别居后，授徒三人，皆庸碌钗裙。瑶卿丰

---

① 为，稿抄本作“作”。
② 稿抄本题作“绮人”。
③ 福，稿抄本作“馥”。
④ 曰，稿抄本脱。
⑤ 以，稿抄本脱。
⑥ 稿抄本题作“瑶卿”。
⑦ 义，稿抄本作“业”。

容多肌，当其不栉而巾，亦是寻常儿郎。至于薰染[①]梳扫，拥髻升歌，丰融旖旎，意态动人。“酴醾香梦怯春寒”，恍惚遇之矣。演《长生殿》“惊变”一出，于太真醉态，颇能体会，无矫揉造作痕。所惜鹖旦不鸣，三弦不敢促柱，吹笛者往往宛转高下以就之，遂令人有铸钟过厚之叹耳。

秋芙传[②]

天喜，字秋芙，夏姓，扬州人。先年春台部有天喜、天禄、天寿齐名，故呼秋芙曰小天喜。既而突过前人，大天喜久为所掩，今歌楼但知秋芙名天喜，不复以大小别之矣。以《卖胭脂》《小寡妇上坟》二出得名，谑浪笑傲，冶容诲淫，浮梁子弟宋人小说谓无良曰“浮梁”靡然从风，一倡百和，几有若狂之叹。癸巳春即耳其名，乙未夏乃识之。碎麻被面如繁星，而眉目自然妩媚，健谈能饮，对壶杓意气豪迈，僭称大户，有俯视一切之概。每当春秋佳日，三五[③]同好各挟所知，载笙、笛、弦索、拍板入酒家，觞咏既陈，丝竹迭奏。秋芙既自命酒人，又自矜名下，睥睨余子，旁若无人，攘袖飞觥，汹汹之状[④]，势将用武。余辄笑谓：“取骰子来。”既至，秋芙辄据盆高座，雄若迷龙，众人杯盘盏碗，杂沓下注。余辄命巨瓯如钵者，满斟[⑤]为孤注，喧阗笑语，呼卢喝雉，众声如殷雷。六子不再周，秋芙辙乱旗靡，如春雨洗花，当于香雾空蒙中高烧绛蜡[⑥]，代月照其睡态矣。其冬为消寒之会，秋芙无日不在座。余既数以此法困之，或以告，秋芙不悔也。既入座，贾勇酣战

---

① 染，稿抄本作“燃”。

② 稿抄本题作“秋芙”。

③ 三五，稿抄本作“二三”。

④ 之状，稿抄本作“拳拳”。

⑤ 斟，稿抄本作“斞”。

⑥ 蜡，稿抄本作“烛”。

如故，其兴致固是不可及。尝为书楹帖[①]曰："花到生天才富贵，玉能延喜况温柔。"秋芙所不足，意以此箴之也。名流投赠甚多，当以高小楼太史一联[②]最佳，曰："南华秋水经常诵，北苑芙蓉画不如。"温丽可诵。如集唐"秋水为神玉为骨，芙蓉如面柳如眉"一联，不知何人手笔。不如"太阿如秋水，初日照芙蕖[③]"二语，在离即之间，犹是读书人吐属也。余既习秋芙，悉知其行事，其为人胸无城府，坦易可交。惟是率真任性，既不能作娇嗔[④]笑面对人，又往往有酒失，是其所短。尝戏谓秋芙为泼辣货，南京所谓"辣子"，当是[⑤]持门健妇王熙凤同一[⑥]品格。或乃以其面有雀麻，直欲以鸳鸯拟之，非其伦也。《记》中以秋芙位置末座者，援《燕兰小谱》抑置魏长生为殿[⑦]之例。《春秋》传曰"前茅，中权，后劲"，固有深意也。

长安看花后记

蕊珠旧史掌生氏著　管领群芳使者删定

倚云传[⑧]

金麟，字倚云，张姓，吴人，啸云弟子也。倚云既出名门，意态皆不失大家风范，绰约秾郁，自然可亲[⑨]，譬诸南州香草，当在夜合、含笑之间。又如黄梅花，虽未是清品，要其风味，正自秾厚。丙申春暮，在燕喜堂肩随桐仙，执壶进酒。于时，光禄堂中翠霞、秀莲、秀芝，皆

---

① 帖，稿抄本作"联"。
② 稿抄本"联"下有"为"。
③ 蕖，稿抄本作"蓉"。
④ 娇嗔，稿抄本作"嗔拳"。
⑤ 是，稿抄本作"年"。
⑥ 同一，稿抄本作"是此"。
⑦ 为殿，底本无，据稿抄本补。
⑧ 稿抄本题作"倚云"。
⑨ 亲，稿抄本作"观"。

捧觞随行。倚云乃如鹤立鸡群，置之诸郎中，固应翘然独秀。近日诸名士，皆以第一仙人韵香拟之，众口一词，余又何间然？

玉仙传(三元附)[①]

翠香，字玉仙，吴儿之极媚者也。隋炀帝目司花女史袁宝儿曰憨态可掬，玉仙近之。目有曼光，双瞳剪[②]水，执板当席，顾盼撩人。演《醉归》《独占》《水斗》《断桥》，及《荡湖船[③]》小曲，无不以憨入妙。留溪师尝言："若辈中人，往往十指如悬槌，一握为笑，令人索然意尽。惟翠香[④]面目如曼陀罗，指掌如兜罗绵，玉笋班中，称第一手。"吾师雅人深致，有此绝妙品题，每念斯言，辄令人不忘相逢把臂时风趣。又想见王夷甫执玉柄麈尾，与手同色，倾倒时流也。若置之梨香院女乐中，当是芳官品格。尝命之曰蝴蝶花，《本草经》所谓"急性子"，是此儿情性也。尝榜其居曰"翠海香天"，楹帖曰："翠袖竹边怜小玉，香词茶后谱中仙。"其同师者三元，面目娟秀，发初覆额。每登场，与玉仙两两相比。尤宜起小生，般[⑤]《占花魁》秦小官，凝秀圆转，殊有意致。

香吏传[⑥]

香吏，名小秀兰，以其与小桐同名也。儿辈乃已知名，俯仰身世，小桐能不怃然？柳五儿为芙蓉神替身，此儿仿佛似[⑦]之。其姿致如

---

① 稿抄本题作"玉仙"。
② 剪，底本作"秋"，据稿抄本改。
③ 船，底本作"舟"，据稿抄本改。
④ 翠香，稿抄本作"玉仙"。
⑤ 般，底本无，据稿抄本补。
⑥ 稿抄本题作"香吏"。
⑦ 似，稿抄本作"遇"。

牵牛花，在篱角墙根①，娟娟一朵，点缀秋光。如当椎牛行炙之后，餍饫肥甘，忽逢蔬笋一盘，入口脆美，清快无比。又如妃子酒后，啖荔支过量，浆热体烦，得玉鱼含唇舌间，凉沁牙齿，顿觉举体清适，不数金茎解渴矣。

春波传②

福林，字春波，郁大庆弟子也。自春珊之去，文盛堂门前冷落车马稀矣。既得春波，门风复振。桃花醶面，神采焕发，光艳四照。长眉入鬓，如春雨初霁，远山新沐，浓翠欲滴。昔殿脚女吴绛仙善画长眉，炀帝目之曰“秀色可餐”，意态如此。拟之《石头记》中人，性情极似惜春，碧玉初年，身量未足，亦正如此。或言春波似藕官，亦近之。在群芳中，当是素馨花，清夜静对妙香，可以忘言。温克沉③默，不苟言笑，其意穆然以深，不屑屑求人怜，人自不能竟度外置之。钟夫人自是闺房之秀，斯之谓矣。

小香传(小兰附)④

爱林，字小香，亦后来之秀也。演《邯郸梦》，为打番儿罕，绯缨绣袍，结束为急装，舞双枪，如梨花因风而起。观者光摇银海，啧啧叹好。公孙大娘舞剑器，浑脱浏漓，有此妙手。三庆部如意《打桃园》，掣大刀，旋转如风，一时称妙，然不足敌小香也。柔媚是吴儿本色，小香则别饶清致，秀外慧中。茶筵酒座，香泽微闻，如佛手柑，但觉清气袭人，不知身在瑶台第几层矣。古称可人，又曰可儿，潇湘馆中紫鹃也。丙申秋杪脱籍后，自居香雪堂，即小蟾春元堂旧居也。先在敬义

---

① 篱脚墙根，稿抄本作“墙脚篱根”。

② 稿抄本题作“春波”。

③ 沉，稿抄本作“柔”。

④ 稿抄本题作“小香”。

堂。敬义堂为三庆部大家，主之者曰董秀荣[①]，以小生擅名，冠卿、鸾仙咸出其门，合其徒尚六七人。若小香者，昆山片玉，桂林一枝，对之弥令人回忆当年全盛时。就中有名小兰者，余识之最早。壬辰二月，征鞍初卸，春服既成，同人小集如松馆，为余洗尘。小兰如芙蓉女儿，明秀无匹，姗姗来迟，媚不可言。坐对名花，遂至沉醉，海棠睡未醒。予辈于重房复室中环守之，至夜分乃送之归。乙未冬，在广和楼，即康熙时查家楼也，小兰演《藏舟》一出，声情幽咽，听者但唤奈何。日昳偕友[②]访之，雨鬓风鬟，江潭憔悴，灵和殿前风流，不堪回首。是夕冠卿、鸾仙俱集。酒酣，冠卿更唱《山坡羊》一[③]曲，璧月如水，银云不流，双笛吹凡字调和之，不能压其声也。昔人谓"丝不如竹，竹不如肉"，信然。小兰自愧弗及，涕泗浪浪，弥不自胜。为咏"芙蓉生在秋江上，不向东风怨未开"之句以慰之。瑶台梦醒，天上人间。归路马蹄踏月，弥忆壬辰春夜[④]红烛笼纱时情事，不能置也。

纫仙传(素玉、素香附)[⑤]

兰香，字纫仙。濯濯如春月柳，风流自赏。拈毫弄翰，怡然自得。字作欧阳率更体，清拔有致。每当茶瓜清话，把卷问字，捧砚乞题，墨痕沾渍襟袖[⑥]间。性既苦溺于文学，而一洗咬文嚼字丑态，此香菱所以[⑦]高出时流也。吴儿性格，大抵温柔，而纫仙风格洒然，散朗多姿，独有林下风。其弟曰素玉，字韫仙。如丁香花，花不胜叶，而细香琐碎，亦饶别趣。福云堂弟子六七人，有名素香字韵仙

---

① 秀荣，稿抄本作"荣秀"。

② 偕友，稿抄本作"相携"。

③ 一，稿抄本作"二"。

④ 夜，稿抄本作"仲"。

⑤ 稿抄本题作"纫仙"。

⑥ 袖，底本无，据稿抄本补。

⑦ 以，底本作"谓"，据稿抄本改。

者，在和春部，意态颇似紫菱洲中二木头。和春为王府班，多作秦声，至于清歌曼舞，则无闻焉。其中固少佳品，若素香者，亦可谓[1]庸中佼佼者矣。

雨仙传[2]

鸿喜，字雨仙，姓俞。浙人，寄居吴门者也。其师檀兰卿，少负盛名，缘事论城旦，归京师，复理旧业，得雨仙，宛转如意，姿致清丽，而意趣秾郁，如茉莉花。每当夏夜，湘帘不卷，碧纱四垂，柳梢晴碧，捧出圆月，美人浴罢，携小蒲葵扇，纳凉已足，入室对镜，重理晚妆，以豆青瓷盒装茉莉蕊，攒结大蝴蝶二朵，次第插鬓安戴，鬓旁补插鱼子兰一丛，乌云堆雪，微糁金粟，顷之媚香四溢，真乃竟体芳兰矣。坐对雨仙，有此风味。"花气袭人知酒香"，怡红院中，固应目为温柔乡矣。

---

① 谓，底本无，据稿抄本补。

② 稿抄本题作"雨香"，"香"字当误。

附录一:杨懋建诗文等创作辑佚

游仙诗[①]

琼箫金管集莺簧,广乐钧天奏未央。亲见生天黄仲则,淋漓粉墨又登场。(黄仲则)

两峰鬼趣渚犀然,孤竹俞儿在眼前。岂是不能画鸡犬,薄他舐药便登仙。(罗聘)

可怜三字野才子,阊阖凭谁诉九重。(残诗)

席上联句叠前韵[②]

八义谁足抗飞卿,(箴)金石天台掷地声。聊复盍簪三雅共,(掌)颇思负耒一经横。青红海蜃浑如市,(箴)金碧溪虹欲照城。便有催诗凉雨至,(掌)潇潇爽气入帘并。(箴)

楹帖汇辑[③]

花到生天才富贵,玉能延喜况温柔。(为秋芙所书)

---

① 《京尘杂录》卷一《长安看花记》"小霞传"及卷二《辛壬癸甲录》自序称,杨氏曾仿效唐人曹尧宾作《游仙诗》15 首,而其《和卿三哥以吕少尉寿田所画兰蕙册子索题》(《留香小阁诗词钞》)诗后小注则言所作为 30 首,且提及一对残诗。现统一辑录于此。

② 见[清]方浚颐:《二知轩诗续抄》卷十。按:据前后诗作推测,该诗应作于同治九年(1870)六月十六日。

③ 楹帖、门榜、镌印主要辑自《京尘杂录》。

半榻茶禅圆梦夜，一帘花气酿愁天。（为翠翎所书）

圣代即今多雨露，谪居犹得住蓬莱。（自榜戍地居所）

仰屋著书，我用我法；杜门却扫，吾爱吾庐。（自榜戍地居所）

有情皆眷属，无事小神仙。（自榜留香小阁）

翠袖竹边怜小玉，香词茶后谱中仙。（为翠香所书）

龙性谁驯嵇叔夜，凤毛殊有谢超宗。（张南山摘懋建旧句为楹帖）①

南国衣冠，两京轮盖；东山丝竹，北海壶觞。（自榜所居）

敢拟蓬莱夸白傅，聊将丝竹慰苍生。（自榜所居）

书卷五千谁入室，酒徒一半取封侯。（自榜所居）

仗剑祓清愁，花销英气；纵家传白璧，谁铸黄金。（自榜所居）

燕巢岂足乐，龙性谁能驯？（自榜所居）

劝君更尽一杯酒，与尔同销万古愁。（为福兴居东偏小院书）

门榜汇辑

紫桐花馆　　（鸾仙居所）

听春楼　　（翠翎居所）

梦侠室　　（掌生居所）

梦侠情禅室　　（鸿翠居所）

华首堂　　（鸿翠居所）

酒痕花韵之居　　（如松馆北小院）

寻常行处　　（福兴居东偏小院）

翠海香天　　（翠香居所）

---

① 摘自杨懋建：《柬潘篆仙》，《留香小阁诗词钞》，杨氏还读书堂 1922 年刻本。

镌印汇辑

服香小坞　　（为小桐镌）
竹如意斋　　（为桐仙镌）
我非狂生　　（为张海门镌）

《岭南唱和诗》叙[1]

夫元和韩、孟，响答石鼎；松陵皮、陆，喤引金丝。虽复苏、李追五言之躅，元、白辟三唐之径，而埙篪迭奏，笙镛以闲。侔色揣称，工力固殊。孰若管领江山，提倡风雅？宣州多贤宾客，谢庭有佳子弟。千辟万灌，极友朋之欢；一唱三叹，辨淄渑之味。余事作诗，于斯为盛。

观察使子箴先生玉署云裳，黄门露冕。南海盛衣冠之气，北门寄锁钥之权。九成有台，五管无事。卿月所照，宗风斯畅。南浦录别，文通赋绿波之句；西堂梦诗，惠连擅碧树之奇。容方中舍，入凤池而联步；子听监州，趋鲤庭而多暇。当夫珠海泛泛，襟抱知己；玉山朗朗，性情照人。五两乘风，十千醉月。泊胥江之口，入中宿之峡。星辰在水，波浪兼天。玉壶买春，铜钵催韵。固已再接，厉昌黎之气；何异《七发》，观曲江之涛！逮至蒲葵归五万之装，桃李启重三之宴。微之夸其香案，鄂不照夫棣华。沉李浮瓜，盛南皮之会；聚星咏雪，限东坡之韵。倡予和汝，刻徵引商。律吕相宣，山川生色。既而西笑风生，北征日近。容方读中秘书，子听捧上将檄。倚长剑之如虹，着短衣而射虎。荇藻交横，承天踏月；梅花折寄，异地停云。指章贡以论心，计河梁之携手。

观察每展尺素，辄刻寸烛。追风有车，超景接轨。加以武林老

---

[1] 见[清]方浚颐:《岭南唱和诗》卷首，中国国家图书馆藏清同治三年(1864)广州刻本。

守，文章旧价。续放鸽之佳话，听老凤之清声。同抛引玉之词，并入联珠之集。综其所得，裒然成卷。进鲰生而受简，命贱子以陈辞。懋建本无学殖，况兼荒落。登龙私喜，窥豹未遑。属以大树，庇及小草。惠施观鱼之乐，笑庄周之野马；张俭瞻乌爰止，愧夏馥之须麋。千里命驾，十日剧饮。谊附群纪，汗流湜籍。对大方之落落，笑小言之詹詹。赋诗言志，敢拜下风。善歌继声，请俟异日。

同治三年甲子五月五日，嘉应杨懋建。

《二知轩诗抄》例议①

子箴先生观察出《二知轩诗稿》九卷，命司编校，兼属删定。懋建窃维唐白香山、宋陆务观洋洋缅缅，平生万篇，美不胜收，故皆手自别择。外此，李、杜、韩、苏集皆出后人编摹，每有沧海遗珠之虑。断章剩句，往往过而存之，殆非作者初心。鄙意谓集中诗当并存，以待他年论定，免使爱我者有虎贲中郎、颜标鲁公之叹，转为好龙之叶公累也。今名曰"二知轩诗抄"，明其出于友朋之手，其曰"别集""外集"，别于正集，出于正集之外未刻稿，初不厌多也。

大抵人至盛年，学与季进，回视少作，才情发越，往往如出两人。东坡训子弟谓："汝曹所见，吾老境，文字乃绚烂之极，归于平淡，实则少作如火如荼也。"玉局仙人，才大如海，如万斛源泉随地涌出，如水银泻地无孔不入。持论尚且如此，可见学问与境地相为推移。朱子所谓"文章千古事，得失寸心知"，亮已！陆士衡曰："离之双美，合之两伤。"与刘彦和同为此道中深知甘苦之言。今编别集、外集，正师其意。

晋宋间人王筠一官一集，陶诗则以甲子纪年，今分集排纂，多寡难齐，似不若每卷纪年体例尤善，后人按年稽之，即可作年谱观。其

① 见[清]方浚颐：《二知轩诗抄》卷首，中国国家图书馆藏清同治五年(1866)广州刻本。

中有关系之作,即作诗史读也可。苏诗自注最多,班孟坚《汉书》诸志已开此例,凡时人时事,必系以自注,使阅者了然,乃不至暗中摸索,几同射覆。

诗人丽则,缘情绮靡,唐宋名贤不废言情之作,《国风》《楚辞》沿及汉魏晋唐,此物此志也。竹垞晚季拒哲子之请,不肯发《风怀》之作,此真性情与伪道学之别,岂但渔洋、随园不畏秀师拈槌竖拂。

古乐府、新乐府,题目不同,体裁斯判,李、杜当时已分道扬镳,元、白"长庆体"风流大畅。元明已来,铁崖、西涯咏史,又别开门径。窃谓今之新乐府,皆有为之言,异时诵读,知人论世,端在乎是。必当系年,使读者有据。诗杂仙心,山水方滋。魏晋齐梁,已自分途,国初人有朱贪多、王爱好之讥,如闭户造车、出门合辙。乾隆朝才人、学人连镳接轸,初考经史,后缀说部,其始皆出于昌黎,其敝遂流为类书。集中不作考据诗,极为得体。

总集分体,轫自昭明。别集乃一家言,不应强分畛域。《选》诗者为后人法程,故不能无所别择。然《文选》于何逊不登一字,为例最卓。既免标榜,又不至文人相轻。至于择尤标隽,尝鼎一脔,转启他日鱼目碔砆之谯,不如兼收并蓄,鸡有千蹠,狐有千腋,拔十得五,此事听之千秋。

初欲分别部居,不相杂厕,及思唱和之什,势难割隶;感旧怀人,亦多各具首尾。今唯近、艳体、竹枝者入别集,联句无多,亦附焉。榖人祭酒以古赋入骈文,律赋、八韵诗为外集,今略仿其意,以咏物诸篇附。长律至长排百数十韵,洋洋大篇,古人于此见才力,当仍入正集。

春二三月,读郑小谷诗,五言古山水清音,幽秀奥折;七言律古抚时感事,兼擅盛场。唯多存酬应,是随园一派耳。

节院小住,晴雨不时,小窗净几,饱读十日。回环三过,分别作识。初朱后墨,凡正集围(圆圈),别集尖(三角形),外集(顿号),选抄者题下重规识之(两个圆圈)。

同治三年太岁甲子夏四月,嘉应杨懋建掌生。

《二知轩诗抄》后序①

子箴先生咸丰初元游粤，越十年，来领观察使。同治三年四月，懋建自阳山来谒。

公授《二知轩诗》九卷，受而读之。凡二十日，三四过，作而叹曰：先民有言，诗以道性情。今东洲何公所谓真也。宋齐间人谓谢康乐诗如初日芙蓉，妙出天然；唐白香山、宋陆放翁生平诗最多，大致与谢同其自然，其与李、杜、韩、苏，固殊途而一致也。

公少读中秘书，屡掌文衡，为言官，所献纳必关大计。强仕之年，出为方面重臣，他日功业在天下。固不必以余事作诗，人为重也。顾自言性情，雅好吟咏，今所存者，已二千余篇。命懋建司编校，兼属删定。懋建小儒，乌足知公诗？顾承虚衷下问，则就谀闻隙见，效一得窃窥见。

公之诗初由渔洋以上追白、陆，春容大雅，无钩章棘句，无凡响浮声，及其学与年进，寝馈于杜、韩、苏集，于是合三家共炉而冶。而其才力又足以兼众长而达其所见东坡，如万斛原泉随地涌出，如水银泻地无孔不入，洋洋乎大观已！

公之心犹若欿然不自足者，且将以懋建为他山之石，则吾岂敢？顾念韩门有湜、籍，苏门有秦、黄，学业造诣，各各不同，皆能各出其论，议相上下。而深以梁丘据以水济水为戒。我思古人，愿学未能。谨就其诗分编为三，曰"正集""别集""外集"，条疏所见于纸，曰《〈二知轩诗抄〉例议》，而别择其尤雅者为《二知轩诗抄》，皆系以纪季。异时以为年谱，亦即诗史也。《韶石集》尤多关系之作，气魄亦沉雄，故所存特多。其咏物、闲情诸作，标隽为尝鼎一脔计。竹垞晚岁拒令子之请，不肯发《风怀诗》，前事可师也。懋建综论。

公之诗，蔽以一言曰真，盖无一字不从性情流露而出，与东洲殆

---

① 见[清]方浚颐：《二知轩诗抄》卷末。

闭户造车、出门合辙者,从此一官一集,如卫武公耄期好学,更三十年,大集褎然,当更以数尺计。昔朱子呼蔡季通为老友,懋建安敢缪附前贤!独私以为庄子所谓"培风之积也厚,故其力能负"。

公之学,如日方中,与年俱进。懋建他日倘以扶杖之年,以老部民更司编摩,则诚厚幸!

太岁甲子五月五日,嘉应杨懋建掌生题跋。

附录二：杨懋建生平、著述资料

杨生懋建《春灯问字图》[①]

翁心存

梅花如雪月如弓，寂静兰房烛影红。想见重闱起居罢，谢庭诗思在春风。

藜辉近映少微星，夜诵琅琅拥髻听。掩卷不须歌五噫，眉间玉案一痕青。

银鸭薰残裊篆烟，拈毫初试衍波笺。就中难字分明记，曾读班姬第四篇。

郁律蛟蛇易阙讹，问君何用苦吟哦。冬烘头脑瞢腾甚，未抵深闺识字多。

果然风箨卷秋云，好古空劳淬掌勤。悔不转从妆阁问，伏生家学本今文。

谁怀铅椠学聱牙，寂寞春深扬子家。喜与红兰高阁近，好将双玉勒苕华。

---

① ［清］翁心存：《翁心存诗文集》诗集卷九，张剑辑校，凤凰出版社，2013年版，第365—366页。

喜杨掌生至以拙稿丐其删定,叠用山谷辈字韵二首①

方浚颐

峨峨学海堂,淹雅凡几辈。我来怅迟暮,茫乎失津逮。如君洵卓荦,偃蹇厄时会。顿令莺鸠笑,夭阏培风背。陈迹感梦华君曩在都门撰《梦华琐簿》,奇穷乃健在。一毡坐韩山,耆古鲜匹配。留此著作身,彼苍何厚爱。不朽并德功,毁誉置度外。契阔十二秋,重逢乐增倍。扁舟下湟水,绝不露老态。九州罗指掌君以近纂《禹贡新图说》见示,陆乂本无对。鲰生舌挢然,敢诩夜郎大?

作诗乃余事,差胜蜉蝣辈。古人门径多,探讨终莫逮。词章迭盛衰,亦自关运会。于今溯乾嘉,已难望项背。尊唐而薄宋,规矩迷定在。要唯真性情,上可风骚配。欲改放翁句,诗怕无人爱。腹中藏万卷,掷笔向天外。以我与君较,优劣奚止倍。我诗苦平易,每少雄杰态。仗君淘汰之,勿漫青眼对。持论极名通,扩我胸臆大。

放歌行戏赠掌生即送其返阳山用三肴全韵②

方浚颐

迷漫人海犹幻泡,大千等是鷦鷯巢。韩卢疾走迈蒲捎,饮潭渴虎逢饥蛟。兰变为艾茎化茅,昔时平地今函崤。沸天波浪泾渭淆,陆车水舟争欢谠。涂抹脂粉外娥媌,嫫母思溷毛嫱姣。桃李艳过松竹梢,柔枝脆质难树硗。若有人兮山之坳,躯干短小目臼凹。厥见寒瘦侪岛郊,安西牙将幡绰嘲。词坛曩日推雄猇,涵茹今古元气包。公输绳墨郢匠铇,菑畬播种方以苞。旁逮百家罗馔肴,五侯之鲭充燔炮。奏刀砉然牛解庖,入口鲜夺玉腴脬。洪钟鲸铿陋笙巢,长袖善舞摩彩旓。躬虽佝偻气炰烋,灵明内照靡惛怓。天衣无缝窥纴袑,灿烂有若

①② [清]方浚颐:《二知轩诗抄》卷十二。按:据前后诗题推测,该诗应作于同治三年(1864)正月至五月。

南海鲛。迴陟雁塔青衫抛，计携北上扬鞭鞘。美才挈石夸系牦，策名槐市升东胶。弯弓曾无虚发髇，使笔直类麻姑抓。譬彼刘项屯敖鄗，登坛国士胜居鄛。捉刀人堪大敌譟，出我瓮盎溢瓶筲。黄金堆盘供客操，看花醉倒昆仑匏。目窈心与双垂髫，珠喉婉转随管筊。顾曲能辨吹管嗃，兴酣六博纷叫呶。天街踏月汗流骹，群儿旁睨窃呰謷。文采害人雉离罦，楚囚相对遭诙啁。十年困顿噤不俙，幸得放归脱缠摎。将寻许由偕处樔，偏耻小廉如鸡跑。贾勇再奋熊罴咆，五攻昌霸三越巢。那怪精卫鸣自詨，海珠石畔蒸炎飀。白云密布网与巢，飘然远引探严硗。蓬莱左股莽夰包，萑苻四起戈戟轇。飞驰羽檄喧镯铙，丁男弃耒咸佩弰。雷霆砰轰耳聒譟，白鹤又导跻寮巢。等身著作蝇头钞，散若落叶谁则掊？田园荒芜生艽苪，非时获此吕公茭。于野竟占同人爻，卧听林间啼鹘鸼。穷居遑改志嘐嘐，口讲指画费捋捊。忽思出谷宣宎咬，握手重缔忘形交。久别乍见话唠唠，吁嗟岭峤长系匏。医国未敢希申狍，去邪安得除风芃？蒿目疮痍怀民胞，羝羊转羡麋脱罘。把杯执卷相推敲，琥珀拾芥茵伏硇。磨光刮垢工逾鞄，纡回往复奚云訬拙稿蒙阅四过。一空繁响留清剿，倚楼长笛俄奋箾。蚕丛尽辟通呀庨，呜咽羞共吟寒蛸。师子搏兔任腾啸，即论淹雅惊缭佼。大者渤澥细者涍，北溯混同南都洨谓《禹贡新图说》。语辨吴侬兼齐娋君口不操土音，莫名赞叹呼曰僇。取诸腹笥何能娋，渍江返棹乘轻颮。偃旗息鼓毋登轈，命宫磨蝎天所教。曷侣野鸥避翔鸡，朝阳洞里闻庨窌。纵有风电罕激飑，论师潜夫叟学謷。灵光睽睢更颟顸，要与韩山并峙嵺，文章终必传庾枹。

哭杨掌生①

方浚颐

殷勤又出同官峡,为我迢遥度岭来。岂料此行成永诀,可堪多难厄雄才。

暮年文字无人订,投老岩阿独汝哀。剩有一编传不朽,予为君刊《禹贡今图说》。招魂谁上越王台。

韩山书院喜晤杨掌生孝廉懋建话旧作②

倪 鸿

频年消息断关河,握手天涯哭当歌。十载坠欢千里续,一宵苦语两人多。

闲愁洗马难收拾,豪气元龙易折磨。君是寓公我行客,阳溪何日复经过。

温筠栖上舍以诗见赠赋此奉报③

倪 鸿

粤东乃诗薮,顺德吾尤取。国朝二百年,灵气钟一所。鼎足屈梁间,独漉一子与。张黄黎三家,方驾石帆吕。其余风雅士,未易更仆数。优者固凤麟,劣者亦豹虎。今秋捧檄来,作尉莅斯土。幸值承平世,闾阎赖安堵。陈诗观民风,士林咸鼓舞。窃为钟嵘评,妄拟元晏

① [清]方浚颐:《二知轩诗续抄》卷十五。按:该诗编年为“癸酉正月至闰六月”,即同治十二年(1873)上半年。

② [清]倪鸿:《退遂斋诗抄》卷三,中国国家图书馆藏清刻本。按:据前后诗作推测,该诗应作于同治二年(1863)立秋日后,七夕之前。

③ [清]倪鸿:《退遂斋诗抄》卷四。按:据前后诗作推测,该诗应作于同治三年(1864)十月十五日后,除夕之前。

序。千百余卷中，温岐实翘楚。无遮设大会，衙斋列樽俎。射鸭我开堂，贯鱼人满户。握手始识荆，论心屡挥麈。翩翩佳公子，秀气扑眉宇。门第本崔卢，才华乃徐庾。吐气化虹霓，掷笔凌鹦鹉。衰欲八代扶，芜竟六朝去。岂唯工词章，亦复精训诂。艰难未一第，卓荦早千古。尝考南交地，扶舆霸气聚。名山有罗浮，去天仅尺五。大海有扶胥，日月互吞吐。植物有木棉，万树燃宝炬。动物有孔雀，五彩耀翠羽。色香鲜荔枝，风味江瑶柱。沉香产琼南，明珠出合浦。虎视若佗龚，割据亦雄武。因之诸文人，磅礴大气鼓。束发游珠江，广结鹓鸾侣。盘敦盛名流，投赠敦缟纻。听松园主人张南山师，小金山渔父谭玉生舍人。粤岳草堂翁黄香石师，十二石斋主梁福草比部。梅花水部何何小范学博，浣花工部杜杜洛川学博。番禺陈太丘陈兰甫学博，嘉应杨德祖杨掌生孝廉。孟蒲生孝廉熊荻江学博樊昆吾明经沈伯眉学博徐子远上舍，居梅生少尹吴星侪孝廉潘鸿轩茂才廖伯雪孝廉许青皋茂才。况有四玉溪李研卿观察、李奎垣主事、李碧舲孝廉、李子虎学博，复有三同甫陈棠溪仪部、陈古樵大令、陈朗山学博。皆具不世才，坛坫各跛扈。振兴南园社，修筑东皋墅。君如出与争，才力足抗拒。如何剑气埋，龙山甘伏处。祖砚世收藏，父书日嚼咀。五色绣肝肠，四世好堂庑。习气脱纨绔，气度俨共辅。笔妙梦生花，功深精刻楮。静坐养端倪，闻吟涉江渚。耻为鸡虫争，甘与麋鹿伍。款段乡闾骑，佳句锦囊贮。不愧王谢郎，此才世罕睹。往还借笠屐，契合若水乳。许为东野云，留话西窗雨。赠我绝妙词，思精兼体巨。转令啬夫惭，深感明公予。嗟余迩年来，手版听官鼓。牛马走不遑，虫鱼注无补。石鼎招联吟，旗亭约戏赌。三舍恒避君，八义原属汝。生材必有用，昔闻李白语。智慧果当结，精进幢宜树。待开鸿博科，会向彤廷举。

阿霞赋掌生二绝句

迢迢湘水腻于脂,云树苍茫系梦思。写出幽花空谷恨,赠君权当柳丝丝。

可怜天与好才华,沦落偏遭失路嗟。大抵词人多历劫,生生谪伴贾长沙。

《梅水诗传》之"杨照"条[①]

字简亭,与叔兄熊同举乾隆庚午(1750)乡榜。伯兄勋乾隆己未(1739)进士,官光禄寺少卿。勋子基乾隆丙子(1756)举人,官浙江云和令。熊子坦,生员。照子师时,嘉庆戊午(1798)举人,官德庆州学正;师震,生员。父子、兄弟、叔侄俱擅诗名。有《爱日堂诗存》十二卷,今佚。勋为四川考官,所著《皇华杂咏》《入蜀纪程诗》。照官贵州日所作《黔中纪程诗》无存,今只从《梅州赠言》中采其诗一首。

《梅水诗传》之"杨师时"条[②]

字企斋,嘉庆戊午(1798)举人,官德庆州学正,著有《爱日堂存稿》。广文敦品励学,工古文。与宋芷湾观察交最笃。观察尝劝其专攻古文,以故诗不多作。司铎香山时,曾上《平海十策》,百菊溪制府深为许可,多采择施行,亦可见其平日讲求有用之学矣!

---

① [清]张煜南等辑:《梅水诗传》卷一,中国国家图书馆藏清光绪二十七年(1901)刻本。按:《梅水诗传》录其诗作一首《仿毛诗四章送戴近堂牧伯奉诏入都》。

② [清]张煜南等辑:《梅水诗传》卷一。按:《梅水诗传》载录《恭和制府百菊溪宫保平海八音》其中四首。

《梅水诗传》之“杨以敬”条①

字心湖，生员。祖照、父师震俱能诗，子懋建、懋修并以诗名。印江王竹村大令选《心湖遗草》八卷，半多散佚，摘录数首，以见一斑。

张次溪《清代燕都梨园史料》“著者事例”之“蕊珠旧史”条②

梅县杨懋建，字掌生，号尔园，别署蕊珠旧史。道光辛卯恩科举人，官国子监学正，著有《留香小阁诗词钞》。掌生聪明绝世，年十七受知阮文达，肄业学海堂，自天学、地学、图书、掌故、中西算法、历代音乐，皆精工焉。癸巳春闱已中会魁，总裁文达以其卷字多写说文违例，填榜时撤去其名，遂放荡不羁，竟以科场事遣戍。晚归粤东，与方梦园方伯子箴善，延主阳山讲席，以此终老。《辛壬癸甲录》《长安看花记》《丁年玉笋志》《梦华琐簿》四种，盖其旅燕时作也。生前曾刊《帝京花样》，即摘自此中云。

《光绪嘉应州志》卷二十九《艺文》之“杨懋建”条③

《禹贡新图说》，存。

懋建，字掌生，道光辛卯恩科举人。是书自序云：《周官经·大司徒》以乡三物教万民而宾兴之，一曰六德，二曰六行，三曰六艺。保氏掌教国子以六艺，一曰五礼，二曰六乐，三曰五射，四曰五御，五曰六

---

① ［清］张煜南等辑：《梅水诗传》卷二。按：《梅水诗传》录有其诗作一首《拟谢康乐〈登池上楼〉》。

② 《清代燕都梨园史料》上册，中国戏剧出版社，1988 年版，第 25—26 页。

③ ［清］吴宗焯、李庆荣、温仲和纂：《光绪嘉应州志》卷二十九《艺文》“杨懋建”条，《中国地方志集成·广东府县志辑》第 20 册，上海书店出版社，2003 年版，第 540—541 页。

书,六曰九数。古者,年十有五成童,入大学,此其教也。汉刘歆《六艺略》、郑君康成《六艺论》则以《礼记·经解》所云《易》《书》《诗》《礼》《乐》《春秋》六经为六艺,《王制》:乐正崇四术,立四教,春秋教以《礼》《乐》,冬夏教以《诗》《书》。《左传》言郤谷说《礼》《乐》而敦《诗》《书》,而《易象》《春秋》,韩宣子适鲁乃见之。《庄子·天运篇》亦言:六经,盖六经之名,春秋末年始有之。而别以六书为小学。许君叔重《说文解字叙》称汉律,学僮年十七以上能讽籀书九千字者得为吏,是其事也。宋朱子撰《小学》四卷,以扫洒、应对、进退当之,而古小学之谊,不明于世。然综汉代儒者,不过曰小学、天学、地学、礼学四者而已。盖古射、御法与今不同,不适于用,而乐律别为专门,美言可市,非能见诸施行。许君作《五经异义》,乐已兼统于礼。古《乐经》亡缺,汉兴,求之不得,仅有窦公所传《乐记》,今《小戴礼记》所载是也。乐不能自为经,故统于礼。礼乐,则孟子所云宫室、车马、衣服,凡夫官制、礼器、乐器,胥可包之。自利玛窦入中国,明人译修《历法新书》,我朝《律历渊源》《数理精蕴》《历象考成前后编》,皆以天文、算法合而为一,盖天学一事,九数实足,兼之《浑盖通宪》,中西合法皆然。《四库全书》合为一类,以别于《天官书》,其小学,则上所云是也。今因说《尚书》故,先与诸生言地学。班固《汉书》名《地理志》,魏收《魏书》创《地形志》,司马彪《续汉书》为《郡国志》,沈约《宋书》曰《州郡志》,二十四史惟《三国志》以志名,而无志因革损益。唐杜佑《通典》、宋郑樵《通志》、马端临《文献通考》、明人续三《通》,国朝又续之。王应麟《玉海》,称名虽殊,体制大同。其地志专门名家今见存者,晋《太康地记》、唐《括地志》,皆仅从诸书所引见之。唐李吉甫《元和郡县志》,宋乐史《太平寰宇记》、《元丰九域志》、祝穆《方舆胜览》、王象之《舆地纪胜》,元欧阳忞《舆地广记》诸书,与元明以来《一统志》繁简详略,例各不同。其不但为地志作者,顾亭林炎武《天下郡国利病书》及《读史方舆纪要》是也;其专为水道作者,自《史记·河渠书》《汉书·沟洫志》,或有或无,例不能画一。元魏桑钦《水经》,郦道元注之,近日齐次风召南《水道提纲》,古今无能出此二书范围者。宋以来说《禹贡》者,专书十数家,而胡朏明渭《禹贡锥指》为总会,洋洋乎大观哉!洪稚存亮吉撰《乾隆府厅州县志》,以为秦分三十六郡,而州各有部刺史统之。汉武帝置十三州,统诸郡。自后州郡名日增,或称刺史,或称牧,分析侨置,繁然莫纪。元则分天下为十三路,名与宋同,即唐称道之意,特以诸路皆有行中书省治之,故或称省。明代改行省为布政使司矣,元又有行台御史,明改为按察使司。而犹袭元人之名,曰省,是名实不相应也。汉儒说经,必证以当代地,今《新图》特于本朝,加详比物。此志也,词繁不杀,言有枝叶,"秦近君说'曰若稽古',三万言"之讥,吾知不免。然于《禹贡》,山水释[1]地地志之学,言之详矣!既各图之,分系以说,大都为图三十八纸,为说四十一篇,发凡于此。番禺陈澧序云:嘉应杨君掌生,博通群书,多识本朝事,文章古藻,援笔立就。少时受知于阮文达公,君举乡试,阮公与吴石华训导书曰:"此非杨生之荣,实主司之荣也。"其称赏如是。今君老矣,而复遇方子箴方伯,授之以馆,赠之以长歌,又索观所著书,得《禹贡新图说》二卷,将刻之,命澧为之序。自来说《禹贡》者,综核群籍,无如胡朏明;专明郑注,无如焦里堂。君之书,又出于二者之外。其所考者,自皇帝而下至本朝,自九州而遍及大地,上下五千年,浑圆九万里,罗于胸中,历历然可指而数也。夫专释《禹贡》,诚不必然,然观君所为叙录,云为诸生言之,盖君主书院讲席,欲使学者因《禹贡》一篇而通知古今。此君之善教,非如程泰之进讲《禹贡》,多说外国幽奥之地也。君之书名曰《新图说》,而写寄方伯者,有说无图,方伯先刻其说,异时图成,当续刻之。盖方伯待君之厚,不下于阮公。君虽老矣,所著之书已刻成,其亦可以快然无憾矣乎!

《留香小阁诗抄一卷词抄一卷》,存。

---

① 同治六年(1867)碧玲珑馆《禹贡新图说》刻本为"泽"。

《绍德堂杨氏族谱》之“杨懋建”条[①]

以敬长子懋建公:字掌生,号尔园,道光辛卯科优贡、本科举人,癸巳会副考取国子监学正,充内廷国史功臣方略三馆誊录官,内廷国史馆分校。享寿六十七,葬连州七巩圩。配古氏,谥勚顺;继配李氏。庶配廖氏、陈氏。生一子立一嗣:枢官、子鹤(嗣,卓生次子)。

方浚颐笔记一则[②]

予初度岭,得交杨掌生。喜其才之博,而又闵其遇之蹇也。再度岭,则掌生拿舟出同官峡,访予于相江,予馆之二十日。浼其为予删定《二知轩诗》,赠以《放歌行》,道掌生一生踪迹略尽。迨予管盐广州,掌生又来,予索其诗文集,掌生怃然曰:“乱后俱已散失,唯有《禹贡今图说》一书,在连州课徒所辑者。”予因刊以传世。暨量移两淮,掌生又来送行。予三度岭为庚午四月,到不数日,掌生复自同官峡拿舟抵珠海矣。见其貌益癯,境益困,而兴则尚豪。于是无日不相见,见即抵掌雄谈,赋诗饮酒。予以事牵绊,归期尚早,因趣之先返连州。予于十月始返广陵。往时,掌生常有书通问,此度别后,鱼雁杳然,心窃讶之。去年夏,得子严五弟书,并其嗣子之赴,不禁失声曰:“掌生死矣!”予既挽之以诗,重念才如掌生而所遇之蹇若是!他人以文字荣其身,掌生则以文字厄其身,悲夫!掌生与予交深而情笃,予不传掌生,谁传掌生者?掌生名懋建,广东嘉应州人。

---

① 绍德堂杨氏族谱梅州编辑委员会编:《绍德堂杨氏族谱》卷一,2007 年版,第 489 页。

② [清]方浚颐:《梦园丛说》内篇卷一,中国国家图书馆藏清光绪元年(1875)孟夏桐城许奉恩序刻本。

倪鸿笔记一则[①]

嘉应杨掌生孝廉懋建少负才名，喜为人代倩文字，砚田所入甚丰，而卒费于声伎。屡游京师，撰有《长安看花记》《丁年玉笋志》《辛壬癸甲录》《梦华琐簿》等书，视《燕兰小谱》有过之无不及也。尝一日集某伶寓剧饮，有某太史嘱其代作馆课，诗题为"一天如许皆明月"。孝廉即于席间走笔为之，吟至"掬来光不尽"句，对某伶凝睇良久，忽书云"梦入想尤佳"，颇得意。后定甲乙，某太史卷果入首选。不独属草工吟，抑且为花写照已。

吴兰修书札五通

探梅之宴已与曾钊、杨懋建、李光昭、樊封、黄乔松、黄子高、谭莹、梁梅等凡十余人治具，万乞赐临，仍望示期为幸。兰修再肃。[②]

《使院题名记》及新得米元章诗记石刻已送使院，惺庵先生云俟冬底嵌壁间耳，各拓五十通，得便即寄，不足当再拓也。《石室传经第二图》，僧若庵所画，装成卷子付诸子题矣。《探梅饯别图》已属熊篴江孝廉为之，俟明春南山司马北上，寄呈桂南华庶常。年甫及冠，咳唾风云，且谦约持重，远大才也，足为阁下得士贺矣！曾君钊授经城中，此岭南经学弟一，兰不及也。李君光昭就高州怡太守书记。杨生懋建就阳山师令西席，以试东归，欲往韩江谒黄霁青太守，未知有所遇否。昨阮宫保师有书云，杨生可谓"冰雪聪明，雷霆精锐"，其学可及，其年不可及云云。兰尝以阁下及宫保师期许至意，时砥砺之，不

---

① ［清］倪鸿：《试律新话》卷四，中国国家图书馆藏清光绪间仁和葛氏刻本。

② 李红英选编：《国家图书馆藏常熟翁氏书札》第二册，国家图书馆出版社，2017年版，第86页。

可以饥寒损其气骨也。温伊初来岁就新宁朱令西席,近日古文甚简老,可以自立门户矣。堂中学长马止斋已得馆职,其缺以南山暂补。诸子向学如常,黄君子高、谭君莹、陈君澧皆有读书之资,而质地皆佳,可以远到。樊君封、侯君康皆授徒,樊之史学、侯之经义,皆有可观。黄君乔松市隐无恙。徐生良琛诗学锐进,此他日必以诗名者,惜于文太疏耳!儿子绶纶州试幸列第六,未审院试能幸进以副垂望否也。诸关廑念,用并附闻《校士录》板实难远寄,若印书较易,伏候进止。兰修载疏。①

兰修上书遂庵先生执事:

违侍左右,荏苒三年。每诵德音,靡间疏阔。敬惟执事典学崇德,方轨古人,企望风徽,祗益维慕。兰于九月营葬事毕,仍复出门,揆诸读礼之义,实惭且愧。然一家三百余指,仰事俯畜,给于一身,亦明知其背越而蹈之矣。明年,仍治学海堂事,兼主新会书院。家属侨居越秀山下,检理故业,并课儿曹。次儿、三儿文华差健,已成边幅,俟后年方令就有司试。杨生懋建幸与秋举,足抒垂念。吾乡后起之秀,唯杨生与张生其翻皆出执事门下,信伯乐之空群也。杨生学有本原,词无支蔓,从兹砥砺,可冀成家。但少年结习,删除未尽,尚望训诲之余,加以裁抑,则成全终始,亦吾道之光矣!堂中诸子近状,问杨生具悉。肃此,敬请崇安。附呈次儿章纶所作名印二方,伏惟赐纳!制吴兰修谨上。　　长至日②

去秋一函,由敝亲家梁徽垣舍人慎猷转致。冬间一书、石刻拓本各五十通托乌廉访寄上,想先后可达。此函付贡差刘千总呈上,附卢生书一缄,物一件。又疏。

① 李红英选编:《国家图书馆藏常熟翁氏书札》第二册,第95—97页。
② 李红英选编:《国家图书馆藏常熟翁氏书札》第二册,第102—104页。

温伊初明经极欲附于门墙，为石室传经弟子也。特未奉明示，故前二书不敢冒称。倘承不弃，则《传经第二图》诗当列于执业之次耳。伊初已就朱直甫大令西席，属为请示。杨生懋建往韩江谒霁青先生，未有所止。李生光昭仍在高凉恰太守幕。知关垂念，并闻。兰再上。附候祖庚世兄文安。[①]

去冬由杨生懋建呈上尺书，谅承记注。前阅邸报，敬悉阁下荣膺简命，典试蜀中，伯乐所经，骅骝尽奋。弹冠相庆，何止川西多士也！春海先生来使岭南，得温君训、梁君国珍、仪君克中、陈君澧、李君鸣韶，皆一时之秀。而曾君钊、黄君子高皆以忧未与试，谭君莹、侯君康以小疵致误，是亦得失有数。而春海先生之爱才与阁下之荐士，皆足令八百寒儒镂心刻骨者也。兰在杨桂山廉访署教学，驹隙余光，尚能造述。拙文为人刻十余首，寄呈诲正。别后心力日退是惧，伏望阁下有以策之。蜀中得士定多通才，并望示悉为快。春海先生垂许过情，文酒追陪，不殊夙契蒲涧之饯。诸生知名者尽在座中，不异学海堂中兴。阁下燕别时，亦五十年来所未有也。比来亦为制举业，后年尚欲一与春闱，以塞师友责望耳。肃此，敬问遂庵先生阁下起居。制兰修谨上。　　九月廿三日[②]

翁心存日记九则

道光十五年乙未四月十八日(1835年5月15日)[③]

晴，风。夜，微阴云合，二更许为大风吹散，风狂号如虎，彻夜不息。裘生绍箕、冯孝廉新冯生章之胞侄，福建壬午举人，挑一等来。徐松

① 李红英选编：《国家图书馆藏常熟翁氏书札》第二册，第108—109页。

② 李红英选编：《国家图书馆藏常熟翁氏书札》第二册，第110—112页。

③ 张剑整理：《翁心存日记》第一册，中华书局，2011年版，第137页。

峰来辞，赠以白金三十而去。邵粟园司马元璋以办理粮船水手滋事案，署加知府衔总运入都引见，来晤，余与粟园不见已十五年矣，畅谭良久。粟园云东省自去冬至今未雨也。李式斋、杨生懋建先后来。丁生宝纶来。夜，草八号家书并药物一包，口蘑、杏仁等一包，次日托顾叔真带去。

道光十五年乙未十二月九日(1836 年 1 月 26 日)[①]

晴暖。清晨杨掌生来。午后整顿书箧，发安字二十号家书。是日上御门办事。朱椒堂詹事升阁学，曾卓如光少升常少，徐辛庵侍读升右庶子。

道光十五年乙未十二月十一日(1836 年 1 月 28 日)[②]

晴和。清晨李东原同年来，畅谭良久，东原擢甘州守，以老惮于远行，意况与余正同，相对凄悒。杨掌生偕方生定邦来，生，潮之惠来人，余视学粤东，取入武学，年方十五六，戊子举于乡，今留京肄业，貌甚俊伟，余前后视学所拔赳赳之士，举乡会试者甚多，而未执弟子礼者惟方生一人而已。晡时受次农来。夜，月色皎洁。作书致张诗舲观察，交秦君尔旃带去。

道光十六年丙申十二月廿七日(1837 年 2 月 2 日)[③]

晴和。辰初三刻发抚宁，入东门，出西门。城中总督六镇坊为兵部尚书翟鹏建，青琐名臣坊为王印△建，下一字未及细辨也。向西北斜趣去，度一河，甚广，沙滩甚深，从土桥度，桥下流水甚驶，清鉴毛发。抚宁城四面群峰环绕，昨所见高峰在城正西，顶有石如门，尤夭矫秀削。

---

① 张剑整理：《翁心存日记》第一册，第 188 页。

② 张剑整理：《翁心存日记》第一册，第 189 页。

③ 张剑整理：《翁心存日记》第一册，第 216—217 页。

前行山石历碌，十五里入卢峰口，两山渐合，有人家，多松柏，屋皆傍涧，饶有画意。从山坳稍低处度得平地，向之夭矫秀削者乃转出其背矣。又数里，两崖巨石侠立，中有涧一道，溯涧行，纡回曲折，亦有人家。度冈下坂，凡廿里，巳正二刻抵双望尖。抚宁备，来时卢龙，去则抚宁，各分任之。午正复行，双望有村落，中有土堡，已半颓，堡中有人家，堡外东西有沟，殆前朝屯兵处也。路颇坦，数里后入深龠，上高冈，石径仅容一车，上下尤陡绝，深虑颠覆。凡五重，得平地，溯涧行，见村民入城买年货，而回者络绎于道，殊动劳人之感。又入龠中，两旁石径如墙，仅见天一线耳。逾石冈，更危险，下冈则永平府城已在车下矣。凡三十五里，申初一刻抵永平南关外宿。南风起扬沙。朱小云太守、那司马皆以疾遣人来，未晤也。署卢龙郭大令时亮来迎，复来见，字虞臣，行六，年四十六岁，湖北应城人，己卯举人，去年大挑，分发直隶。尚有书生本色也。前令成君时引疾去。广东杨生懋建在郭君幕中为书记，来见，留谭，同晚饭，乃去。大车至曛黑乃到，子远之车下坂时覆也，子远稍愈。

道光十六年丙申十二月廿八日(1837年2月3日)[①]

晴暖。辰正三刻食而后行，郭虞臣大令、杨掌生来送，循青龙河南行，晓霜压沙，练云横岭。数里从土桥度，桥下流澌甚驶而清绝。复沿河南行，数里群峰拱立，右枕一石冈，上有土堡，已废，人家树木，可仰睇而指数也。是为滦水与青龙河合流处。从土桥度，桥下滦水亦清驶，桥凡两重，盖滦水性散漫，正溜不能归一也。傍河右南行，里许折而上冈，西北行，经向所望见人家处，曲折行山冈中，数里出山，复折而西南行，多人家树木。数里，山渐远，始豁然开朗。道极平坦，惟镇日行沙中，不能速也。三十里过望夫台，又十里至野鸡坨，有集。入迁安界，弥望梨粟成林，春日过此，必有可观，殊令人兴山中万户侯

① 张剑整理：《翁心存日记》第一册，第217—218页。

之羡,入迁安界,已过铺堡数处矣。忽又有卢龙第一、第二铺,盖两邑犬牙相错处也。又廿里度沙河,河无水,未正一刻抵沙河驿宿。迁安备。迁安令李君诗俊,贵州广文,新升选此。连日感冒风热,时时咳嗽,加以节候交春,又车马劳顿,夜眠土炕,如是种种,体中殊不适。夜,呻吟不寐。

道光十七年丁酉三月十三日(1837年4月17日)①

天气晴朗。是日上诣髫髻山,卯初二刻预备,余等寅初起,寅正先至大东门外恭候驾过,跪送后仍回澄怀南垞。辰正三刻入城,进署画会稿六十余件。午正一刻出署,送穆师行,已扈跸去。贺汤大世兄升员外,俱未见。贺周芝生观察,亦未晤,遂回寓。存生柱、杨生懋建来,杨生丁其祖父承重艰,将回粤矣。薄暮,董子远来。上灯后子廉来,谭至亥正乃去。月色皎洁。

道光十七年丁酉三月十六日(1837年4月20日)②

晴朗,午后微云。清晨程仲梅、覃叔、黄子春、崔崧楼、杨掌生、董子远先后来。巳刻至天和馆,辛卯及门胡扶山、丁薇生、黄子春、郭伊门公请也。晤胡果亭观察、惠豫坤理少,申正回寓小憩。酉初一刻下园,行至西直门,大风扬沙,抵澄怀南垞,已戌初一刻,天曛黑矣。风定,月色清皎,南垞庭前新栽丁香二株,门外沿池插柳十六株,颇可观。夜,始闻蛙鸣。是日发寄粤东阿方伯、惠潮李星白观察信二函,交杨掌生去。

---

① 张剑整理:《翁心存日记》第一册,第239页。

② 张剑整理:《翁心存日记》第一册,第240页。

道光十七年丁酉三月廿一日(1837年4月25日)[①]

天明时微雨,卯正雨止,巳刻放晴,未刻黄埃漠漠,大风起,迨暮而息。巳正一刻散直。是日惇亲王、潘相国到书房。午刻奕丽川、丁△△来。丽川于初七日到京,以禄雨亭书交余,丁君则起复引见也。酉正访春浦,又贺王菽原,曛黑乃回。杨掌生来辞归粤。是日王菽原放琼州府,杭嘉湖道窦松溪物故,放宋国经,由安庆太守升。

道光十七年丁酉九月十五日(1837年10月14日)[②]

天明前小雨,卯刻雨,卯辰两时月食在地平下,且天阴不可见也。竟日浓阴,颇寒,殊有重阳景象矣。是日卯正三刻始入直,待惺庵稍迟矣。午初二刻退直。子廉已回城,海、秦二生待余下始去。辽阳新中举人许联璧来。未刻陈生祥光来辞行。前日闻马吉人言,代龙士瀛作枪者为嘉应辛卯举人杨掌生,已拿交刑部,供认不讳。初尚未深信,今日问陈生,乃知其详,有文无行,孤负惺庵与余二人栽培,殊为可恨。是日同乡新中举人沈亮、陈鼎元、严家承来,余未下直也。是日阅覆试卷官派出潘世恩、奎照、何凌汉、恩铭、刘彬士、吴文镕、廖鸿荃、朱嶟。阅邸报:江西正考官那斯洪阿入闱病殁。昨御史成观宣奏户部员外朱英、吏部郎中许汝恪被控有案,奉旨都察院查明具奏。今日御史多斌奏覆试举人内有认识结状未到、注册不符、漏未扣卷一名,奉旨交礼部查奏。薄暮孙荇卿、单地山来。戌初小雨,乃去,雨颇大,檐溜潺潺矣,亥正渐止。

上海进步书局20世纪20年代排印本《京尘杂录》提要

清杨掌生著,凡四卷:一曰《长安看花记》,二曰《辛壬癸甲录》,三

---

① 张剑整理:《翁心存日记》第一册,第241页。

② 张剑整理:《翁心存日记》第一册,第283—284页。

曰《丁年玉笋志》，四曰《梦华琐簿》。名以梦华者，盖窃比《东京梦华录》及《春明梦余录》耳。书中以陈湘舟、安次香所述为主，独抒己见亦不鲜，实奄有二录之长也。稿藏桂林倪鸿行箧中三十余年，至光绪丙戌始付锓刻，梨园掌故不致湮没无遗，残膏剩馥沾丐无穷。笔亦风华掩映，娟娟秀出。方之前修，其《燕兰小谱》之流亚欤！